라이더, 경성을 누비다

일러두기

1. 본문에서 인용한 기사는 원문을 최대한 살리되 부분적으로 표기와 띄어쓰기 등을 현행 한글 맞춤법에 따라 수정했다.

2. 신문, 잡지, 단행본은 《 》로 묶고, 신문 기사, 논문, 영화, 노래, 춤, 소설, 시 등은 〈 〉로 묶었다.

식민지 조선이 만난 모던의 풍경

라이더, 경성을 누비다

김기철 지음

시공사

100년 전 조선의 경성은 격동의 공간이었다. 경성역을 중심으로
기차가 전국으로 내달렸고 전차電車가 분주히 거리를 쏘다녔다.
1930년대에는 도쿄에서 울산, 경성, 평양, 신의주, 대련을 잇는 여
객기가 다닐 정도였다. 모던 걸, 모던 보이들은 종로와 명동, 충무
로 일대를 순례하며 카페와 서점을 찾아다니는가 하면, '데파트
걸' 구경으로 백화점은 붐볐다. 크라이슬러와 하이페츠 같은 세계
적 바이올리니스트가 찾아와 콘서트를 열었고, 미국과 유럽의 최
신 영화가 상영됐다. 세계 일주 유람선을 타고 조선에 온 서양 여
성들이 인력거를 타고 경성 거리를 달리는 모습도 볼 수 있었다.

　우리의 20세기 초반은 구한말의 혼란과 분열, 망국, 일제 식민
통치로 숨 가쁘게 이어졌다. 망국亡國의 원인과 책임을 돌아보는

성찰이 미처 있기도 전에, 근대의 격랑이 휘몰아쳤다. 근대라는 갑작스레 맞닥뜨린 시간과 일제가 지배한 35년은 공교롭게도 겹친다. 일제는 조선을 억눌렀지만 조선은 학교와 기업, 문화·예술·종교계와 신문, 잡지를 통해 근대와 문명, 독립과 해방의 꿈을 키워나갔다. 이정표조차 없는 황량한 들판에서 문학과 예술을 일으켜 세우고, 스포츠로 식민지 조선의 자존심을 달랬으며, 독립과 해방을 위해 상해와 중경, 만주와 미국, 유럽을 떠돌았다. 그렇게 이 땅의 대다수 사람은 오늘보다 나은 내일을 꿈꾸며 치열하게 살았다.

오늘날 우리가 경험하는 도시 풍경의 많은 부분은 100년 전에 등장한 것과 크게 다르지 않다. 철도, 버스, 전기, 자동차, 도로, 학교, 병원, 교회부터 카페, 백화점, 극장, 영화관 등은 불과 1세기 전에 첫 모습을 드러냈고 지금까지 이어진다. 100년 전 '모던'을 처음 경험했을 사람들이 느낀 당혹감, 또는 신선함, 해방감을 우린 헤아릴 길 없다. 아파트를 '탕남음녀의 마굴'로 손가락질하면서도 그곳에 살기를 꿈꾸고, 명동 증권시장에 출근하며 주식 투자에 몰두하는 재테크 열풍은 요즘 우리 모습과 크게 다르지 않다.

100년 전은 '닫힌 제국'에서 '열린 세계'로 봇물처럼 쏟아져나간 '출국열出國熱'의 시대이기도 했다. 100년이 지난 지금도 유학생이 드문 스웨덴에서 경제학을 공부하고 인도 여행기를 신문에 실은 최영숙, 미국과 유럽은 물론 남미까지 공연을 다닌 최승희, 유학 시절 영어로 쓴 미국 관찰기를 출간한 김동성 등 선구자들이 줄을 이었다. 신문, 잡지마다 해외 여행기가 넘쳐났다. 그 오랜 기간 어떻게 이 땅에 갇혀 살았나싶을 정도다. 시베리아로 무작정 방랑을 떠난 열아홉 살 백신애, 불평등한 결혼제도와 성차별을 비판한 '부인공개장'을 기획한 기자 윤성상, 중국까지 건너가 비행술을 배워 독립운동에 뛰어든 최초 여성 비행사 권기옥 등 이전에는 상상할 수조차 없는 새 여성상이 등장한 것도 이맘때였다. 그래서 100년 전 조선은 익숙하면서도 낯선, 근대의 출발점이다.

수탈과 저항의 이분법으로 20세기 전반의 한국사를 서술하던 역사학계에 새로운 바람을 일으킨 건 국문학과 미술사 연구자들이었다. 《서울에 딴스홀을 許하라》, 《모던뽀이, 경성을 거닐다》 같은 책을 시작으로 100년 전 우리의 일상과 문화를 속속들이 파헤친 연구가 줄을 이었다. 이런 노력이 민속학, 인류학, 건축학 등 다양한 분야로 확대되면서 식민지 시대를 흐릿한 잿빛으로만 보던 우리의 시야가 확대됐다.

이 책은 2021년 6월부터 조선닷컴에 연재한 〈모던 경성〉의 원고를 수정하고 보완한 것이다. 각 분야의 새 자료 발굴과 연구 성과에 기대면서 그간 눈길이 미치지 않은 분야를 조명하고 싶었다. 2020년 3월 《조선일보》 창간 100년을 맞아 공개된 '조선 뉴스 라이브러리 100'이 없었다면 이 책은 불가능했을 것이다. 손안의 스마트폰으로 100년 전을 기록한 기사들을 찾아보며 언제 어디서든 시간여행을 가능하게 해줬다. 해리 포터의 마법 지팡이처럼 과거와 현재를 이어주는 신비의 도구였다.

책을 통해 100년 전 근대와 갑작스레 맞닥뜨린 우리 앞 세대들의 땀과 눈물, 한숨과 좌절, 그리고 끈질긴 희망을 함께 만나길 바란다. 빛바랜 신문과 잡지에 가득한 글의 숲을 헤치며 생생한 역사의 맨 얼굴을 발견하던 순간의 기쁨을 잊을 수 없다. 역사를 재단하기 전에 먼저 당대의 현실을 편견 없이 들여다봄으로써 과거를 직시하고 현재를 보는 시각을 가다듬는 기회가 됐으면 한다. 역사의 바다는 단칼에 자르기에는 너무 넓고 깊다.

2023년 9월

김기철

차례

◈ 1부 ◈
모던이 만난 풍경

◈ 4부 ◈
모던이 만든 그림자 그리고 스캔들

◈ 5부 ◈
모던과 식민의 경계에 선 그들

모던이 만난 풍경

'배달의 민족' 원조 라이더, 경성 거리를 누비다

경성에 대중음식점이 언제부터 들어섰는지는 분명하지 않다. 음식의 역사를 연구하는 주영하 한국학중앙연구원 교수는 '1900년대부터 서울에는 온갖 음식점이 문을 열었다'고 소개한다. 고급음식점인 '조선 요리옥'을 비롯, 냉면집, 장국밥집, 설렁탕집, 비빔밥집이 등장했다는 것이다. 남녀노소, 계층 구분 없이 한 식당에서 음식을 먹는 일은 그 전까지 보기 힘든 장면이었다. 그중 설렁탕은 가장 인기 있는 메뉴였다. 하지만 일부 양반 계층이나 모던보이, 모던 걸은 설렁탕을 먹고 싶어도 직접 음식점에 가서 먹는걸 꺼렸다. 설렁탕집에서는 이런 고객을 위해 배달 서비스를 시작했다.(주영하,《백년식사》, 60쪽)

자전거에 그릇을 얹고 거리를 달리는 배달부 | 당시 유행한 조미료 '아지노모토' 광고에 실린 삽화다.

　1920년대는 자전거 음식 배달 전성시대였다. 설렁탕과 냉면, 국밥, 중국 음식이 주요 메뉴였다. "▲동지섣달에 비가 오다니 이런 괴상한 일기가 또 어디 있나! ▲9일의 경성 시내는 밤새도록 퍼붓는 때 아닌 비로 인하여 … 하루에도 수백 그릇씩 팔아먹는 설렁탕집에서 ▲설렁탕의 주문을 산같이 받아놓고서도 거리가 미끄러워서 배달을 해주지 못하여, ▲수백 원어치의 손해를 보았다는 것도 거짓말 같은 정말이야."(〈자명종〉, 《조선일보》 1928년 1월 10일)

모던 부부, 아침은 배달, 저녁은 '테이크아웃' 설렁탕

아침 식사로 설렁탕을 배달해 먹는 신여성 주부들이 꽤 있었던 모양이다. 개벽사에서 발간한 대중잡지 《별건곤》 1929년 12월호는 〈무지의 고통과 설넝탕 신세, 신구新舊가정생활의 장점과 단점〉 이란 글에서 막 결혼했거나 가정부를 둘 처지가 안 된 신여성 부부의 일상을 이렇게 소개했다. "신가정을 이루는 사람은 하루에 설렁탕 두 그릇을 먹는다고 합니다. … 돈은 넉넉지 못한 데다가 아침에 늦잠을 자고 나니 속은 쓰리지만은 찬물에 손 넣기가 싫으니까 손쉽게 설렁탕을 주문한답니다." 모던 보이, 모던 걸 부부는 오후 늦게는 손을 마주 잡고 구경터나 공원 같은 데로 산보를 다닌다고 한 뒤 "저녁 늦게나 집에 들어가게 되니까 어느 틈에 밥을 지어먹을 수 없고 또 손쉽게 설렁탕을 사다 먹는답니다"라고 썼다. 아침은 배달, 저녁은 '테이크아웃' 설렁탕으로 두 끼 식사를 해결한다는 얘기다. 《별건곤》은 1929년 9월에도 "근래에 소위 신식 혼인을 했다는 하이카라 청년들도 이 설렁탕이 아니면 조석을 굶을 지경"이라고 썼다.

설렁탕은 서울을 대표하는 음식 메뉴였다. 외지인은 설렁탕 맛을 알려면 3년은 걸린다고 했다. 《조선일보》 1938년 10월 13일자는 설렁탕을 주제로 한 기사 〈색연필〉을 실었다. "팔도강산의 자랑스러운 문물이 다 모인 옛 왕도, 맛득하고 사치하기로 으뜸인 서울에서 소를 머리와 발쪽 그대로 삶아서 국을 만들어 파는데 거리의 상인도 양복쟁이도 소위 양반도 상하 없이 먹는다." 기사는 이렇게 이어진다. "오뉴월에 진땀을 흘리며 먹는 맛도 제맛이요, 추운 겨울에 밤늦어서 뜨뜻이 배를 채우는 맛이란 또 그럴 듯한 것이다." 당시에도 설렁탕을 뚝배기에 담아냈는데, 그릇을 바꾸려는 움직임이 있었던 모양이다. "▲설렁탕의 음식 그 맛도 맛이려니와 그 그릇인 뚝배기 밑창을 숟갈로 긁는 소리의 귓맛까지 알게 되야 그 진미를 안다는 것인데, ▲이제 와서 개량한다고 설렁탕을 뚝배기와 영 이별을 시킨다면 어떨까. 설렁탕의 서울 취미로 보아서는 큰 실수라고도 할 것이다."

음식 배달원의 생생 목격담

월간지 《조광》 1935년 11월호에는 음식 배달원의 생생한 증언이 실렸다. 배달비는 그릇당 1전씩으로 설렁탕, 냉면 가격이 한 그릇에 15전이던 시절이었다. 이 배달부는 싼 배달비 때문에 '생활이 곤란해 견딜 수가 없다'고 하소연했다. 게다가 더운 여름과 추운 겨울이 제일 괴롭다고 했다. 얼음판에 미끄러지면 그릇과 음식값을 다 물어야 했기 때문이다. 배달 중 목격한 에피소드가 생생하다.

"어느 겨울 밤이야요. 눈보라가 치고 바람이 찬 때인데 냉면 X그릇

음식배달원의 인터뷰 | 월간지 《조광》 1935년 11월호에 실린 음식배달원 인터뷰로 얼음판에 미끄러져 그릇을 깨뜨리면 눈물이 나올 지경이라고 하소연했다.

과 약주술을 가져오란 전화가 오겠지오. 그래 그걸 제가 메고 가게 되었는데 … '냉면 가져왔습니다' 했더니 안에서 '식모, 대문 좀 열어' 하고 두어서너 마디 여자의 목소리가 나겠지요! 나는 가슴이 두근거리는 것을 참고 있다가 열어주는 대문을 쑥 들어서 마루 위에 냉면 그릇을 내려놓고 안방편을 쓱 들여다봤더니 아니 그게 무업니까 … 문틈으로 보이는 남녀의 모양이 눈에 휙 띄지 않겠지오. 그러나 그들의 꼴이란 말 못할 경지에 이르렀어요."

교통사고 피해와 동맹파업

자전거 배달이 많다 보니, 교통사고도 심심찮게 났다. "시내 관철동 180번지 화천옥 배달부 신점석(19)은 29일 오전 1시경에 자전거로 종로 4정목으로부터 질주하여 오던 중 종로 3정목 앞지대에서 시내 종로 1정목 39번지 최해산(26)이 운전하여 오던 京第247號 자동차와 충돌되어 전기 최점석(신점석)은 자전거에서 떨어지며 뇌진탕을 일으키어 인사불성에 빠진 것을 …"(《조선일보》 1929년 4월 30일) 당시 신문 사회면에 종종 등장하는 교통사고 기사다. 전차에 받히거나 반대로 어린아이를 치어서 다치게 하기도 했다.

자전거 음식 배달원들이 저임금에 항의해 동맹파업을 벌이기도 했다. 평양냉면 본고장 평양에서 1929년 4월 자전거 음식 배달원들이 파업을 일으켰다. "평양 각 국수집에서 자전거로 국수를 배달하는 면옥 노동자들은 지난 21일 각 국수집 주인에게 대

하여 아래와 같은 임금 인상 요구를 하고 그간 수차 회의를 거듭
하던 중 지난 31일에 이르러 교섭은 파열이 되고 금월 1일부터는
자전거 배달 노동자들이 파업을 단행하는 동시에 …"(〈평양 냉면상
의 자전차 배달인 파업〉, 《조선일보》 1929년 4월 2일) 배달 노동자들은
'일급 60전에서 70전 인상' '외상 대금의 책임 부담과 기구파손 손
해 배상을 노동자에게 물리지 말 것' '만일 앞과 같은 책임을 노동
자에게 지울 것 같으면 일급을 1원 20전으로 인상' 등을 요구했
다. 주인들은 요구를 거부했고, 결국 국수집 자전거 배달은 중지
됐다. 평양 냉면집 배달원 파업은 그 후에도 종종 보도됐다.

☞ 참고 자료

〈자명종〉, 《조선일보》 1928년 1월 10일.
〈평양 냉면상의 자전차 배달인 파업〉, 《조선일보》 1929년 4월 2일.
〈무지의 고통과 설넝탕 신세, 신구新舊가정생활의 장점과 단점〉, 《별건곤》 1929년 12월호.
〈한 그릇에 일전씩, 진합태산塵合泰山의 고몽苦夢〉, 《조광》 1935년 11월.
〈색연필〉, 《조선일보》 1938년 10월 13일.

주영하, 《백년식사》, 휴머니스트, 2020년.

'명가수 선발 대회 대성황', 1930년대 달군 '국민가수' 오디션 열풍

일곱 살 유치원생 김유하의 〈아, 옛날이여〉에 넋이 나가고 쉰 살 무명가수 박창근이 부른 〈그날들〉에 애잔함을 느낀 이들이 많았을 것이다. 오디션 프로그램 열풍이 여전히 거세다. '미스 트롯', '미스터 트롯', '불타는 트롯맨' 같은 텔레비전 프로그램이 시청자를 불러 모았다. 가창력과 끼를 갖춘 재목이 이렇게 많았나 싶다. 하루 200개씩 숯불 닭갈비집 불판을 갈았다거나 무대 공포증 때문에 중도 포기했던 사연까지 더해지면서 매회 '인생극장' 다큐를 보는 것 같았다.

1930년대에도 오디션 대회가 폭발적 인기를 누렸다. 음반사가 앞장서고 신문이 공동 주최, 후원하는 '가수 선발 대회'였다. 이름

경성공회당 | 1934년 2월 18일 저녁 7시 《조선일보》가 후원한 '명가수 선발 음악 대회' 결선이 열린 경성공회당. 대회 직전 인파가 몰려 성황을 이뤘다. 서울역사박물관 소장.

하여 '전국 음악 콩쿠르'다. 지역 예선을 거친 전국의 노래꾼들이 본선을 치러 가수 데뷔 코스를 밟았다. 1933년 10월 당시 굴지의 음반사였던 컬럼비아(콜럼비아)사社가 주최하고 《조선일보》가 후원한 '명가수 선발 음악 대회'가 그 시초였다.

"지방에 숨어 있는 명가수를 찾아내어 훌륭한 소리판을 만들겠다는 뜻으로 콜럼비아 축음기 회사에서 지방 순회를 한다 함은 이미 보도한 바이니와 지난 31일 군산 희소관喜笑館에서 그 예선을 하였는데 십여 명의 수험자 중에서 군산 빈정에 거주하는 정일경(20) 양이 당선되었다. 양은 일찍 평양여고 시대부터 성악에 대한 천재적 소질이 있어 일반으로부터 매우 칭찬을 받아오던 바 금번의 당선은 양의 앞날을 개척함에 있어 실로 천재일우의 기회라고 일반은 대단 유망시하고 있다."(〈콜럼비아 가수 연주회 성황〉, 《조선일보》 1933년 11월 4일)

컬럼비아사는 경성을 시작으로 평양, 신의주, 함흥, 원산, 대구, 군산, 청주 등 열 개 도시에서 지역별로 두세 명 정도의 가수를 선발했다. 이렇게 선발한 남녀가수 19명이 1934년 2월 17일 경성 장곡천정(현 소공동) 경성공회당에서 최종 결선을 치렀다.

서양 음악 전공자가 심사위원

당시 결선 심사위원은 미국 유학파이자 연희전문 교수였던 성악가 현제명, 〈사의 찬미〉로 유명한 윤심덕 동생이자 이화여전에서 피아노를 가르친 윤성덕, 그리고 같은 학교의 메리 영이었다. 모두 서양 음악을 전공한 정통 클래식 연주자였다.(《조선일보》 1934년 2월 14일)

대회 이틀 전인 《조선일보》 2월 15일 자에는 결선에 오른 19명 사진과 당일 부를 곡목이 소개됐다. 결선 당일인 2월 17일 저녁 7시 경성공회당은 "물 밀 듯하는 청중은 정각 전에 대만원을 이룬 대성황"이었고 대회는 "각 가수가 차례로 등단하자 연달아 재청을 청하는 등 근래에 드문 인기를 끌었다."(〈선발 가수 대회 대성황〉, 《조선일보》 1934년 2월 19일)

이날 19명이 1, 2, 3부로 나뉘어 출전했는데, 1, 2, 3등이 모두 3

부에서 나왔다. 3부 맨 마지막에 〈수부水夫의 아내〉를 부른 정일경이 1위, 〈사랑은 구슬퍼〉를 부른 고복수가 2위, 〈멕시코 야곡〉을 부른 조금자가 3위였다.

고복수, 콩쿠르가 배출한 스타가수

정일경과 조금자는 수상 직후, 도쿄로 건너가 컬럼비아 레코드사에서 음반을 취입했다.(〈전조선 가수 대회서 선발된 두 가희〉,《조선일보》1934년 3월 7일) 같은 해 3월 13일 밤 경성 방송국의 라디오에 출연해 5월에 발매될 새 음반 수록곡 〈섬색시〉(정일경) 〈이별 서러〉(조금자) 등 일곱 곡을 생방송으로 불렀다. 〈섬색시〉는《중외일보》학예부 기자를 거쳐 경성 방송국 편성계에서 일하던 시인 이하윤이 노랫말을 썼다. 이하윤은 정일경이 같은 앨범에서 부른

정일경과 조금자 | '명가수 선발 음악대회'에서 1, 3위를 차지한 정일경(왼쪽), 조금자. 입상 직후 도쿄에서 새 음반을 취입했다.《조선일보》1934년 3월 7일.

〈처녀 열여덟엔〉의 노랫말도 쓰는 등 유행가 100여 편의 작사가였다.

고복수의 출발은 순탄하지 않았다. 수상 직후 음반을 낸 여가수들과 달리, 컬럼비아사 스타였던 채규엽과 강홍식에 눌려 활약을 못 했다. 그러다 '오케 레코드'에 스카우트됐고 〈타향살이〉가 히트하면서 스타로 떠올랐다. 고복수는 〈알뜰한 당신〉으로 인기 높았던 황금심과 1941년에 결혼해 부부 가수로 활약했다.

신문은 왜 가수 선발 대회를 후원했을까. 1934년 2월 15일 《조선일보》에는 이런 글이 실렸다. "조선의 가요歌謠가 고래로 발전되지 못한 것은 정치적 기타 여러 가지 원인이 있겠으나 첫째로 노래를 천히 알아서 '점잖은 사람은 노래를 몰라야 한다'는 폐풍이 있게 된 뒤로 인간생활에 커다란 힘을 가져오고 그 민족의 미래를 제시하는 그 가요가 매몰되었으니 …" "조선의 가요가 영원히 잡멸되려 할 때에 '레코—드'를 다리로 하고서 외래의 유행가와 가요가 조선 사람의 넋을 파고들어 고유한 조선의 문화에까지 영향을 끼치고 있거니와 이 상태로는 조선의 가요의 미래, 다시 말하면 조선 사람의 넋에서 그 입에서 그 피의 소리인 노래가 영원히 사라지고 다만 소리 없는 인간, 시詩가 없는 인간, 생의 약동이 없는 인간으로서 살게 되겠으니 이것이 그저 웃어버릴 일이 아니다."(〈천재가수선발 대회에 등단할 기대期待되는 후보자後補者들〉, 《조선일보》 1934년 2월 15일)

외국 유행가의 범람으로 '조선의 넋과 생의 약동'이 담긴 우리 노래가 사라질 위기에 처했기에 우리 가요를 살려야 한다는 취지였다. 대중가요를 살리려면 가수가 필요하니, 그 가수를 뽑는 선발 대회를 열어 '조선의 새 가요도 이들 입으로부터' 만들어 나가자는 운동이었다.

가수 선발 대회에서 입선한 반야월

훗날 작사가로 이름을 날린 반야월(본명 박창오)도 《조선일보》가 주최한 가수 선발 대회에서 입선해 가수로 데뷔했다. 1939년 태평 레코드와 《조선일보》가 공동 주최한 '전국 음악 콩쿠르'였다. 박창오는 결선 전날 밤 불이 나는 꿈을 꿨는데 이 대회에서 1등을 했다. 하지만 대회 직후 자유곡으로 불렀던 〈춘몽〉의 가사가 불순하다는 이유로 일본 경찰에 끌려가 심문을 받았다.

박창오는 그해 '진방남'이란 예명으로 데뷔했다. 이듬해 취입한 〈불효자는 웁니다〉가 당시 최고 음반 판매량을 기록하면서 인기 가수로 떠올랐다. 여기에는 사연이 있다. 박창오가 일본에서 이 노래를 녹음할 당시, 실제로 어머니가 돌아갔다는 소식이 전해졌다. 울음이 그치지 않아 당일 녹음을 취소하고 다음 날 녹음을 했다. 하지만 다음 날에도 노래에 울음이 섞였는데 이게 오히려 사람들의 공감을 얻어 음반이 히트했다는 것이다.

반야월은 광복 이후에는 작사에 주력하면서 수천 곡이 넘는 작품을 남겼다. 〈울고 넘는 박달재〉 〈단장의 미아리고개〉 〈산장의 여인〉〈소양강 처녀〉 등 한국인의 애창곡이 그의 작품이다.

　당시 오디션 프로그램이 얼마나 인기를 누렸던지 잡음도 잇따랐다. "콩쿨에 신입하는 사람은 일금 3원야를 납입해야 된다는 데는 그냥 그대로 시인할 수 있다손 치더라도 그 외에 또 그 회사의 '레코―드' 2장을 사야 된다는 데는 너무도 어처구니가 없는 규정임에 얼굴이 찌푸려지고 만다."(〈가수선발 '콩쿨'과 컴머―샬리즘〉, 《조선일보》 1940년 4월 25일) 기사는 이어서 음반 장사는 영업부원에게 맡기고 콩쿠르는 깨끗하게 치르라고 주문했다. 여가수를 뽑으면서 노래보다 미모와 애교만 본다는 지적도 나왔다. 그래도 '유행가'는 대중의 고달픈 삶을 위로하는 힘으로 뿌리내렸다.

☞ 참고 자료

〈콜럼비아 가수 연주회 성황〉, 《조선일보》 1933년 11월 4일.
〈천재가수선발 대회에 등단할 기대期待되는 후보자候補者들〉, 《조선일보》 1934년 2월 15일.
〈선발 가수 대회 대성황〉, 《조선일보》 1934년 2월 19일.
〈전조선 가수 대회서 선발된 두 가희〉, 《조선일보》 1934년 3월 7일.
김준영, 〈레코드 문예부장의 제작 고심기〉, 《조광》(제4권 2호) 1938년 2월.
남림, 〈가수선발 '콩쿨'과 컴머―샬리즘〉, 《조선일보》 1940년 4월 25일.

장유정, 〈천재 가수를 내어라〉, 《대산문화》 47, 2013년 봄.
　　　, 〈대중가요 작사가 반야월 작품 연구〉, 《한국문학논총》 64집, 2013년 8월.

'빌리아드 걸' 미모가 흥행 좌우,
순종 부부까지 빠진 당구 열풍

양복에 넥타이차림 신사가 왼손에 당구 '큐대'를 들고 시가를 피우고 있다. 뚱뚱한 남자는 당구대 위에 몸을 올려놓고 두 발을 공중에 띄운 채 공을 겨눈다. 만문만화가 석영 안석주가 경성의 한량들이 당구를 즐기는 모습을 풍자한 그림과 함께 실린 기사다.(《조선일보》 1928년 10월 17일)

"이것에 심취한 뚱뚱보 대감 두 사람이 그 움직이기도 어려운 몸덩

석영 안석주가 그린 만문만화 | 경성의 부자, 한량들이 당구에 빠진 풍경을 풍자했다. 《조선일보》 1928년 10월 17일.

치로 '큐'를 들고서 빌리아드판 언저리를 빙빙 서로 엇갈려 돌면서 붉은 옥돌, 흰 옥돌을 밀고 때리고 서로 맞추고 하다가 여송연을 문 입을 씰룩거리며 지절댄다. '이건 오마와시일세 그려?' '오마와시든 무에든 오늘은 자네가 한 턱 내게 된 형편일세.'"

당구 마니아 순종, 하루 두 차례 즐겨

당구는 1920년대 경성에 유행병처럼 번진 스포츠이자 오락이었다. 당시 '옥돌玉突'이라 불렀다. 당구대는 옥돌대, 당구장은 옥돌장이었다. 19세기 후반 인천 개항장을 통해 들어온 당구는 처음에는 상류층이 즐기는 스포츠였다.

순종은 당구 마니아였다. 1912년 3월 일본 당구재료 판매상 닛쇼테이日勝亭에 당구대 두 대를 주문, 창덕궁의 인정전 동행각에 설치했다. 당시 《매일신보》(1912년 3월 7일)는 순종이 매주 월요일과 목요일을 당구하는 날로 정했는데, 추가로 당구장에 들르기도 한다고 소개했다. 나라 뺏긴 군주가 당구로 소일한다는 게 처량해 보인다.

당구에 재미가 붙은 순종은 하루 두 차례 당구장에 들를 정도가 됐다. 《조선일보》가 1922년 12월 21일 자에 소개한 순종의 하루 일정을 요약하면 이렇다. 오전 9시 또는 9시 20분 기상, 주치의 진찰과 세수, 한약 탕제를 들고, 낮 12시 ○○ 수라를 마친 뒤 오후 2시까지 업무. 오후 2시부터 4시까지는 "인정전 옥돌장으로 가시어 유쾌하게 공을 치시며", 오후 4시 다과와 목욕을 마친 후 책과 잡지를 읽는다. 오후 7시 저녁 수라를 마친 뒤 산보 겸 "옥돌장으로 가시와 친히 공을 치시든지 그렇지 아니하면 배종하였던 신하에게 명하시와 어람도 하시고", 이후 신문을 일일이 읽고 밤 11시쯤 취침한다.

순종 아내인 순정효황후도 당구를 즐긴 신여성이었다. 《매일신보》 1914년 7월 4일 자는 "왕비께서도 더위를 물리치기 위한 방편으로 매일 오전 10시에 내인들을 대동해 인정전에서 옥돌로 소견消遣(재미를 붙여 시간을 보낸다는 뜻)하시다가 오후 5시가 되면 돌아가셨다"는 소식을 전했다. 《조선일보》도 1922년 12월 21일 자에서 순정효황후는 오후 4시쯤 간단한 다과를 들고 목욕을 한 뒤, '옥돌장으로 가서 공을 치신다'고 소개했다. 부부가 함께 당구장을 찾아 오락을 즐기는 시대는 아니었든지 순종과 시간차를 두고 당구장을 찾았다.

하지만 가끔 함께 당구를 즐긴 것 같다. 순종이 세상을 떠난 직후인 1926년 5월 4일, 《시대일보》는 '순종이 애용하시던 옥돌대'라며 인정전 당구대 사진을 싣고 이렇게 소개했다. "순종 황제께서는 구중궁궐에 깊이 계시면서 세상일을 억지로 잊으시고 적막하실 때에는 근친, 종척과 함께, 또 어떤 때는 대비 전하와도 같이 '옥돌'을 치심으로써 일시의 소견으로 삼으셨는데 이제는 모든 것이 애통을 새롭게 할 옛일이 되어 누구라도 인정전 안의 옥돌대 사진을 보면 감회가 깊을 것이다."

연재소설 삽화로 등장하는 당구장 | 김남천이 쓰고 정현웅이 삽화를 그린 연재소설 〈사랑의 수족관〉 첫 회에 당구장이 등장한다. 《조선일보》 1939년 8월 1일.

'빌리아드 걸' 외모가 흥행 좌우

당구는 당시 은행이나 회사, 공공기관에서도 권장하는 오락이자 운동이었다. 1922년 경성부의원에 당구대와 탁구대를 갖춘 오락실이 들어섰고, 1937년 지금의 서울시의회 옆자리인 태평로 1가에 들어선 조선체신사업회관 4층에도 도서열람실과 함께 당구장, 오락실이 생겼다. 1930년대 경성에 경쟁하듯 들어선 아파트 1층에도 당구장이 자리했다. 아파트 임대업체는 입주자뿐 아니라 외부인에게도 당구장을 개방하고 부수입을 챙겼다.

이 와중에 '빌리아드 걸'이 신종 직업으로 떠올랐다. 손님과 함께 당구를 치거나 점수판을 들고 서서 점수를 세는 역할을 했던 여성들을 말한다. '헬로 걸' '가솔린 걸' '데파트 걸'처럼 근대 이후 등장한 새 직업군 여성들을 '○○ 걸'로 부르던 시대였다.

시인 백석이 초창기 편집을 맡았던 월간지 《여성》 1937년 11월호에는 '빌리아드 걸'이 있는 풍경을 스케치한 〈당구장〉이란 글이 실렸다. "백촉은 됨직한 눈부시는 전광 아래 파—란 천을 깐 옥돌대 위에는 새빨간 돌공이 두 알, 하얀 공이 두 알. 이것을 무서운 눈으로 쏘며 견주는 신사가 있다. 공은 큐를 받아 옆 것을 치고 이리저리 구르다가 다른 알을 또 건드리고 명랑한 음향을 내며 정지하면 옥돌대 옆 계산대에 앉은 게임 세는 여자가 있어가지고 '나 나쯔 게임' '고고노쯔 게임' 하고 크게 외인다."

빌리아드 걸의 역할은 대단히 중요했다. "옥돌장의 인기는 계산대에 있는 여자가 예쁘고 미운 데 있는 것이라 한다. 그 목소리가 이뻐야 하고 좋은 인상을 주어야 된다. 그리하야 가끔 옥돌장이 계산대에 있는 여자와 손님 사이엔 일생을 같이 하는 인연이 맺어지는 수도 있다 한다."(앞의 〈당구장〉 기사)

국문학자 소래섭 울산대 교수는 저서 《불온한 경성은 명랑하라》에서 "당구장 사업의 성패는 빌리어드 걸의 외모에 달렸다는 말이 나올 정도였으므로 업주들은 예쁘고 인상 좋고 목소리 좋은 여성을 채용하려고 애썼다"고 적었다. 빌리아드 걸의 보수는 월 15원 정도로 '데파트 걸'의 20~30원보다는 적었다. 게다가 고객인 남성들의 희롱이 잦았다고 한다. 당구장 손님들이 "아무도 없는 틈을 타서 손목을 만지고 몸을 스치는 등 별별 추태를 다 부리는 바람에 남자란 흉측하고 더럽다고 해도 과언이 아니라 …"(《신동아》 1932년 12월호, 《불온한 경성은 명랑하라》에서 재인용)는 빌리아드 걸이 겪은 성희롱 실태를 보여준다.

일부 당구장은 퇴폐와 도박장으로도 알려져 사회적 물의를 빚고 단속 대상이 됐다. 《조선일보》 1937년 11월 4일 자는 개성의 남문상가에 위치한 당구장은 겉만 당구장일뿐 내부는 이미 도박장으로 바뀐 지 오래됐다고 비판했다.(《현상은 표면뿐 내실은 도박장화》) 일정한 직업이 없는 룸펜과 청소년, 상점 수금원, 농촌 청소년들로 당구장에는 늘 100여 명 가까운 사람들이 사행심 때문에 모여든다고 전한다. "인천부 내에 있는 아홉 군데 당구장에도 요즘 중등학교 생도들이 몰려들어 일반의 풍기상 가장 재미롭지 못한 일이 적지 않다. 그중에도 심한 생도들은 책보를 낀 채로 당구장에 들어와서 정모·정복에 담배까지 피워 물고 '게임'보는 여자들에게 농담까지 해가며 유희를 한다 하여 인천서에는 매일같이 투서가 들어오므로 …."(《불량학생 청소 공작》, 《조선일보》 1940년 2월 9일) 고급 사교 오락이자 건전한 스포츠로 주목받던 당구는 중일전쟁 발발 후 당국으로부터 퇴폐와 향락의 온상으로 비난받았다. 전쟁의 시대에 오락이 끼어들 틈은 없었다.

☞ 참고 자료

〈이왕 전하 옥돌玉突〉, 《매일신보》 1912년 3월 7일.
〈이왕비 옥돌 소견消遣〉, 《매일신보》 1914년 7월 4일.
〈창덕궁 양전하昌德宮 兩殿下의 근절近節〉, 《조선일보》 1922년 12월 21일.
〈애용하시던 옥돌대玉突臺〉, 《시대일보》 1926년 5월 4일.
〈아도깃뎅겜 열점만 남았습니다〉, 《조선일보》 1928년 10월 17일.
〈현상은 표면뿐 내실은 도박장화〉, 《조선일보》 1937년 11월 4일.
〈당구장〉, 《여성》 1937년 11월호.
〈불량학생 청소 공작〉, 《조선일보》 1940년 2월 9일.

소래섭, 《불온한 경성은 명랑하라》, 웅진지식하우스, 2011년.

'잇', '마뽀, 에꺼', 경성을 휩쓴 첨단 유행어

"김기림 씨가 사회부 기자로 다닐 때 편집자에게 들으니 씨氏의 특징은 세상없는 통계 숫자 투백이인 기사 재료라도 그것이 한번 氏의 손에 들어가서 기사로 되면, 어떻게 하든지 독자들이 재미나게 읽을 수 있는 사회면 기사를 만든다는 것이다."(〈태양의 풍속〉, 《조선일보》1939년 12월 11일) 문학평론가 이원조가 김기림의 두 번째 시집《태양의 풍속》을 평하면서 쓴 글이다.

모더니즘 시의 기수로 꼽히는 김기림은 기사도 잘 쓰던 문인기자였다. 니혼대 예술과를 졸업한 김기림은 1930년 4월《조선일보》첫 기자공채 시험에 합격해 신문사에 들어갔다. 입사한 지 채 두 달도 안 돼 터진 '간도 5·30사건'을 취재하기 위해 현장에 특파

김기림의 〈첨단적 유행어〉 | '모던'을 첫 번째로 하여 연재를 시작한 김기림의 유행어 해설은 총 6회 연재되었다. 《조선일보》 1931년 1월 2일.

됐다. 《조선일보》 1930년 6월 12일 자부터 12회 연재한 〈간도기행〉은 젊고 패기만만한 김기림의 글쓰기 스타일이 잘 드러나 있다.

스물셋 김기림이 입사 이듬해인 1931년 1월, 흥미로운 신년 기획을 맡았다. 당시 새로 등장한 유행어 해설에 나선 것이다. 첫 번째는 '모던'이었다. 영어사전엔 '근대', '근대풍'으로 나오지만 딴 의미로 쓰인다고 했다. 김기림은 "K 씨의 양말은 아주 모던인데—" "P와 T는 비행기로 신혼여행을 갔단다. 참 모던이야" 등의 사례를 들며 "(이 경우) 모던은 근대풍을 의미한다는 이보다 차라리 근대의 예각적 첨단 의미를 다분히 가지고 있다"고 썼다.

'마뽀'와 '에꺼'는 뭘까. 김기림은 "모뽀(모던 뽀이), 모꺼(모던 껄)"란 말이 한때 젊은 월급쟁이들 사이에서 유행했다지만, 지금은 흘러가 버린 말이라면서 "마뽀·에꺼"가 요즘 뜨고 있다고 소개한다. "맑스 뽀이" "엥겔스 껄"의 이니셜을 모은 것이다. '마뽀·에꺼'는 성적 방종을 뜻한다고 풀이했다. 김기림의 말이다. "대개는 코론타이즘을 오해하고 그 성적性的 해방론을 그들의 성생활에 응용하기에 급급한 성적 방종군放縱軍을 가리켜 모욕적 의미로 쓰이는 것이라 한다."(〈첨단적 유행어〉, 《조선일보》 1931년 1월 2일)

'잇'은 성적 매력?

.

대명사 'IT'이 당시엔 색다른 의미로 쓰였던 모양이다. "시골 중학생이 일본 잡지에서 '그 여자는 꽤 '잇'이 있어' 하는 말을 보고 영어 선생에게 물었다. 영어 선생이 사전을 뒤졌지만 '것, 이것'이란 뜻 밖에 있을 리 없다." 김기림은 '잇트(잇)'가 사전 이외의 뜻을 갖게 된 유래를 설명한다. 엘리너 글린의 소설 〈잇IT〉에서 시작돼 미국 여배우 클라라 보가 주연한 할리우드 영화 〈잇〉으로 새로운 의미가 더해진 것이라고 했다. 엘리너 글린은 1927년 발표한 소설 〈잇〉으로 일약 베스트셀러 작가가 된 영국 소설가다. 영화에서 주연을 맡은 클라라 보는 말괄량이면서 성적 매력을 지닌 배우로 인기를 끌었다.

"이 영화에서 보―는 그 천생의 '에로'미를 남김없이 발산하야

'듀아멜'의 소위 '막난이들의 모임'인 활동사진관의 저급한 관중을 성적으로 자극하야 흥분 상태에 이르게 한 것이다. 간단히 말하면 '잇트'란 성적 매력을 이른다"는 기사는 영화에도 해박한 김기림의 폭넓은 안목을 보여준다.

희생자 유족 돕는 '모풀', 남편 길들이는 '사보타쥬'

당시 사회운동과 관련 깊은 용어들도 소개했다. '모풀'은 사회운동을 하다 처형된 희생자들의 유족을 돕기 위해 노동자들이 십시일반 돈을 모으는 걸 가리킨다며 '적색 구제회'로 풀이했다.

'사보타주'는 노동자가 자본가에게 대항하는 항쟁 수단이라며 "일을 평상시보다 게으르게 한다든지 그렇지 아니하면 자본가에게 손해를 끼치기 위하야 원료품이나 기계를 함부로 막 써버리는 것"이라고 소개했다. 여기서 더 나아가 "기생집에 잘 가는 동무가 늦게 출근한 유래를 들어본즉, 그 부인께서 남편의 버릇을 가르치기 위하야 아침에 자는 대로 안 깨워주고 아침밥까지 늦게 해서 겨우 먹여 보낸 까닭이라 한다. 이런 것도 물론 '싸보타쥬'"라고 썼다.(〈첨단적 유행어〉,《조선일보》1931년 1월 4일)

분위기 있는 '애듀', 도시인의 상담소 '아베뉴'

프랑스식 인사말 "애듀―"(아듀)도 유행했던 모양이다. "'굿바이'

로는 도저히 근래인의 '델리케이트'한 감정에 잘 반향을 일으키지 않는다"면서 여학생 사이에 "애듀―"가 유행했다고 했다. "꽃 같은 여학생이 떠나가는 열차의 창에 상반신을 내놓고 흰 수건을 흔들면서 이쪽을 향하야 '애듀'(잘 있거라)를 연해 부르는 것은 자못 풍류가 있어 보인다." 김기림은 "19세기 초에 뜻을 잃고 영국을 떠나면서 '도버'해상에서 멀리 물결 쪽에 향하야 '애듀 마이 네이티브 렌드' 하고 읊은 바이런은 '모던' 파의 시조인지도 모른다"고 썼다.

"아베뉴"는 '큰 거리'로 풀이한 뒤, 특유의 위트를 덧붙였다. "번잡한 도회의 복판에 사는 창백한 월급쟁이들이 황혼이 가까워오는 가엾은 때가 오면 죄 통 같은 골방에서 나와서 그들의 애인들을 끌고 어깨를 으쓱거리며 산보하기에 알맞은 곳이다. 저녁의 '아베뉴―' 그것은 도회인의 위생상담소다."

"(청춘남녀가) 요리조리 겨우 기회를 만들어 공원 뒷골목에서 그리던 사람을 만난다. 이렇게 달콤한 란데부는 축복받은 청춘의 특권이라 할까. 그런 까닭인지 '란데부'라는 말조차 아름답다."(이상 〈첨단적 유행어〉, 《조선일보》 1931년 1월 8일) '란데부'는 '밀회'로 풀이했다.

"쎄코핸"이란 말도 보이는데 '세컨드 핸드second hand', 중고 즉 고물이라는 의미다. 여기서 파생돼 이런 뜻도 있었다고 한다. 누구의 전 애인, 전처를 이를 때 "그 여자는 아모개의 쎄코핸이야" 하고 쓴다는 것이다. 김기림은 "요즘과 같이 연애 상대가 자주 바

뀌는 시대에 있기 쉬운 말"이라고 해설했다.(〈첨단적 유행어〉,《조선일보》1931년 1월 11일) 김기림이 해설한 유행어 29개는 자유연애와 사회주의, 대중문화가 밀려오던 1930년대 초반 경성을 해석하는 키워드이기도 하다. '유행어 사전'이면서 당대 사회의 코드를 읽는 해설서인 셈이다.

김기림은 1936년부터 3년간 센다이 도호쿠제국대학東北帝大 유학 시절을 제외하면 1930년부터 1940년 8월 《조선일보》가 강제 폐간(당시 학예부장)을 당할 때까지 늘 기자였다. 기사는 물론 시, 소설, 희곡, 평론, 수필을 신문과 잡지에 쏟아낸 다작가였다. 그는 문예지나 신춘문예가 아니라 《조선일보》에 시와 평론을 발표하면서 문인으로 인정받았다. 입사 첫해인 1930년 필명 GW로 시

김기림(왼쪽)과 신석정 | 1930년 《조선일보》 기자 공채 1기로 들어온 김기림은 1940년 강제 폐간 때까지 줄곧 기자로 일했다. 사건 기사를 쓰면서, 시와 평론, 수필과 소설, 희곡까지 쏟아낸 다작의 글쟁이였다.

〈가거라 새로운 생활로〉와 〈슈—르레알리스트〉 등을 발표했다.

유행어를 연재하던 1931년 1월에도 시 〈훌륭한 아침이 아니냐〉와 〈꿈꾸는 진주여 바다로 가자〉, 평론 〈피에로의 독백-'포에시'에 대한 사색의 단편〉, 희곡 〈떠나가는 풍선風船〉 등을 써서 신문에 발표했다.

김기림은 1940년 8월 일하던 《조선일보》가 강제 폐간을 당한 뒤 낙향해, 고향 근처인 함경북도 경성중학교에서 교사로 영어와 수학을 가르쳤다. 시인 김규동과 영화감독 신상옥이 김기림에게 배운 제자다. 해방 후 서울로 온 김기림은 서울대 사대, 중앙대, 연희대, 국학대 등에서 강의했다. 6·25 때 피난을 못 간 탓에 인민군 정치보위부에 연행돼 납북을 당했다. 모더니스트 김기림의 안타까운 최후였다.

☞ 참고 자료

片石村, 〈첨단적 유행어〉, 《조선일보》 1931년 1월 2일, 4일, 8일, 9일, 11일, 13일.
이원조, 〈태양의 풍속〉, 《조선일보》 1939년 12월 11일.

김학동, 《김기림평전》, 새문사, 2001년.
조선일보사 사료연구실, 《조선일보 사람들》, 랜덤하우스코리아, 2004년.
_____, 《민족과 함께 한 세기》, 조선일보사, 2020년.

'커피, 홍차, 한 잔에 10전', 1930년대 예술가들의 아지트 '낙랑파라'

"거의 매일같이 '낙랑'에서 만나는 얼굴에는 이상, 구본웅 외에 구본웅의 척분戚分되는 변동욱이 있고, 때로는 박태원이 한몫 끼었다. 거기다 낙랑 '주인'인 이순석, 이 멤버는 모두 나보다는 앞서 서로 친한 사이들이었다."

시인 김소운이 친구 이상을 그리며 쓴 회상이다. 김소운과 이상의 첫 만남도 끽다점喫茶店 낙랑파라에서였다. 화가 구본웅의 소개였다. 김소운은 '우정에 있어서도 현실적, 도회적이었다'고 이상을 기억한다. "한 테이블에서 같이 차를 마실 때, 그중 하나가 찻값을 치른다는 것은 우리 사회에 겨우 하나 남은 염치요, 관습이다. 그러나 삼십 사, 오년 전 그 시절에 이상은 이미 그런 폐습

을 탈피한 선각자(?)였다. 희희낙락 담소하다가도 일어설 때는
제가 마신 찻값으로 10전 경화硬貨 하나를 테이블 위에 내놓는 것
을 잊지 않았다." 자기가 마신 찻값만 계산하는 이상은 '더치페이'
선구자였던 셈이다.

남국의 파초와 축음기, 도회적이고 이국적 분위기

1932년 7월 7일 경성부청(현 서울도서관) 건너편 장곡천정(현 소공
동) 105번지에 문을 연 '낙랑파라'는 요즘 말로 모더니스트들의
'핫플'이었다. 이상, 박태원 등 구인회와 구본웅, 길진섭, 김용준
등 목일회木日會 멤버들이 단골로 모였다. 예술을 이데올로기운동
의 도구로 여기는 프로문학, 프로예술과 거리를 둔 모더니스트들
의 아지트였다. 지금 플라자 호텔이 들어서 있는 소공로 입구다.

 "대한문 앞으로 고색창연 옛 궁궐을 끼고 조선 호텔 있는 곳으
로 오다가 장곡천정 초입에 양제洋製 2층의 소서한 집 한 채 있다.
입구에는 남양南洋에서 이식하여 온 듯이 녹취 흐르는 파초가 놓
였고, 실내에 들어서면 대패밥과 백사白沙로 섞은 토질 마루 위에
다가 슈베르트, 데도릿지(독일 여배우 마들레네 디트리히) 등의 예술
가 사진을 걸었고, 좋은 데생도 알맞게 걸어놓아 있어 어쩐지 실
내 실외가 혼연조화되고 그리고 실내에 떠도는 기분이 손님에게
안온한 심정을 준다. 이것이 '낙랑팔라'다."(박옥화, 〈인테리 청년 성
공직업〉, 《삼천리》 1933년 10월)

〈소설가 구보씨의 일일〉의 한 편 | 하단의 삽화는 이상이 그린 것으로 '낙랑파라' 내부를 묘사했다. 《조선중앙일보》 1934년 8월 14일.

앞글의 필자는 낙랑파라를 "서울 안에 있는 화가, 음악가, 문인들이 가장 많이 모이고 그리고 명곡 연주회도 매주 두어 번 열리고 문호 괴테의 밤 같은 회합도 가끔 열리는 곳"이라고 소개했다. 문인, 화가들이 커피잔을 놓고 축음기에서 울려 퍼지는 음악을 들으며 취향과 감수성을 공유하는 감각의 공동체였다. 낙랑파라의 '파라'는 응접실, 거실을 뜻하는 단어 'parlour'의 일본식 표기에서 왔다. 일본에서는 양과자와 음료수를 주로 파는 경음식점을 가리키는 단어로 사용됐다고 한다.

낙랑파라는 2층짜리 한양절충식 건물이었다. 1층은 다방, 2층은 화실로 꾸몄다. 목조로 뼈대를 만든 후 벽돌로 벽을 쌓고 지붕에는 기와를 얹고, 양식 유리창을 설치했다. 밖에서 보면 서양식 건물로 보였을 것이다. 실내엔 등나무 의자와 테이블을 놓고, 야자수를 들여놓아 이국적 분위기를 냈다. 당시 일본과 유럽의 고급 호텔이나 카페에서 사용한 인테리어였다.

커피, 홍차 1잔에 10전, 토스트도 팔아

낙랑파라의 분위기는 단골 박태원 덕분에 소상하게 알 수 있다. 1934년 8월 1일부터 《조선중앙일보》에 연재한 〈소설가 구보씨의 일일〉에는 낙랑파라가 자주 등장한다. "다방의 오후 2시, 일을 가지지 못한 사람들이 그곳 등의자에 앉아 차를 마시고 담배를 태우고, 이야기를 하고, 또 레코드를 들었다. 그들은 거의 다 젊은이들이었고, 그리고 그 젊은이들은 그 젊음에도 불구하고, 이미 자기네들은 인생이 피로한 것같이 느꼈다." 백수나 다름없는 인텔리 청년들이 커피를 마시며 소일하는 곳이었다. 박태원 친구였던 이상이 〈소설가 구보씨의 일일〉의 삽화를 그린 덕분에 낙랑파라의 내부를 더 알 수 있다.

낙랑파라 메뉴는 커피와 홍차, 소다수, 아이스크림, 칼피스 등이었다. 〈소설가 구보씨의 일일〉에 토스트를 먹는 손님이 나오는 것으로 미루어 간단한 음식도 팔았던 모양이다. 낙랑파라의 커피, 홍차 가격은 10전이었고, 아이스크림, 코코아, 칼피스는 15전 정도였다.

투르게네프 50년제, 길진섭 소품 전시회 열려

낙랑파라에서는 《삼천리》 소개처럼 미술 전시회, 출판 기념회, 음악회 같은 이벤트가 수시로 열렸다. 1933년 8월 22일 저녁 8시, 러시아 소설가 투르게네프 50주기 기념제가 이곳서 열렸다.(〈투르게네프 50년제 기념〉, 《조선일보》 1933년 8월 22일) 함대훈, 이헌구, 이하윤 등이 발기인으로 나선 문단 행사였다. 이 자리에 주요한, 임화, 김상용, 김억, 이선근, 이태준, 정지용 등 당대의 문인이 모여 투르게네프를 추억했다.

1936년 3월 15일부터 22일까지 서양화가 길진섭 소품전이 열린 곳도 낙랑파라였다. 낙랑파라 주인인 이순석이 친구의 곤궁한 생활을 도와주기 위해 마련한 작은 전시였다. "서양화가 길진섭 씨는 그동안 재차 도동渡東하여 빈한한 서생의 생활을 무릅쓰고 일심전력 화도에 정진한 결과, 중앙미전 및 백일회 등 상당히 권위 있는 미전에 입선되는 동시 백만회 회원으로 추천, 친우 이순석 씨 외 몇 분은 씨의 생활이 너무나 군간함을 민망히 생각하고 씨의 소품전을 열어 다소의 도움을 이루어주고자 방금 그 준비에 분망 중인데 …."(〈길진섭 씨 개인 소품전〉, 《조선일보》 1936년 3월 15일)

길진섭은 1932년 도쿄미술학교 서양화과를 졸업한 화가로 정지용의 시집 《정지용 시집》(1935)과 《백록담》(1941), 이육사의 유고집 《육사 시집》(1946)을 디자인하고, 요절한 이상의 데스마스크(안면상)를 떠준 마당발이었다.

도쿄미술학교 도안과 출신 이순석이 주인

'낙랑파라' 주인 이순석은 광복 후인 1946년 서울대 미대 교수로 부임해 1970년 정년퇴임까지 후학을 양성한 디자인, 석조 공예 분야 1세대다. 1931년 도쿄미술학교 도안과를 졸업한 그해 동아일보사 강당에서 국내 첫 공예도안전을 개최했다. 이후 화신백화점 대표 박흥식에게 스카우트돼 광고부 주임으로 일하다 1년여 만에 관두고 낙랑파라를 차렸다. 당시 덕수궁 박물관에 수시로 다니면서 공예 공부를 했는데, 근처에 화실과 카페를 함께 낸 것이다.

《삼천리》에 따르면, 이순석은 '낙랑파라'를 낼 때 시설비 1100원, 유동자본 500원 등 모두 2000원 정도의 비용을 들였다고 한다. 매달 매상은 300원에 비용이 200원쯤 들고, 순수입은 불명不明이라고 썼다. 이순석은 "프랑스 파리에 유행했다는 살롱과 비슷해서 문인, 화가 등 예술가나 예술가 지망생들이 주로 모여 고전음악을 감상하면서 예술을 논하고 작품 구상을 하는 등 일종의 예술가들의 집회소 구실을 했다"(《경향신문》 1974년 3월 11일)고 회고했다. 경영이 시원찮았던지 이순석은 낙랑파라를 1935년경 배우 김연실에게 넘긴다. 김연실은 가게 이름을 '낙랑'으로 바꿨지만, 그 후에도 종종 '낙랑파라'로 불리기도 했다.

카페의 르네상스 시대

카페는 1920~30년대 도회적 분위기를 즐기는 곳이자, 모던의 상징인 장소였다. 이 시기, 낙랑파라 외에도 예술가들이 직접 운영하는 끽다점, 카페도 하나둘 늘어났다. 영화감독 이경손이 차린 '다방 카카듀'(1927), 영화배우 복혜숙의 '비너스'(1928), 영화배우겸 미술감독 김인규의 '멕시코'(1929), 이상의 '제비'(1933)는 종로의 명물이었고, 극작가 유치진의 '플라타느'가 낙랑파라와 함께 소공동을 지켰다. 카페의 르네상스 시대였다.

☞ 참고 자료
박옥화, 〈인테리 청년 성공직업〉 1, 《삼천리》 1933년 10월.
〈투르게네프 50년제 기념〉, 《조선일보》 1933년 8월 22일.
〈끽다점 평판기〉, 《삼천리》 (제6권 제5호) 1934년 5월.
〈길진섭 씨 개인 소품전〉, 《조선일보》 1936년 3월 15일.

김소운, 〈李箱 異常〉, 《하늘 끝에 살아도》, 동화출판공사, 1968년.
박현수, 《식민지의 식탁》, 이숲, 2022년.
서울대미대 응용미술학과 동문회, 《하라 이순석 작품집》, 1993년.
오윤정, 〈1930년대 경성 모더니스트들과 다방 낙랑파라〉, 《한국근현대미술사학》 제33집, 2017 상반기.

'너는 마스크를 쓰지 말아라', 길에 가득한 마스크黨

"요새 길에 나가보면 여자나 남자를 말할 것 없이 '마스크'를 하고 다니는 것을 많이 보게 되는데 …" 팬데믹 시대의 일상을 묘사한 것 같다. 하지만 80여 년 전 경성 풍경이다. 1935년 12월 27일 《조선중앙일보》에 실린 이 기사 제목은 〈보기 거북한 '마스크' 당黨들〉로 남녀 불문, 마스크를 쓴 사람들이 많았다는 얘기다.

비슷한 시기, 시인 겸 문학평론가 김기림 수필에도 마스크가 등장한다. "초겨울이 되어 부엌에서 김장 준비에 착수하는 눈치가 보이면 벗은 벌써 약국에 가서 마스크를 사온다. … 겨울 동안에 내가 조금이라도 감기나 걸려 드러누우면 그는 바로 나를 찾아온다. 방 안에 들어와서야 비로소 그는 '마스크'를 벗는다. 그러

김기림의 수필 〈어느 오후의 스케─트 철학〉 1 | 겨울이면 늘 마스크를 착용하는 지인 얘기를 소개한 수필로, '조카들에게 마스크를 쓰지 말아라'라는 당부의 편지를 보낸다는 내용이 보인다. 《조선일보》 1935년 2월 19일.

고는 그는 감기에 걸리지 않고 겨울을 지낼 수 있는 자신의 행운을 가장 자랑스럽게 선전한다. 딴은 '마스크'나 써보았을 걸 하고 나는 잠깐 후회한다."(〈어느 오후의 스케─트 철학〉 1, 《조선일보》 1935년 2월 19일)

'反 마스크黨' 김기림

김기림은 '반反 마스크당黨'이었다. 시골 조카에게 편지를 보낼 땐

'너는 마스크를 쓰지 말아라' 하고 꼭 덧붙일 정도였다. "신장이 오척尺 삼사 촌寸을 넘는 체격 당당한 장부의 입과 코에 검은 '마스크'가 걸려 있는 꼴이란 나는 비록 천하의 약장사들의 항의를 받는 한이 있을지라도 그렇게 보기 좋은 풍경이라고 거짓말을 할 수는 없다." 마스크가 남성다움을 해친다는 것이다.

여성미 훼손론論도 뒤따른다. "여자의 얼굴의 미美란 그 오십 퍼센트 이상이 상긋한 코와 꼭 다문 입 맨드리(맵시, 모양새)에 깃들어 있는 것인데 대체 그들은 무슨 생각으로 그들의 얼굴의 이 중요한 부분을 불결한 마스크로 가려버리는 겔까."

하지만 환자를 위한 의료용 마스크 착용은 예외로 했다. 또 "남을 꼬집는 데만 익숙해 버린 문예평론가 '까십'자"나 "언제든 명예훼손죄에 걸릴 수 있도록 남의 험구나 실언만 하고 돌아댕기는 종족"에게도 마스크 착용을 당부한다. 글쟁이다운 유머다.

'마스크당'은 이 땅에 언제부터 생겼을까. 과학사 연구자인 현재환 부산대 교수에 따르면, 1920년쯤 전염병 방역 도구로 마스크가 등장했다.(현재환, 홍성욱 엮음, 《마스크 파노라마》) 1918~19년 스페인 독감이 유행할 당시 조선에는 마스크가 널리 쓰이지 않았다고 한다. 4차 유행이 진행된 1919년 12월이 되서야 마스크 착용을 권장하는 조치가 시행됐다. 1919년 12월 27일 경기도 지사가 공포한 〈유행성감모예방심득〉이 대표적이다.

일본은 물론 타이완 총독부도 1918년 11월에 환자 가정에서 마스크 착용을 담은 유행성 독감 예방 규칙을 배포했다. 조선은 왜 마스크 착용이 1년 넘게 늦었을까. 스페인 독감은 1918년 9월부터 조선에서도 환자들이 발생하기 시작해 그해 겨울 정점에 달했다. 몇 달 새 사망자만 14만 명이 나온 것으로 추정된다. 총독부가 왜 마스크 착용을 서두르지 않았는지 정확한 사유는 알 수 없다. 다만, 1919년 전국적으로 번진 3·1운동 여파로 총독부가 모든 행정력을 정치적 혼란 수습에 동원했기 때문에 경찰 중심의 위생 관리를 효과적으로 작동시킬 여력이 없었을 것으로 추정한다.(현재환, 〈식민지 조선에서의 마스크〉, 《마스크 파노라마》, 203쪽)

마스크 착용은 1920년대 들어 신문을 통해 강조됐다. 유행성 독감은 물론, 홍역, 성홍열, 기면성 수막염 등 전염병이 돌 때마다 마스크 착용을 당부하는 기사가 났다. 독가스 방지용을 위한 마스크 기사도 간간히 있지만 대부분이 전염병 감염 예방을 위한 마스크 기사였다.

1921년 봄 진도군에 유행성 독감이 창궐했다. "영양불량으로 인하여 어떤 사람은 폐렴까지 병발되야 노약(자)은 사망한 자가 적지 않았"는데, "'모르희네'(모르핀) 주사를 실시하야 위독에 빠지게 한 일도 많이 있었"을 만큼 위험했다. "예방주사를 실시하거나 그렇지 아니하거든 '마쓰구'를 사람마다 실시하라 운운하였다더라"고 했다.(〈진도군의 감모感冒 창궐〉, 《조선일보》 1921년 4월 13일)

"반드시 마스크를 입에 걸고 다닐 것"

1925년 초 경북에 홍역이 돌아 몇 달 만에 환자가 1만 명 발생하고, 그중에서 2천 명이 사망했다는 보도가 나왔다. "경찰에서 알면 잡아간다고 하여 병자가 있으면서도 절대 비밀에 붙여가지고 남과 조금도 꺼림 없이 교통을 함으로 병은 점점 만연되고 …"(〈홍역 환자 만여 명〉, 《조선일보》 1925년 4월 20일) 식민 당국에 알려져 단속 대상이 될까봐 쉬쉬하는 분위기 속에 전염병은 들끓었다. 기사 뒷부분엔 의사(김현경)의 말을 빌려 '반드시 마스크를 입에 걸고 다닐 것'을 당부하고 있다.

1925년 말 성홍열이 유행하자 전문가(한성의원장 김기영)의 예방법 및 주의할 점을 실은 기사가 보인다. "될 수 있는 대로 밖에 데리고 나가 찬 공기를 쏘이지 아니하는 것이 좋고 부득이한 경우에 밖에 나가게 되면 잊어버리지 말고 꼭 '마스크'를 사용하여야 할 것이다. '마스크'라 하는 것은 겨울에 일본 사람들이 흔히 하고 다니는 것을 우리가 익히 보는 터인즉 별로히 설명할 필요는 없지마는 '까제'나 소독한 헝겊을 넙적하게 척척 접어 코에 대이고 좌우로 끈을 만들어 귀에 거는 것이니 찬공기가 직접 호흡기 속에 접촉됨을 막는 것이다."(〈근래 유행하는 성홍열〉, 《조선일보》 1925년 12월 25일) 당시까지 마스크 착용이 일본인만큼 일반화되지 않았음을 알 수 있다.

1931년 유행성 독감이 창궐했다. 1918~19년의 스페인 독감 유

052

행 때와 견줄 정도로 심각했다. "유행성 감기라는 것은 세계적으로 그 통계를 보면 반드시 주기적으로 유행하는 것인가 합니다. 동양에서는 대정 7, 8년에 크게 유행하여 다수 인류의 생명을 빼앗은 일이 있었는데, 그 후 10년 만인 금년에 이 감기가 또 몰려다닙니다. 조선 안에는 그 감기에 걸린 자가 하도 많음으로 수를 알 수 없으나 이번의 유행 감기는 그다지 악성은 아닌가 합니다."(〈십년 만에 또 다시 유행성 독감 창궐〉, 《조선일보》 1931년 2월 6일) 총독부 위생과장이 '남의 말'처럼 전하는 유행성 독감 발생 현황이다. 위생과장은 독감 예방 조치로 '마스크 착용'을 내세웠다.

이헌구와 백석의 마스크

마스크는 흰색보다 검은색 마스크가 더 유행했던 모양이다. "일기

〈마스크는 흰 것이 제일〉 | 마스크는 흰색으로 쓰고, 자주 천을 갈아줘서 청결을 유지해야 한다고 쓴 기사. 《조선일보》 1931년 1월 27일.

가 춥다든가 기후의 변화가 있게 되면 입에다가 검은 '마스크'를 대고 사는 사람이 많은 것입니다. 그리하야 겨울만 되면 '마스크'를 거리에만 하고 다니는 것이 아니라 신경이 과민한 사람은 방안까지 하고 있게 되어 마치 '마스크' 시대나 된 것 같은 느낌이 있는 것입니다."(〈입마개는 노인이나 할 것〉,《조선일보》1932년 1월 31일)

문학평론가 이헌구는 도서관 열람실 풍경을 주제로 글을 썼다. 서울 중구 소공동 롯데 백화점 본점 1층 주차장 자리에 있던 총독부 도서관을 묘사했을 것이다. "내 바로 옆에는 '마스크'로 비상시적 무장을 하고 나형裸形의 체구가 두셋씩 끼어 있는 의학 서류를 펼쳐놓고 앉아 골똘히 다른 한 책과 대조해 가면서 빨간 연필을 놀릴 새 없이 줄줄이 가로 따라가고 있다."(〈도서관 풍경〉上,《조선일보》1937년 3월 14일)

시인 백석의 수필 〈입춘〉에도 마스크가 등장한다. 고향 마을의 겨울을 추억하며 쓴 글이다. 글에는 외투, 장갑과 함께 마스크가 겨울을 상징하는 물건으로 나온다. "그런 소년少年도 이제는 어느 듯 가고 외투外套와 장갑과 마스크를 벗기가 가까워서 서글픈 마음이 없듯이 겨울이 가서 슬퍼하는 슬픔도 가버렸다. 입춘立春이 오기 전에 벌써 내 썰매도 노루도 멧새도 다 가버린 것이다."(〈입춘〉,《조선일보》1939년 2월 14일)

마스크 반대론도 만만찮았다. 특히 마스크가 비위생적이라는 이유를 든 전문가들이 꽤 있었다. 앞의 《조선중앙일보》가 '마스크당'을 비판한 이유는 '위생'과 '미용'이었다. 전염병 감염을 막기 위한 위해 마스크를 쓰는데, 비위생적이라는 얘기는 무슨 뜻일까. "내뿜는 공기를 그 '마스크' 안에서 다시 들여 마시게 되니까 공기가 아주 더럽습니다", "입김이 자꾸 눈 있는 데로 올라가서 속눈썹에 김이 어리게 됩니다. 그 결과로 속눈썹이 자꾸 빠지게 되는 것입니다" 등을 보면 대략 짐작할 수 있다.

어디까지 믿어야 할지 모르겠지만, 다음 주장은 근거가 있는 것 같다. "속의 '까제'를 잘 안 갈고 보면 그 비위생적이란 말할 수 없습니다".(이상 〈보기 거북한 '마스크'黨들〉,《조선중앙일보》1935년 12월 27일) 마스크 안에 부드러운 천을 대어 쓰고 교체하는 식으로 마스크를 재활용했기 때문에 속의 '까제'를 자주 갈아주지 않으면 불결해진다는 얘기다.

〈불결한 마스크는 도리어 해독〉(《조선일보》1939년 2월 22일), 〈마스크는 하되 까제를 자주 갈 일〉(《조선일보》1937년 12월 9일)처럼 마스크 위생을 강조하는 기사는 잊을 만하면 실렸다.

마스크 비판론 중 하나는 여성의 미를 가린다는 것이다. "여자에게 있어서는 그 어여쁜 코를 또 가장 표정의 변화가 많고 미묘한 입을 가리고 다닌다는 것은 여간 자미 적은 일이 아닙니다."(〈보기 거북한 '마스크'黨들〉,《조선중앙일보》1935년 12월 27일)

"근자에 보면 무슨 시체인지 인물도 얌전해 보이는 여학생 간에 마스크라고 하야 코까지 가리우는 입마개를 하고 다니는 것이 많다. ▲감기 때문에 그런 것을 한다고도 하지만 감기에 마스크가 얼마나 유효한지도 의문이지만, 반드시 그렇지도 않은 모양이니

▲정정당당하고 명명백백하여야 할 처녀들이 무엇 때문에 코입을 가리우고 다닐까. ▲무엇이 부끄러울까, 무엇을 숨길 일이 있어 그럴까."(〈색연필〉,《조선일보》1939년 2월 14일)

마스크 반대론이 엉뚱한 곳으로 튄 셈이다. 마스크를 3년여 입에 붙이고 살았지만 여전히 거추장스러운 건 매한가지다. 안경에 입김까지 서리면 시야가 흐려져 위험하기까지 하다. 100년 전 홀연히 나타난 '입마개'를 하고 살았을 마스크당의 기분은 어땠을까. 마스크의 기억을 다시 떠올리게 된 게 코로나 19 덕분이라니, 고약할 뿐이다.

☞ 참고 자료

〈진도군의 감모染冒 창궐〉,《조선일보》1921년 4월 13일.
〈홍역 환자 만여 명〉,《조선일보》1925년 4월 20일.
〈근래 유행하는 성홍열〉,《조선일보》1925년 12월 25일.
〈십 년 만에 또 다시 유행성 독감 창궐〉,《조선일보》1931년 2월 6일.
〈입마개는 노인이나 할 것〉,《조선일보》1932년 1월 31일.
김기림,〈어느 오후의 스케―트 철학〉 1,《조선일보》1935년 2월 19일.
〈보기 거북한 '마스크'黨들〉,《조선중앙일보》1935년 12월 27일.
이헌구,〈도서관 풍경〉上,《조선일보》1937년 3월 14일.
백석,〈입춘〉,《조선일보》1939년 2월 14일.
〈색연필〉,《조선일보》1939년 2월 14일.

현재환, 홍성욱 엮음,《마스크 파노라마》, 문학과지성사, 2022년.

'세계 일주 관광단 태운 인력거 640대', 경성을 질주하다

1926년 3월 9일 아침 경성역 앞에 인력거 640대가 몰려들었다. 미국을 비롯한 38개 나라에서 온 세계 일주 관광단 637명을 맞기 위해서였다. 이 대규모 관광단은 하루 전인 8일 오후 2만 톤 기선 라코니아호Laconia를 타고 인천항에 입항해 임시열차로 경성까지 이동했다. 당시 그만한 인원을 태울 자동차가 경성에는 없었다. 인력거에 한 사람씩 태우는 게 유일한 방안이었다.(〈인력거로 장사진〉, 《조선일보》 1926년 3월 9일)

1926년 3월 경성역에 도착한 세계 일주 관광단을 위해 출동한 인력거들이 장사진을 이뤘다. 자동차가 충분치 않아 관광단은 인력거 640대를 타고 창덕궁을 구경했다. 《조선일보》 1926년 3월 10일.

호텔 모자라 기차 침대칸에서 숙박

관광단은 두 차례 나눠 입경入京했다. 8일 저녁 8시 5분 1차 97명이 들어왔는데, 숙소가 충분치 않았다. 50명은 1914년에 문을 연 조선 호텔에서, 나머지는 경성역 구내에 정차한 열차 침대칸에서 묵었다. 해외 관광객을 받을 인프라가 없던 시절이었다. 다음 날인 9일 오전 10시 45분 본진 540명이 열차로 경성역에 도착했다. 이들은 두 팀으로 나눠 창덕궁 비원과 갓 들어선 총독부 청사 등 시내 관광에 나섰다. 한나절 관광을 마친 이들은 오후 4시 5분 열차로 인천에 돌아갔다.(〈입경한 미국관광단〉, 《조선일보》 1926년 3월 10일 석간, 〈미관광단 퇴경〉, 《조선일보》 3월 10일 조간)

서양 관광객들이 탄 인력거 640대가 거리를 달리는 모습은 장관이었을 것이다. 신문에도 줄지어 늘어선 인력거 사진이 실렸다. 한편에서는 관광 인프라 부족이 지적되었다. "여관 불비不備는 빈약의 소치所恥"(〈팔면봉〉, 《조선일보》 1926년 3월 10일)라는 비판이 나왔다. 하지만 2만 톤 초대형 기선에 640명 넘는 여행객이 선상 무도회를 열고, 목사까지 동반해 결혼식까지 올린다는 얘기는 도무지 납득할 수 없었던 모양이다. 〈팔면봉〉 마지막 문장은 이랬다. "세계 일주 관광단! 관광이 과연 무엇?" 어마어마한 돈을 내고 초대형 기선으로 세계 일주 관광을 한다는 사실 자체가 당시 조선인에겐 초현실적으로 받아들여졌을 것이다.

대규모 세계 일주 관광단은 신문 사설에도 등장한다. "우리는 열국의 손님들이 많이 와서 우리 조선을 시찰하고 돌아가서 각기 생각하는 대로 우리 조선 사람의 생활과 모든 제도를 비판하여 주기를 바란다." 사설은 이런 당부도 했다. "그대(미국인)들의 선조가 1776년에 있어서 영국에 대하여 취하던 그 정신과 그 태도로써 우리에게 대하고 또 우리를 이해하여 주기를 바란다."(〈미국관광단〉, 《조선일보》 1926년 3월 11일) 식민지 조선의 처지에 공감과 연민을 보여 달라고 에둘러 표현한 것이다.

최초의 세계 일주 크루즈선 라코니아

세계 일주 관광단이 타고 온 라코니아호는 영국 리버풀에 선적船籍을 둔 대형 기선이었다. 1922년 5월 25일 영군 사우샘프턴에서 보스턴으로 첫 항해를 했는데, 늦봄부터 초겨울까지 대서양을 정기 운항했다. 1등석 350명, 2등석 350명, 3등석 1500명 등 승객 2200명을 수용할 수 있었다고 한다. 1~4월은 임대해 주는 방식으로 운영됐다. 1922년 11월 21일 '아메리칸익스프레스'사社가 임대해 세계 일주 항해에 나섰다. 승객 347명을 태우고 130일간 항구 22곳을 방문하는 일정이었다. 최초의 세계 일주 크루즈로 알려지기도 했다. 하지만 제2차 세계대전 당시 징발돼 군함으로 쓰이다 1942년 9월 12일 밤 독일 잠수함 어뢰 공격을 당해 침몰했다. 군함이 수송 중이던 이탈리아군軍 포로 1809명 중 415명만 구조됐다고 한다.

20세기 전반은 대형 기선, 철도의 등장으로 모험가의 전유물이던 세계 일주가 가능해진 시대였다. 일본 요코하마를 거쳐 부산, 인천에도 세계 일주 관광단이 들어왔다. 제1차 세계대전이 마무리된 1920년, 조선까지 찾아오는 세계 일주 관광단이 종종 있었던 모양이다. "요즘 신문 지상에나 무슨 통신을 보든지 유람객이니 관광단이니 하여 가지고 내조來朝한다는 보도가 없을 적이

없다."(〈여묵餘墨〉, 《조선일보》 1920년 5월 12일)

"외국인들은 대대적으로 세계주유관광단을 조직한다는데 언제든지 이러한 일에는 남에게 밀지지 않는 미국인이 남 먼저 내來 19일에 도착하리라는 '레이몬드윗트컴'사社의 일행 19명을 위시하야 내년 1월에는 '아메리칸익스프레스'사社 주최로 조직된 450명의 관광단이 일본에 도착하야 그중 100명은 조선을 거쳐서 중국으로 향한다 하며 또 이어서 동월에 '유나이티드아메리칸라인'사社의 주최인 동항단東航團 450명이 '조류트'호를 타고 일본 횡빈에 도착하야 그중 40명이 조선을 시찰하리라 하며"라고 쓴 기사는 제1차 세계대전으로 손님이 준 조선 호텔 영업이 다시 활기를 띨 것이라고 예측했다.(〈전천후 타격 받던 조선 호텔의 금후〉, 《조선일보》 1925년 11월 11일)

세계 일주 관광단이 조선에 온다는 뉴스는 1930년대도 이어졌다. 1930년대에 들어서면 인력거 대신 자동차로 이동할 만큼 형편이 좀 나아졌다. 1935년 4월 미국 세계 일주 관광단 방한을 소개한 기사는 이렇다. "'딸라'의 나라 미국의 호화선 '레조류트'호 세계 일주 관광단은 중국 방면의 관광을 마치고 11일 밤에 인천에 입항하야 하루저녁을 배안에서 새운 후 12일 아침에 인천에 상륙한 일행 300명은 전부 일등차로 편성된 임시열차로 오전 9시 55분에 경성역에 도착하야 두 대로 나누어 자동차 100여 대를 몰아 덕수궁, 경복궁, 총독부박물관 등을 구경한 후 오후 0시 15분에 조선 호텔에 점심을 먹으며 조선 기생들의 춤추는 것을 구경하고 오후 4시 임시열차로 인천으로 돌아갔다."(〈관광단 호화판 6시간에 7000원〉, 《조선일보》 1935년 4월 13일) 1937년 여름 경성을 찾은 미국 관광단은 급행열차 노조미호로 경성에 와서 만주로 이동한다고 소개했다.

'백립 쓰고 담뱃대 꼬나문 금발여성'

서구 관광객 중에는 현지 문화를 고려하지 않는 꼴불견도 꽤 있었다. 인력거를 탄 젊은 여성 관광객이 담뱃대를 물고 부채질하면서 거리를 누비기도 했다. 상중에나 쓰는 백립白笠까지 머리에 얹어 혀를 차게 만들었다고 했다. '촌평의 달인' 석영 안석주가 쏘아붙였다.

"미국의 세계 관광단이란 언제나 도처에서 그 본색을 드러내어 어느 곳에서든지 그들의 특이한 연출은 대 갈채를 받아왔지만 이번에 서울을 다녀간 양키 레뷰단은 특히 그 대大탈선적 여흥을 보여주었다." 안석주는 한마디 보탰다. "본받기 잘하는 이 땅의 아가씨들에게 보이기에 꺼려할 만한 꼴이다."(〈양키 레뷰단의 가장행렬〉, 《조선일보》 1930년 4월 20일)

1920년대는 조선의 지식인들이 중국과 러시아, 일본은 물론 유럽과 미국으로 유학, 취업, 사업 또는 순전히 여행을 위해 세계로 나갔다. 1920년 《조선일보》, 《동아일보》 등의 창간으로 우리말 민간 신문이 등장하고 《개벽》, 《삼천리》, 《조광》 등 잡지의 전

석영 안석주가 꼬집은 서양 관광객 | 서양 관광객 중엔 꼴불견도 있었다. 석영 안석주는 만문만화에서 인력거에 탄 젊은 여성이 담뱃대를 꼬나물고 부채질하며 거리를 달리는 모습을 담고 이를 꼬집었다. 《조선일보》 1930년 4월 20일.

성시대가 열리던 시절이었다. 조선인의 세계 여행기는 신문, 잡지에 홍수처럼 쏟아졌다. 《조선일보》 네 컷 연재만화 〈멍텅구리〉는 1926년 2월부터 6개월간 '세계 일주' 편을 실어 조선인의 세계 인식을 확장시켰다. 한국인 최초로 프랑스 대학을 졸업한 이정섭은 1927년 《중외일보》 특파원으로 천도교 지도자 최린과 함께 세계 일주를 하면서 신문에 연재 기사를 싣기도 했다.

연희전문 교수 이순탁은 1933년 4월 24일 경성을 출발 이듬해 1월 20일 귀국할 때까지 9개월간 17개국을 다니며 현장에서 여행기를 써서 전신으로 보냈다. 도쿄, 요코하마, 상하이, 홍콩, 싱가포르, 카이로를 지나 이탈리아, 스위스, 프랑스, 벨기에, 네덜란드, 독일, 영국, 아일랜드에 이어 미국을 거쳐 태평양을 건너 귀국하는 일정이었다. 《조선일보》에 60여 차례 연재된 이순탁의 세계 일주기는 서유럽을 휩쓴 대공황과 자본주의 위기, 파시즘의 득세를 경제학자 안목으로 관찰한 심층 보고서였다. 1920~30년대는 여행의 시대였다.

☞ 참고 자료

〈여묵餘墨〉, 《조선일보》 1920년 5월 12일.

〈전천후 타격 받던 조선 호텔의 금후〉, 《조선일보》 1925년 11월 11일.

〈인력거로 장사진〉, 《조선일보》 1926년 3월 9일.

〈입경한 미국관광단〉, 《조선일보》 1926년 3월 10일.

〈미관광단 퇴경〉, 《조선일보》 1926년 3월 10일.

〈팔면봉〉, 《조선일보》 1926년 3월 10일.

〈양키 레뷰단의 가장행렬〉, 《조선일보》 1930년 4월 20일.

〈관광단 호화판 6시간에 7000원〉, 《조선일보》 1935년 4월 13일.

"은색 뽀듸는 눈이 부실만치 빛나며", 비행기 여행의 등장

1938년 1월 22일 아침 광산업자 우영희는 도쿄를 향해 출발했다. 그가 향한 곳은 여의도 비행장이었다. 동료 K와 함께 '더글라스' 18인승 프로펠러 비행기에 탑승했다. 비행기는 오전 11시 5분 정각에 이륙했다. "상계上界는 청명하얏고 백운白雲상 높이 난 은색 '뽀듸'(바디)는 눈이 부실만치 빛나며 서북상으로 흘러드는 일광日光은 보온설비를 한 기내의 온도에 지지 아니할 만치 따뜻하얏다." 우영희 앞으로 '백색 면포를 펼쳐놓은 듯한 강' '송이 밭을 보는 듯한 농촌의 초가지붕'이 지나가더니 눈 덮인 추풍령이 들어왔다. 비행기는 대구와 울산 비행장 상공을 거쳐 현해탄을 건넜다.

바다를 건너는 도중, 샌드위치가 기내식으로 나왔다. '하늘 위의 점심식사'를 마친 그의 눈앞에 큐슈 지방의 산들이 멀리 보이기 시작했다. 하필 그때, 난기류를 맞닥뜨린 비행기가 심하게 요동치기 시작했다. 먹은 음식은 물론 누런 위액까지 모두 게우고 기진맥진했다.

후쿠오카 간노스雁巢 비행장에 내린 우영희 일행은 세관 검사와 도항 검사를 마치고 도쿄행 비행기로 갈아탔다. 오른쪽에는 태평양, 왼쪽에는 도시와 산들이 스쳐갔다. 비행기는 세 시간 만에 도쿄 하네다 공항에 도착했다. 오사카나 나고야 비행장에 중간 기착하는 편도 있으나 '초특급'은 하네다 공항까지 논스톱으로 날아갔다. 도착 시간은 오후 5시였다. 경성 출발 여섯 시간 만에 도쿄에 도착한 것이다. 우영희가 광업전문 잡지 《광산시대》 1938년 5월호에 기고한 〈동경기행-내지內地 광업계의 동향〉에 나오는 내용이다.

20세기 전반 경성에서 도쿄까지는 아무리 빨라도 2박 3일이 걸렸다. 경부선 열차로 부산에 가 관부연락선을 타고 배위에서 하룻밤을 보낸 뒤 시모노세키 항에 내렸다. 도쿄까지는 열차로 열몇 시간 더 달려야 했다. 그런 시절에 경성과 도쿄를 연결하는 정기 항공 서비스가 있었다. 물론 비싼 티켓값을 내야 했고 프로펠러 소형기라서 추락 위험도 무릅써야 했다. 하지만 비행기를 선택하는 승객이 있었다는 건 사실이다.

경성과 도쿄를 잇는 항공 노선은 1929년 4월 1일 민관民官 합동의 일본항공수송주식회사가 정기 우편, 화물 수송 업무를 시작하면서 시작됐다. 그해 7월에 도쿄-오사카-후쿠오카, 9월에 후쿠오카-울산-경성-대련을 연결하는 항공 여객 서비스가 출범했다.

여의도 비행장에 내린 '마라톤 우승자' 손기정

일본항공수송주식회사 비행기가 1929년 8월 도쿄-대련 여객 노선 시험비행을 위해 여의도 비행장에 착륙했다. 네덜란드 제조사인 포커Fokker에서 만든 여객기였다. 이 비행기는 신新 노선 홍보를 위해 언론 시승회를 가졌다. 29일 오후 3시 여의도 비행장에서 이륙한 비행기는 인천 월미도까지 날아갔다가 경성 상공을 한 바퀴 돌고 착륙했다. 동승 기자는 "백 리 길 인천을 왕복하고 사십리 이상의 경성 주위를 선회하고 돌아온 동안이 겨우 32분! 스피드의 위력을 새삼스러이 놀라지 아니할 수 없었다"고 썼다.(〈30분에 경인 왕복〉, 《조선일보》 1929년 8월 31일)

여의도 비행장은 1916년 일본에 의해 군용 비행장으로 개설된 국내 첫 비행장이었다. 1929년 도쿄-대련 노선이 개설되면서 울산, 대구, 청진, 광주, 신의주, 함흥에 비행장이 잇따라 개설됐다.

여객기를 타고 여의도에 내린 최고 스타는 베를린 올림픽 마라톤을 제패한 손기정이다. 그는 1936년 10월 17일 오후 2시 27분

1936년 베를린 올림픽에서 마라톤을 제패한 손기정이 비행기 편으로 도쿄를 출발해 오사카, 후쿠오카, 울산을 거쳐 경성에 도착했다.《조선일보》1936년 10월 18일.

여의도 비행장으로 개선했다. 비행장은 도착 두 시간 전부터 수천 명의 군중이 몰려나와 인산인해를 이뤘다. 그 모습을 신문은 이렇게 묘사했다. "도착예보의 '싸일렌' 소리와 함께 멀리 동북간방으로 푸른 구름을 헤치고 한 마리의 솔개미처럼 안계眼界에 나타난 기체機體! 이것을 발견한 순간 모였던 관중의 입에서는 '저거다! 비행기가 보인다!' 하는 환호가 폭죽 소리처럼 터져 나왔다."(〈불후의 영관榮冠은 찬연! 세계 마라손왕 개선〉,《조선일보》1936년 10월 18일)

손기정이 귀국한 항공 코스도 도쿄-경성 구간을 그대로 따랐다. 손기정은 16일 오전 9시 도쿄에서 오사카행 비행기에 올랐다.

그는 오사카에 잠시 내렸다가 후쿠오카에 착륙해 하룻밤을 잤다. 17일 오전 10시 50분발 비행기로 울산 비행장에 잠시 내렸다가 경성에 도착했다. 서른 시간 정도 걸린 셈이다.

입시 응시하러 후쿠오카서 비행기 원정

특별한 사례지만 1930년대 치열한 입시 경쟁 풍속도에 비행기가 등장한다. "상급학교의 입학시험 관문 돌파의 희망도 현재와 같은 비상한 경쟁률로는 한 곳만 수험하는 것은 위험하야 벌써부터 두 곳, 세 곳 수험하는 것은 일종의 수험계의 풍속인데, 이러한 풍속의 절호의 중개자로 비행기가 등장하였다. 어디까지든지 1931년식이다."(〈고상高商 시험을 치르러 비행기 타고 날아와〉, 《조선일보》 1931년 3월 24일)

도쿄 제일중학 졸업생 하나가 1931년 2월 21일 도쿄에서 비행기를 타고 후쿠오카에 와서 고등학교 입시를 본 뒤 다음날 간노스 비행장에서 경성행 여객기에 올라 여의도 비행장에 착륙했다. 다음날에 있는 경성고등상업학교京城高商 입시에 응하기 위해서였다. 경성고상은 광복 후 서울대 상대가 되는 명문이었다.

1930년 9월 평양 기생들이 경성 조선극장에서 열리는 '조선 각도各道 명창 대회'에 참석하기 위해 비행기를 타고 여의도 비행장에 내렸다. 〈유행의 첨단 평양 명기名妓들이 비행기로 입경〉이라는 기사였다. "조선 각도各道 명창 대회에 참가하는 평양 기성箕城 권

번의 선수와 응원 기생 열 명은 20일 평양으로부터 비행기를 타고 경성에 날아왔다. 비행기도 못 타본 시내 각 기생들 권번에서는 이를 환영하노라고 여의도 비행장에서 일시 때 아닌 꽃밭을 이뤘는데, 선착된 네 명은 한경심, 장학선, 강산월, 정옥엽으로 붉은 입술에서 기염이 비행기를 오르듯 만장이나 되었다 한다."(《조선일보》1930년 9월 22일) 기사는 당시 유행하던 '자동차 드라이브'처럼 비행기 유람이 유행할지도 모르겠다고 비꼬았다. 기차로 대여섯 시간 거리인 평양-경성 간에도 비행기를 타는 승객이 있었던 모양이다.

일본여행협회가 1932년 발행한 관광안내서《여정과 비용개산 旅程と費用概算》에 따르면 경성-평양 티켓값은 13원이었다.

유람비행의 등장

1929년 5월 비행사 신용욱이 여의도에 문을 연 조선비행학교는 유람비행 사업도 병행했다. 서울 상공 유람비행은 5원, 인천 유람비행은 10원이었다. "1930년 경성 시민의 달콤한 유혹의 하나는 비행기 놀이였다. 인천까지 단 7분 동안 유람비행을 하는데 10원이다. 사람들은 10원짜리 지폐를 던지고는 '죽어도 말 없다'는 서약서에 도장을 찍고 다시 돌아올는지 말는지도 모르는 위대한 길을 떠난다. 유서도 없이. 그래서 단 5분 동안 서울의 상공을 주제 넘게 떠돌아다니고는 유쾌하게 떠들며 서울로 돌아온다. 사람들의 틈에만 끼어 기어만 다니던 사람이 구름 속에 쌓여 하계下界를 한번 내려다보는 것도 영웅적 소풍일 것이다."(〈비행기로 기생을 운반〉, 《조선일보》 1931년 1월 4일)

《조선일보》는 1931년 신년 벽두에 새 풍조로 '유람비행 유행'을 소개했다. 조선 호텔 1932년 선전 팸플릿을 보면, 점심 코스 메뉴는 2원 50전이었다. 상류층의 2인 점심값 정도면, 몇 분이나마 경성 상공에 날아올라 경복궁과 창덕궁, 총독부를 내려다볼 수 있었다. 물론 15전짜리 설렁탕 한 그릇으로 점심을 해결하는 보통 사람들에겐 그림의 떡이었지만 이용객이 있었던 모양이다. 앞의 기사는 이렇게 끝난다. "'스피—드 시대' 아니 '초스피—드 시대'의 축복받은 총아는 비행기다. 이윽고 1931년에는 '나도' '나도' 날고 싶다고 여의도로 몰려가서는 모두 종달새와 이야기하다가 돌아올지도 모른다."

샐러리맨은 꿈도 꿀 수 없는 비행기 여행

당시 티켓값은 얼마였을까. 1929년 7월 여객기 첫 운항 당시 도쿄-오사카 편은 세 시간 비행에 30엔(원), 오사카-후쿠오카 편은 35엔이었다. 《여정과 비용개산》에 따르면, 1932년 비행기 티켓 가격은 도쿄-경성 105원, 도쿄-오사카 30원, 오사카-후쿠오카 35원으로, 1929년 첫 운항 때와 같았다. 비행기 티켓 가격은 1930년대 중반까지 거의 변하지 않았다. 당시 신종 직업인 전화교환수

월급이 25~50원, 백화점 점원이 20~30원, 신문기자 월급이 50~60원하던 시절이었다. 비행기 여행은 보통 샐러리맨은 꿈도 꿀 수 없는 일이었다.

광산업자 우영희는 요즘 돈으로 하면 수십 억, 수백 억이 오가는 비즈니스를 하느라 비행기를 종종 이용했던 듯하다. 앞 기고문에서 "지금까지 나의 항공은 수십 회에 달하였으나"라고 쓴 것만 봐도 그렇다. 우영희는 《광산시대》 1938년 2월호에 기고한 〈90만 원에 팔린 오북平北광산내용공개〉에서도 광산 매매를 위해 도쿄에 비행기를 타고 왕복했다고 회고했다. 1936년 2월 도쿄-평양 구간을 탑승했는데, 큐슈 근방에서 폭풍설을 만나 불시착했다. "그때의 위험, 간단히 말하자면 산 것이 천행天幸"이라고 쓸 만큼 위험천만한 여행이었다. 1930년대 비행기 추락 사고는 심심찮게 발생했다. 티켓값도 비쌌지만 목숨까지 천운天運에 맡겨야 했기에 비행기 여행이 자리 잡으려면 한참을 더 기다려야 했다.

☞ 참고 자료

〈30분에 경인왕복〉, 《조선일보》 1929년 8월 31일.
〈유행의 첨단 평양 명기名妓들이 비행기로 입경〉, 《조선일보》 1930년 9월 22일.
〈비행기로 기생을 운반〉, 《조선일보》 1931년 1월 4일.
〈고상高商 시험을 치르러 비행기 타고 날아와〉, 《조선일보》 1931년 3월 24일.
〈불후의 영관榮冠은 찬연! 세계 마라손왕 개선〉, 《조선일보》 1936년 10월 18일.
우영희, 〈90만 원에 팔린 오북平北광산내용공개〉, 《광산시대》 1938년 2월.
_____, 〈동경기행-내지內地 광업계의 동향〉, 《광산시대》 1938년 5월.
일본여행협회, 《여정과 비용개산旅程と費用槪算》, 1932년, 1934년, 1935년.

국사편찬위원회 편, 《여행과 관광으로 본 근대》, 두산동아, 2008년.

콩나물시루 같은 만원전차, '교통지옥' 경성의 맨 얼굴

1929년 4월 22일 아침 진명여고보생들은 개교 기념식을 마치고 전세낸 전차 세 대에 나누어 탔다. 학교 설립자인 순헌황귀비(엄귀비)릉에 참배 겸 꽃놀이를 가기 위해서였다. 학생들을 태우고 효자동에서 출발한 전차 세 대 중 가운데 있던 제165호 전차가 적선동 서십자각에서 커브를 돌다가 전복됐다. 전차 운전사 석갑동의 과속이 문제였다. 진명여고보 3, 4년생 120여 명이 탄 전차는 아수라장이 됐다. 학생 88명이 경성의전 부속병원에 입원했다.

"파쇄된 유리창은 우수수 하게 차 안에 떨어졌으며 전차의 두부는 그렇게 든든한 강철 기둥이 두 가닥으로 깨어져 버린 가운데 여기저기에 아직도 마르지 아니한 선혈이 보는 사람을 놀라게

1929년 4월 22일 진명여고보생 120여 명을 태운 전차가 적선동에서 전복됐다. 이 사고로 88명이 입원하는 등 당시 이례적인 교통 참사였다. 《조선일보》 1929년 4월 23일.

하며 여학생들의 점심밥을 싼 책보는 함부로 흩어졌으며 뒤축 높은 여학생 구두가 거꾸로 세로 굴러다니고 천정에 매어 달렸던 전등과 벽에 붙은 거울까지 일일히 몹씨도 파쇄되었고 …".(〈선혈 임리한 현장〉,《조선일보》 1929년 4월 23일) 전차 사고로는 이례적인 대형 참사로 현장은 참혹했다.

신문은 호외까지 발행하며, 연일 사고 원인과 대책, 부상자 현황을 속보로 보도했다. 경험이 부족한 운전사의 과속과 함께 75명 정원인 전차에 120명을 태우고 달린 전차 회사 경성전기에 비판이 쏟아졌다. 사고 후유증은 컸다. 부상자가 너무 많아 수업을 제대로 진행하기 어렵다며 학교 측이 여름 방학을 한 달 당겨 휴교를 신청할 정도였다. 사고 석 달 후인 8월 1일 중상을 입고 치료 중이던 4학년생 최계숙이 회복하지 못하고 사망했다. 8월 초 2학기가 시작됐지만, 3, 4년생 183명 중 68명이 병상에서 치료를 받느라 결석할 정도였다.

경성 주민의 발, 전차

100년 전 경성 거리에는 전차와 자동차가 근대적 교통수단으로 화려하게 등장했다. 1911년 당시 두 대뿐이던 자동차는 20년 뒤인 1931년 4331대로 늘어났다. 하지만 승용차, 승합차는 물론 화물차까지 합해도 4331대에 불과한 자동차는 흔한 운반수단은 아니었다. 경성 주민의 발은 전차였다. 전차는 1909년 하반기 37대에서 1945년 하반기 257대로 약 일곱 배, 하루 평균 승차인원은 7060명에서 53만 9485명으로 76배 이상 늘었다. 전차 한 대당 평균 2100명꼴로 수송한 셈이었다.(정재정, 〈일제하 경성부의 교통사고와 일제 당국의 대책〉,《전농사론》7, 2001, 523쪽과 552쪽)

콩나물시루처럼 승객들을 가득 태운 경성의 전차가 만원버스, 지옥철의 원조였던 셈이다. 당시 신문에는 '교통지옥', '사바세계의 아수라' 같은 제목의 기사가 자주 등장했다. 출퇴근, 등하교 시간마다 교통 전쟁을 치러야 하니 사고가 빈발한 것도 당연한 일이었다.

전주 출신 스무 살 청년 탁명록이 고향에 갔다 경성에 돌아와 광희문 방향 전차를 탔다. 전차가 황금정(현 을지로) 2정목 9번지를 통과할 무렵, 급하게 내리려고 고함을 쳤다. 하지만 운전사는 아랑곳하지 않고 속도를 냈다. 전차에서 떨어진 탁명록은 바퀴에 깔려 오른쪽 다리가 부러지고 정신을 잃었다. 경찰은 승객 안전을 돌보지 않고, 무리하게 운행한 운전사와 차장을 입건했다. 이 교통사고를 다룬 기사가 〈살상기화한 경성전차〉다.(《조선일보》 1923년 3월 9일)

요즘처럼 체계적으로 정리된 교통사고 통계 자료는 없지만, 신문에는 교통사고 기사가 끊임없이 등장했다. 야외 활동이 많아지는 봄철 교통사고를 정리한 기사에 따르면, 경기도(경성 포함)에는 1927년 자동차 사고 229건에 사망자 9명, 부상자 59명, 전차 사고는 219건에 사망자 4명, 부상자 174명, 자전거 사고는 107건에 사망자 32명, 부상자 145명이 있었다.(〈소리 내는 '사자獅子', 전차와 자동차〉,《조선일보》 1928년 2월 2일)

횡단보도, 신호등, 차선 등 교통안전 시설 없어

근대 교통사 전문가인 정재정 서울시립대 명예교수는 경성부에서 교통사고가 빈발했던 근본원인으로 도로 부족과 신호등과 횡단보도, 가로등 같은 교통안전 시설이 열악했기 때문이라고 설명한다. 도로가 비좁고 대부분 비포장인 데다 한국인이 많이 거주하는 지역의 도로는 일본인 거주 지역보다 더 도로 사정이 열악했다.

전차 사고의 대부분은 접촉 사고나 뛰어내리다 넘어져서 생겼다고 한다. "우선 아무리 급한 일이 있고 뛰어내리고 뛰어오를 만한 자신이 있더라도 한 걸음 더 걷거나 한 차 뒤지는 것을 거리껴서 뛰어내리고 뛰어오르는 것을 일절 하지 말 일", "전차 궤도 가로 걸어 갈 때에 항상 궤도로부터 3, 4척 멀리 나서서 다닐 일" 등의 내용을 담은 사고 예방 기사도 있다. 〈전차 사고 빈발에 대한 의견〉(《조선일보》 1921년 9월 10일~12일)이라는 시리즈(총 3회)다.

이 시리즈 두 번째 기사는 전차 운전사 부족과 차량 노후화를 교통사고의 주범으로 지목하고 있다. "첫째 운전하는 사람 수효가 적은 것이니 운전하는 차량 수효가 많아서 기다리는 시간이 적을 것 같으면 승객들이 그다지 급히 서둘러서 타려고 할 것이 아니며 그에 따라서 시간의 경제가 과연 얼마나 될 것인가." "요사이 운행하는 전차를 볼 것 같으면 10여 년씩 운전을 하여 이제는 그만 아주 폐물이 되어서 기계는 어떻게 지탱하겠으나 차체로부터 운전대는 거의 무너지게 되어 승객의 수효는 불과 30여 명밖에 못 탈 것을 그것도 운전하는 전차량 수의 하나를 계산하니 더욱이 차량의 부족함을 감感할 것이다."(〈전차 사고 빈발에 대한 의견〉 2, 《조선일보》 1921년 9월 11일)

1939년 인구 90만에 육박하던 경성부는 만원전차, 버스 문제를 더는 방치할 수 없었다. 경성부회 의원들은 '전차, 버스 문제 대책 위원회'를 구성, 전차·버스 운영 주체인 경성전기에 열두 개 요구 사항을 전달했다. 전차 수를 늘일 것, 전차 부족은 버스로 보충할 것, 급행버스에 환승을 인정하고 요금을 5전 균일로 할 것, 급행버스를 러시아워 때만 아니라 종일 운행할 것 등이었다. '오전 1시에

남대문 앞을 지나는 전차 | 1930년대 중반 나온 사진엽서 책에 수록됐다. 5전으로 시내 대부분을 다닐 수 있는 전차는 근대 교통수단으로 각광받았지만, 콩나물시루처럼 승객을 가득 태워 비난을 받았다. 전차 사고도 빈발했다. 서울역사박물관 소장.

버스를 1회 운행할 것'처럼 심야버스 운행을 주문하는 내용도 담겼다.(〈경전京電에 보내는 부민의 총의〉, 《조선일보》 1939년 12월 23일)

경성부의 전차, 버스 운영을 독점하던 경성전기는 경성부를 앞세운 부회府會의 요구를 일부 수용할 수밖에 없었다. 급행버스 운행을 확대하는 한편, 1940년 4월부터는 시내 일부 정류장에 서지 않고 통과하는 급행전차도 운행했다. 경성부회는 교통난 해소를 위해 더 강력한 교통 통제 기관을 만들어 영리 위주인 운수회사를 감독할 것을 총독부에 의견서로 제출했다.

2022년 11월 발표된 한 카드회사 조사에 따르면, 수도권에 거주하는 20~50대는 전철과 버스 등 대중교통 이용에 하루 평균

64분을 쓴다고 한다. 사람들의 삶의 질을 좌우하는 건 거창한 이념이 아니라 택시와 광역버스, 지하철·전철 같은 대중교통의 질이다. 100년 전 만원전차, 만원버스에 시달리던 경성부민들의 분투도 보다 나은 삶을 위한 노력이었을 것이다.

☞ 참고 자료

〈전차 사고 빈발에 대한 의견〉 1~3, 《조선일보》 1921년 9월 10일~12일.
〈살상기화한 경성전차〉, 《조선일보》 1923년 3월 9일.
〈소리 내는 사자獅子, 전차와 자동차〉, 《조선일보》 1928년 2월 2일.
〈선혈 임리한 현장〉, 《조선일보》 1929년 4월 23일.
〈경전京電에 보내는 부민의 총의〉, 《조선일보》 1939년 12월 23일.

정재정, 〈일제하 경성부의 교통사고와 일제 당국의 대책〉, 《전농사론典農史論》 7, 서울시립대 국사학과, 2001년.

2부

모던이 찾은 핫템

"탕남음녀의 마굴",
1930년대 경성은 아파트 전성시대

"최근 '아파ー트' 업자 중에는 '가임지대통제령家賃地貸統制令' 때문에 방세는 갑자기 올릴 수 없으므로 '스팀'대를 예년보다 사오할씩 올리는 경향이 있다. … 기실 '스팀'이란 말뿐 불을 적게 때므로 방이 차서 견디기가 힘든데 이는 연료를 빙자하여 방세를 올린 것이나 다름없지 아니하냐고 '아파ー트' 유숙인들로부터 부내 각 경찰서에 투서가 연일 들어오고 있다."(〈교활한 아파트〉, 《조선일보》 1939년 12월 5일) 신문에 이런 기사가 났다. 당국이 집세를 올릴 수 없도록 규제하니까 집주인들이 연료비를 40~50퍼센트 올려 사실상 집세를 올린 게 아니냐는 샐러리맨들의 투서가 잇따른다는 내용이다.

2023년 2월 타계한 박철수 교수는 《경성의 아파트》(2021)란 두툼한 연구서에서 "1930년대 식민지 대도시 경성은 아파트가 넘쳐나던 곳으로 아파트의 시대라 불러도 어색하지 않다"고 했다. 박철수 교수가 책에서 밝힌 경성 아파트만 70여 곳이다. 친절하게 부록에 경성 지도를 싣고 아파트 70여 곳의 이름과 주소, 규모, 준공 연도를 밝혔다.

식민지 시기 경성은 인구 폭발의 도시였다. 3·1운동 직후인 1920년 25만이었던 인구는 1935년 40만을 넘어 1945년에는 100만에 육박했다. 1930년의 경우, 경성 인구 32만 2000명 중 일본인은 약 8만 7000명(27퍼센트)이었다. 증가하는 인구에 비해 집은 부족했고, 집값과 월세는 폭등했다. 요즘 주택난 뺨칠 정도였다. 이런 상황에서 남산동 미쿠니 아파트(1930년 준공)를 비롯, 황금·녹천장·취산·창경·덕수·관수정·광희 아파트와 히카리·도요타·스즈키·오타 등 일본식 이름을 딴 아파트가 속속 들어섰다.

'아파―트' '아파―트멘트' '아파―트멘츠 하우스' 같은 이름으로 불리던 아파트는 조선인들에게는 낯설었다. 지금 아파트와는 달리 대부분 독신 아파트로 임대주택이었다. 부엌과 욕실, 화장실은 물론 냉난방 시설을 갖춘 곳이 많았다. 1층에는 공동 식당과 사교장, 당구장 같은 오락 시설과 공동 목욕탕을 갖추기도 했다. 요즘 오피스텔이나 주상복합 건물과 비슷했다.

경성의 랜드마크 '채운장 아파트'

"아메리카 인디언의 모자와 같은 풍차를 보고 구라파 농촌으로 미리 짐작 마십시오. 이것은 멀리 그렇게까지 생각하실 것이 아니라 바로 수구문水口門 턱에 있는 '아파트' 채운장의 물 퍼 올리는 풍차입니다. 도시로서 인구밀도가 많지 않고, 도시로서 다른 시설이 제대로 된 바 없는 서울에서 이 '아파트'의 그림자를 볼 수 있기는 수년 전부터였습니다만 난쟁이 수염처럼 시답지 않게 보이던 것이 이제는 대경성의 실현을 앞두고 그 '수염'도 수염 구실을 하게 되었습니다."(〈대경성의 새 얼굴〉,《조선일보》1935년 1월 1일)

《조선일보》1935년 신년호는 객실 82개를 갖춘 4층짜리 아파트 사진을 실었다. 광희문 근처, 지금의 중구 장충동 1가에 들어선 이 건물은 1927년 착공해 7년 만인 1934년에 완성된 경성의 '랜드마크'였다. 냉난방 시설과 욕실을 갖춘 이 현대식 아파트는 순식간에 입주가 끝났다. 건축주는 아파트 부대 시설로 '댄스홀'을 설치하겠다는 의욕을 부렸다(당국 허가는 나지 않은 것으로 보인다). 채운장은 1972년까지 거의 원형 그대로 남아 있었다. 이듬해 일부 철거가 시작돼 몇 년 후 모습을 감췄다.

그럼, 경성 아파트에는 누가 살았을까. "각 관청·은행·회사 등 각종 기관에는 여사무원이 있어 자기들의 전문한 기술과 능력에 따라서 한 역할을 맡아가지고 모든 사무를 처리하고 있으니 세상에서 말하는 '아파트 걸'로서 장차 올 사회의 실업가와 정치가의 첫 걸음을 걷고 있으며 …"(〈취직선線에 혼전混戰하는 형형색색의 생활상〉, 《조선일보》 1931년 10월 19일)라는 기사는 은행원, 회사원, 공무원 같은 전문직·사무직 여성을 아파트 거주자로 꼽고 있다. 《경성의 아파트》(172쪽)는 카페 여급부터 고관대작에 이르기까지 다양한 부류와 계층이 아파트에 살았다고 설명한다. 조선 최상류층에 속하는 경성 골프구락부 회원 일부도 아파트에 살았고, 고향을 떠나 유학 온 학생들도 아파트 주요 입주자였다.

독신 남녀가 한 건물 안에 사는 아파트는 경계의 대상이었다. 앞의 채운장 기사 말미에는 "그러나 앞으로 '딴스홀—'이 생기는 날이면 이 '아파트'가 한층 더 탕남음녀들의 마굴이 안 될까 걱정입니다"라고 썼다. 대중잡지 《삼천리》도 비슷한 우려를 했다. "가정을 떠나 부모들의 슬하를 멀리하고 하숙생활 '아빠트' 생활을 하는 남학생 또는 여학생들이 서로 방문을 하고 찾아다니는 것이 쉬운 까닭에 그 접촉이 비교적 가정에 붙들려 있는 데 비하여 용이할 것이다. 더구나 전문학교 대학생들은 거의 순결치 못하다. 그래서 결국은 최후의 일선을 넘어서는 것이 자명의 리理다."(〈여학생행장보고서〉, 《삼천리》 1936년 11월호) 아파트가 풍기문란의 소굴로 지목당한 것이다. '경성 아파트 시대'의 흔적은 지금도 남아 있다. 충정, 황금, 국수장, 취산, 청운장, 적선하우스, 남산동 미쿠니 아파트 등 일곱 곳이나 된다. 황금, 국수장, 충정, 미쿠니 아파트는 지금도 주거 시설로 일부 사용하고 있어 근대유산 탐방 코스로 인기를 누린다.

미쿠니 아파트 | 1930년 준공된 서울 남산동 미쿠니 아파트는 미쿠니 상회 직원 사택으로 쓰였다. 지금도 주거용으로 사용 중이다.

그런데 서울시 도시계획위원회에서 2022년 6월 15일 지하철 2·5호선 충정로역 일대를 재정비하는 계획안을 통과시키면서 충정 아파트 철거 결정을 내렸다. 건립 85년이 지난 건물이기 때문에 안전 문제도 심각하고, 재건축을 원하는 주민 의견도 많았다고 한다. 경성의 첨단 주거지로 각광받던 영화를 뒤로 하고 사라지는 것이다. 충정 아파트는 한때 1930년 건립된 경성 최초의 아파트로 알려졌다. 하지만 건축물대장을 확인한 결과 1937년 8월 29일 신축된 것으로 드러났다.(이연경 등, 〈근대도시주거로서 충정아파트의 특징 및 가치〉, 23쪽) 처음에는 건축주 이름을 따 도요타豊田(풍전) 아파트로 불렸다. 그때에는 드문 철근 콘크리트 4층 건물이었다. 경성 첫 아파트는 1930년 남산 회현동에 들어선 미쿠니 아파트다.

미쿠니 상사 합숙소로 건축된 이 아파트는 92년이 넘은 지금도 주거 시설로 사용 중이다.

도요타 아파트는 마포와 도심을 연결하는 대로변에 자리 잡았다. 아파트 남서쪽에는 죽첨정竹添町 삼정목三丁目(현 충정로 3가) 전차 정류장이 있어 교통이 편리했다. 그래서인지 교통사고 기사에 이 아파트가 등장한다. "만원전차에 뛰어올라 타다가 떨어져 뼈가 부러졌다. 부내 죽첨정 삼정목 이백칠십팔번지 인쇄직공 이풍재(23)라는 사람은 7일 오후 7시에 서대문에서 마포로 가는 전차에 뛰어올라 매달려 가다가 죽첨정 삼정목 풍전 아파트 앞에서 떨어져 왼편 쇄골이 부러졌다. 약 한 달 동안 치료받을 중상이다. 그는 문을 닫고 진행하던 만원전차에 뛰어탔다가 그런 변을 당한 것이다."(〈만원전차에 매달렸다 낙상〉,《조선일보》1939년 10월 9일)

죽첨정이란 이름은 1884년 갑신정변 당시 일본 공사였던 다케조에 신이치로竹添進一郎의 성을 따서 1914년부터 쓰였다고 한다. 1946년 일제식 동명을 우리 이름으로 바꾸면서 충정로가 됐다.

황산덕과 김환기, 도요타 아파트 주민

도요타 아파트에 살았던 유명인으론 황산덕과 김환기가 꼽힌다. 평양고보를 졸업한 열여덟 살 황산덕은 1935년 경성제대 예과豫科에 입학했다. 당시 예과는 청량리에 있었다. "대학 예과를 수료할 무렵에 그보다 1년 선배로 먼저 본과 법학과에 다니고 있는 홍진

도요타 아파트(충정 아파트) | 서울 지하철 5호선 충정로역 앞 대로변에 있다. 준공 당시에는 도요타 아파트로 불렸다. 1932년 준공으로도 알려졌지만, 최근 연구에서 1937년 준공으로 밝혔다.

기의 집에서 하숙하고 있었는데, 법학과 본과가 동숭동에 있었으므로 본과 시험 합격 후 도요타 아파트에 방을 얻어 살며 매일 명동에서 방황하며 한 학기를 보냈다." 〈황산덕 회고록〉에 나오는 내용이다.

당시 경성제대 예과는 2년에서 3년 과정으로 바뀐 뒤였으므로, 황산덕은 1938년 도요타 아파트 319호에 세를 들어 살았는데, 법학과 2학년을 마친 뒤 도쿄로 유학을 떠나기 전까지 머물렀다고 한다. 도요타 아파트는 1937년 들어섰으니, 준공한 지 1년도 안 된 아파트에 입주한 셈이다. 황산덕은 해방 후 서울대 법대 교수를 거쳐 성균관대 총장, 법무·교육부 장관을 지냈다. 서울대 법대 교수 시절인 1954년 정비석의 신문 연재소설 《자유부인》의 선정성을 비판하는 논쟁을 벌인 주역으로도 유명하다.

황산덕이 이 아파트에 살 무렵, 훗날 스타로 떠오른 화가, 김환기가 입주했다. 그는 일본미술협회가 1940년 5월 도쿄 우에노 공원에서 개최한 '자유 미술전'에 출품했는데, 당시 전시회 목록에 김환기 주소가 '경성부 죽첨정 도요타 아파트'로 나온다. 아파트는 단기 체류자도 받는 숙박 시설이었다. 유복한 집안 출신인 두 사람이 도요타 아파트에 거주했다는 사실은 이 아파트가 당시 첨단 주거지로 꽤 인기를 끌었다는 점을 보여준다.

해방 이후 도요타 아파트는 귀국 동포들이 점거했다. 그리고 6·25 와중에 미군이 인수해 트레머 호텔로 이름을 바꿨다. 미군 숙소와 사무실용이었다. 그러다 5·16 이후 사기극에 휘말린다. 아들 여섯이 6·25 때 전사했다고 주장한 김병조라는 사람이 있었다. '반공의 아버지'로 불리며 이승만 정권 때 건국공로훈장을 받은 그에게 1962년 3월, 박정희 정권은 트레머 호텔을 불하한다. 김병조는 불하받는 트레머 호텔을 코리아 호텔로 이름을 바꾸어 개업했다. 하지만 다섯 달 만에 김병조의 모든 이야기가 허위날조라는 사실이 밝혀져 그는 구속됐다. 코리아 호텔은 1962년 11월 23일 문을 닫았다.

이 사기극이 얼마나 충격적이었던지 〈'혁명'을 속인 사기꾼〉(《조선일보》 1962년 8월 21일), 〈공소사실 부인 가짜 '반공의 아버지'〉(1962년 10월 12일), 〈문 닫혀버린 코리아 호텔〉(1962년 11월 24일) 등 연일 신문에 보도됐다. 광복 30년 기념 세태 기획에 '가짜 인물'(1975년 3월 22일)의 대표 사례로 가짜 이강석(이기붕 아들이자 이승만 양자)과 나란히 실릴 만큼 세인들의 기억에 뚜렷이 남았다.

호텔은 몰수되어 몇 사람 손을 잠깐씩 거쳤으나 결국 1967년까지 철조망을 둘러친 신세로 방치됐다.

이후 호텔은 주거 시설로 쓰였다. 1970년대에는 유림 아파트로 불린 모양이다. 아파트는 1979년 도로확장공사로 일부가 헐렸다. 건물의 기구한 운명이 "한국 첫 아파트가 헐린다"(1979년 2월 3일)는 기사로 다시 회자됐다. 그 후로도 40년 이상을 버텼다. 하지만 철거가 확정되었다고 하니 앞으로 초록빛 충정 아파트의 모습을 볼 날도 얼마 남지 않은 것 같다.

☞ 참고 자료

〈취직선線에 혼전混戰하는 형형색색의 생활상〉, 《조선일보》 1931년 10월 19일.
〈대경성의 새 얼굴〉, 《조선일보》 1935년 1월 1일.
〈여학생행장보고서〉, 《삼천리》 1936년 11월.
〈만원전차에 매달렸다 낙상〉, 《조선일보》 1939년 10월 9일.
〈교활한 아파트〉, 《조선일보》 1939년 12월 5일.

박철수 외, 《경성의 아파트》, 집, 2021년.
이연경, 박진희, 남윤협, 〈근대도시주거로서 충정아파트의 특징 및 가치〉, 《도시연구: 역사·사회·문화》 20호, 2018년 10월.

"일확천금이 가능하냐?", 주식판 뛰어든 '경성 개미'들의 환호와 한숨

"영불英佛 대독일對獨逸 마침내 선전포고!" 1939년 9월 4일 각 신문은 주먹만 한 활자로 영국 체임벌린 총리가 전날 독일을 상대로 선전포고를 했다는 내용을 톱기사로 실었다. 제2차 세계대전 발발을 알리는 기사였다. 이 암울한 소식에 만세를 부른 사람들이 있었다. 주식 투자자들이었다. 월요일 개장과 함께 주식시장이 폭등했기 때문이다.

제2차 세계대전 발발, 폭등한 주식시장

"독폴란드전쟁으로 주식시장에서는 열광적 폭등을 보였는데, 영

1939년 9월 4일 각 신문은 주먹만 한 활자로 영국 체임벌린 총리가 전날 독일을 상대로 선전포고를 했다는 내용을 톱기사로 실었다. 《조선일보》 1939년 9월 4일.

국이 드디어 독일에 대하여 선전포고를 하였으므로 구주제이차대전이 벌어진 만큼 하룻밤을 지낸 4일의 주식시장은 폭등을 연출했다. 명치정町 주식시장에서는 동신東新이 174원에서 뛰어 한꺼번에 25원이 올랐고, 종방鐘紡이 21원 80전이 뛰어 184원 90전, 조신朝新이 4원 40전이 뛰어 35원 40전에 시작된 후 파란만장이었다."(〈포성에 놀란 주식〉,《조선일보》 1939년 9월 5일)

'동신'은 도쿄취인소 신주新株, '조신'은 조선취인소 신주를 뜻하는데, 각각 도쿄과 조선의 증권거래소 주식을 가리킨다. 당시 주식거래소는 주식회사였고, 증시에 상장돼 있었다. '동신주'는 조선 주식 거래량 절반을 차지하는 명치정(명동) 주식시장 최고의 블루칩이었다. 이 주식이 하루아침에 174원에서 199원으로 14퍼센트 폭등한 것이다. 당시 증거금 10퍼센트만 내면 주식 거래를 할 수 있었기 때문에 가진 돈의 열 배까지 주식을 사고 팔 수 있었다. 동신주에 투자한 사람은 하루 만에 최고 열네 배 수익을 거뒀으니 만세가 나올 수밖에 없었다.

동신주 폭등에 환호한 투자자 중에는 조선프롤레타리아 예술가동맹(카프) 출신 시인 겸 평론가인 김기진도 있었을 것이다. 김기진은 당시 총독부 기관지인 《매일신보》 사회부장이었다. 30대 중반이었으나 《조선일보》와 《시대일보》를 거친 중견인 데다, 카프 활동 때문에 좌익 낙인이 찍혀 있었다. 김기진은 1933년 《조선일보》를 그만둔 뒤 금광 개발에 뛰어들었다가 빈털터리가 됐고 좌익 사건으로 경찰에 끌려가 곤욕을 치렀던 터였다.

이래저래 지쳤던 김기진은 '모가지에 달린 개패를 떼버린다'는 심정으로 《매일신보》에 입사했다. 그는 입사하기 전에 색다른 조

김기진 | 1931년 10월 치안유지법 위반 혐의로 종로경찰서에 체포된 김기진. 당시 《조선일보》 기자였다. 국사편찬위원회 일제감시대상인물카드.

건을 내걸었다. 직위는 상관없지만, 낮에는 출근하지 않고 오후 늦게 출근해 밤에 만드는 조간 편집에만 일을 하겠다는 조건이었다. 이는 김기진이 《매일신보》 부사장인 이상협과 《시대일보》에서 함께 일한 인연이 있어 수락되었다.

"낮에는 명동에 있는 주식취인소에 나가 앉아서 투기를 해볼 결심이었던 까닭이다. 정어리 공장도 해보았고, 금광도 해보았고 했지만, 이런 것은 막대한 자본과 전문적 기술과 10년 이상의 세월을 요하는 거창한 기업이지만, 주식매매만은 큰 자본이 필요치 않고 오직 총명한 판단만으로 짧은 시일 내에 일확천금을 할 수 있는 일이니까 이것을 해야겠다고 생각했기 때문이다."(김기진, 〈나의 회고록〉 12, 《세대》 1965년 9월)

오전에는 명동 주식장 출근, 밤에는 신문 1면 편집

"그래서 나는 날마다 아침 9시 5분 전에 중매점에 나가 앉아서 그날 아침 일본 오사카 시장에서의 기부시세를 받아가지고 경성취인소에서 시세가 정해지는 것을 보았다. 며칠 동안 이렇게 공부해 가지고 10주, 20주씩 청산시장의 동신주만을 가지고 팔았다 샀다 하는 연습을 해가면서 오후 3시에 후장의 매매가 끝나면 신문사로 출근하는 것을 규칙적으로 되풀이했다."

김기진은 나름대로 주식 공부를 했다. "대표적 주가의 오르고 내리는 고저 운동의 법칙만 알아낸다면 과학적 방법으로 일확천금할 수 있다는 신념이 있었던 까닭이다." 소액투자로 시작한 김기진은 5년간 '동신주'만 사고팔았다. 일본 전역에서 수십만 명이 거래하는 것인 만큼 특정 개인이 가격을 좌우할 수 없는 그리고 일본을 대표하는 주식으로 생각했기 때문이다.

"주식의 운동은 미묘한 것이어서 연구하면 할수록 취미진진한 것"이라고 할 만큼 주식에 흠뻑 빠졌다. 원금의 15배까지 벌어본 적도 있지만, 5년 뒤 결산은 신통찮았다. "1935년 봄부터 1940년 여름 동신주 상장이 일본 전국에서 금지될 때까지 5년 동안 나는 비가 오거나 눈이 오거나 하루도 빼놓지 않고 열심히 취인소 근방에서 살았는데 결국 돈을 벌지는 못했다."

조선의 '주식왕' 조준호

당시 조선의 '주식왕'으로 알려진 인물이 조준호다. 대한제국 고위 관료 출신 갑부 조중정의 맏아들로 태어나 도쿄 주오대 법학과를 졸업한 조준호는 스물두 살이던 1925년 《시대일보》에 1만 원을 출자해 전무로 신문사 경영에 참여했다. 동갑내기 김기진은 당시 《시대일보》 일선 기자였다. 《시대일보》는 이듬해 경영난으로 문을 닫았다. 이후 조준호는 미국과 브라질을 둘러보고, 영국 유학을 마친 뒤 1929년 사업을 재개했다. 조선월사석유회사(1930)와 동아이발기구주식회사(1931)를 설립하더니 서른한 살이던 1934년 동아증권을 세워 주식 거래에 뛰어들었다.

증권사는 설립 첫해부터 조선취인소 최고의 중매점으로 떠올랐다. 조선취인소 거래액 10퍼센트 이상이 동아증권을 통해 이뤄졌을 정도다. 1936년 한 해만 20만 원(현재 약 200억 원)을 벌어들였다. 1935년엔 인천에 미두 중매점까지 열었다. 조준호는 주식으로만 300만 원 이상의 부를 축적했다고 한다.

월간지 《조광》(1940년 10월)이 "하여간 근자에 와서는 기업계의 '호—프'라는 말이 나오면 어쩐지 곧 조준호를 연상하곤 하는 것이 이 방면의 습속이 되어버리도록 그의 이름은 '포풀라'해졌다"고 쓸 만큼 신흥 기업가로 이름을 날렸다. 1957년 조준호가 세운 명동 사보이 호텔은 지금까지 이어지고 있다.

조준호의 동아증권 이사로 한때 있었던 이강국은 조준호의 처남으로 경성제대 법학부를 졸업한 조선의 수재였다. 조준호는 경성제대를 졸업한 이강국의 독일 유학 비용을 댔고, 그가 귀국하자 동아증권 이사로 앉혔다. 이강국은 해방 후 건국준비위원회 서기장과 조직부장, 민주주의민족전선 사무국장으로 활동하다 1946년 말 월북했다. 북조선위원회 외무국장 등을 지내다 박헌영, 이승엽 등과 함께 미제 간첩으로 몰려 1956년 처형당했다.

주식 실패로 음독한 청년

변변한 정보 없이 주식판에 뛰어든 개미들이 순탄할 리 없다. 신문에는 투자에 실패한 이들의 자살 기사가 더러 났다. "만소滿蘇 국경에 풍운이 급박한 요사이 앞길을 잡을 수 없는 주식에 발을 들이밀었다가 실패를 보고 청산가리 자살을 한 청년이 있다. 부내 관철정貫鐵町 남산관南山館에 하숙하고 있던 황금정 2정목 199번지 '마루다마' 주식취인점원 한수봉(28) 군은 19일 오후 3시쯤 하숙으로 돌아와 방에 들어간 채 소식이 없음으로 저녁 때 주인이 문을 열어본즉 벌써 절명되어 있었다. 종로서에서 검시한 결과 만소국경에 급박한 풍운을 반영하야 궤도를 잃은 주식에 손을 댔다가 약 2000여 원의 손해를 본 것을 비관한 나머지 무서운 독약 청산가리를 마시고 각오의 자살을 한 것인 듯하다고 한다."(〈주식에 실패코 청년음독자살〉,《조선일보》 1938년 7월 21일)

중일전쟁으로 전황이 불안해지면서 증시가 요동칠 때 잘못 판단한 대가로 목숨까지 잃은 것이다. 이런 사건이 많았던지 언론에선 일확천금을 꿈꾸며 주식에 뛰어드는 사람들에게 따끔하게 경고하기도 했다.

"투기 시장에서 수십만 수백만의 자금이 없이 큰 성공을 해보랴거든 사람 노릇 해가면서 꿈꾸어서는 안 된다. 부모처자를 생이별하고 알몸으로 제 한 몸이 되어 아무 거리낌이 없이 휘둥그레하게 한 후에 수십 원이든지 수백 원을 만들어가지고 발을 들여 놓는데 그날부터는 아주 마음을 지독하게 먹어야 한다. 부모처자까지 떼놓는 터이라 취인소 문전에서 돌베개하고 세상을 떠날 최후의 비통한 장면까지 생각한 사람이라야 한다. 왜 그래야 하느냐 하면 투기에는 끈기가 경經이 되고, 배포 큰 것이 위緯가 되어야 하는 까닭이다."(이건혁, 〈조성모멸朝盛暮滅의 취인광取引狂 사태, 일확천금은 가능하냐?〉, 《조광》 1936년 1월) 필자는 "그럴 용기 없는 사람은 행여 투기적으로는 투기 시장에 발을 들여놓지 말라!"고 으름장을 놨다.

조선취인소 건물, 2005년에 철거

'동학 개미', '서학 개미'란 말이 이제 낯설지 않은 말이 된 것만큼 주식 투자는 동네 마트에서 쇼핑하듯 쉽게 할 수 있는 세상이 됐다. 투기보다는 투자, 저축의 관점에서 접근하는 게 달라졌다지만 아슬아슬하기는 예나 지금이나 마찬가지인 듯하다.

김기진이 드나들던 명동 주식장의 조선취인소 건물은 2005년 헐렸다. 1922년 '경성주식현물취인소' 건물로 완공된 지 83년 만이었다. 경성주식현물취인소는 1932년 인천미두취인소와 통합, 조선취인소가 됐다. 해방 이틀 전인 1945년 8월 13일까지 영업을 이어갔다. 조선취인소 건물은 이후 1956년 설립한 대한증권거래소 건물로 쓰였으나 1979년 거래소가 여의도로 옮겨가면서 상가로 쓰이다 철거의 운명을 맞았다. 정부가 근대문화재 등록을 예고했으나 소유자가 철거해 버렸다. 그 자리에는 2008년 상가와 사무실, 오피스텔이 있는 지상 10층 복합건물이 들어섰다. '한 방'을 꿈꾸며 주식장에 몰려들던 '경성 개미'들의 환호와 한숨도 찾아볼 길 없게 됐다.

☞ 참고 자료

이건혁, 〈조성모멸朝盛暮滅의 취인광取引狂 사태, 일확천금은 가능하냐?〉, 《조광》 1936년 1월.

〈주식에 실패코 청년음독자살〉, 《조선일보》 1938년 7월 21일.

〈포성에 놀란 주식〉, 《조선일보》 1939년 9월 5일.

〈米豆軍의 흥망성쇠기〉, 《조광》 1939년 9월.

〈현역인물론-조준호〉, 《조광》 1940년 10월.

김기진, 〈나의 회고록〉 12, 《세대》 1965년 9월.

_____, 〈나의 인생과 나의 문학-예술과 실업의 두 갈랫길〉, 《김팔봉문학전집》 2, 문학과지
성사, 1988년.

전봉관, 《황금광 시대》, 살림, 2005년.

_____, 《럭키경성》, 살림, 2007년.

반포 '아리팍' 인기 뺨쳤다, 1930년대 경성 문화주택 열풍

"요사히 걸핏하면 여자가 새로 맞이한 사나이를 보고서 우리도 문화주택에서 재미있게 잘 살아보았으면 해서 그런지는 몰라도 쥐뿔도 없는 조선 사람들이 시외나 기타 터 좋은 데다가 은행의 대부로 소위 문화주택을 새장같이 가뜬하게 짓고서 '스윗홈'을 삼게 된다."(〈문화주택文化住宅? 문화주택蚊禍住宅〉, 《조선일보》 1930년 4월 14일)

일제시대 만화를 곁들인 시사평론으로 이름을 날린 석영 안석주는 1920년대 이후 유행하던 '문화주택'이 못마땅했던 모양이다. 재래식 한옥대신 서양 주택을 개조한 문화주택은 당시 조선의 부호와 인텔리는 물론 월급봉투 두둑한 은행원과 공무원 같은 샐러리맨이 꿈꾸던 스위트홈이었다. 요즘 사람들 사이에 회자되는 서울 한강변의 반포 '아리팍'이나 '아리뷰'를 능가하는 인기를 누렸다.

'조선미' 없는 문화주택

경성고등공업학교(경성공전, 서울대 전신)를 나온 건축가 박길룡이 당시 유럽 유학에서 돌아온 친구가 서울 근교에 지은 문화주택을 탐방한 스케치 기사가 있다. "구조는 벽이 연와조煉瓦造, 지붕은 인조 슬렛트, 기타 부분은 목조이고, 외모는 대체로 '쩌맨 쎄셋슌'에 가까운 듯하나 아무 통일 없는 '스타일'이다. 먼저 현관을 지나 중앙이 홀이 되고 그 홀 안에 위층에 올라가는 계단이 있다. 그 홀에서 바른편 방이 응접실이고, 왼편 방이 가족실, 이 방으로 연속하여 식당 주방 변소가 있다. 윗층은 침실이 두 개 있고, 서재와 욕실이 있다."(〈유행성의 소위 문화주택〉 1, 《조선일보》 1930년 9월 19일)

박길룡은 친구가 1만 원이나 들여 지었다는 '문화주택'을 혹평했다. "각 방 난방은 모두 '스토부'(난로)를 피게 되고 가구 등속도 전부 양식洋式이니 대체로 조선미는 조금도 찾을 수 없는 집이다." 그리고 문화주택을 지은 친구 근황을 이렇게 소개한다. "귀국하는 길로 생활을 개선하느니 어쩌느니 하고 양옥을 지었는데, 지은 당시에 양풍가구를 사들인다, 문화설비 생활혁신에 분주하더니 어찌한 셈인지 새로 지은 양옥이 불편하다고 그 옆에다가 순 조선식으로 집 한 채를 지어놓고 지금 그 집 가족들이 조선식 집에 거처하고 양관洋館은 별로 쓰지 않고 혹 손님이나 있으면 응접실로나 쓴다고 한다."

경품으로도 등장한 선망의 대상

하지만 부엌과 화장실을 개량하고 주부실, 노인실, 응접실, 서재 등을 갖춘 문화주택은 선망의 대상이었다. 1932년 종로 2가에 증축한 화신 백화점은 20평짜리 '문화주택'을 경품으로 내건 마케팅 전술로 근처의 경쟁자 동아 백화점을 문 닫게 만들 정도였다. 금화산 아래 '금화장'이나 '연희장'처럼 문화주택이 몰린 지역을 부

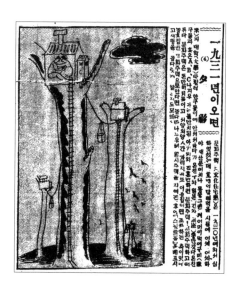

석영 안석주가 꼬집은 문화주택 1
| 높은 나무 꼭대기에 지은 집은 높은 언덕에 짓던 문화주택을 빗댄 것이다. 《조선일보》 1930년 11월 28일.

르는 이름도 생겼다. '○○장', '○○원' 같은 이름이 붙은 곳이다. 아래를 내려다볼 수 있고 채광이 좋은 언덕 위 이층집이 많았다.

경성에는 이런 문화주택이 몰려 있는 문화주택촌이 크게 세 지역에 있었다. 동부의 신당리·왕십리 일대, 남부의 남산과 용산 일대, 금화장과 연희장 등이 있던 서부 지역이다. 남산이나 용산은 일본인 거주지였고, 다른 지역도 내로라하는 부자들이 몰려 살았다. 샐러리맨들이 몰려 사는 문화촌은 동소문 근방 정도였다.(최병택·예지숙, 《경성리포트》)

식민지 근대의 환상

문화주택을 보는 세간의 눈은 곱지 않았다. 안석영은 "문화주택은 돈 많이 처들이고 서양 외양간같이 지어도 이층집이면 좋아하는 축이 있다. 높은 집만 문화주택으로 안다면 높다란 나무 위에 원시주택을 지어놓은 후에 '스위트홈'을 베푸시고 새똥을 곱다랗게 쌀는지도 모르지"(1930년 11월 28일)라고 비꼬았다. "무리하게 은행 빚 얻어 장만한 문화주택은 모래 위 성일 뿐이다. 몇 달 못되어 은행에 문 돈은 문 돈대로 날라가 버리고 외국인의 수중으로 그 집이 넘어가고 마는 수도 있다. 이리하야 문화주택에 사는 조선 사람은 하루살이 꼴로 그 그림자가 사라진다. 그럼으로 우리에게는 문화주택이 문화蚊禍주택이다."(〈文化住宅? 蚊禍住宅〉, 《조선일보》 1930년 4월 14일)

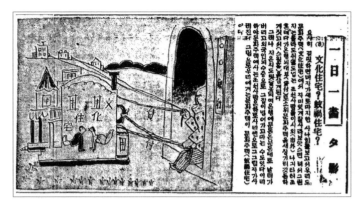

석영 안석주가 꼬집은 문화주택 2 | 은행 돈을 빌려 문화주택을 지었으나 하루살이 모기처럼 몇 달 만에 집이 넘어간다고 꼬집었다.《조선일보》 1930년 4월 14일.

안석영은 그물에 걸린 모기를 잡아먹는 거미에 은행을 빗댔다. 푸른 초원에 그림 같은 문화주택을 지은 신혼부부는 은행이 쳐놓은 거미줄에 걸려 있고, 거미줄에는 대부貸付라는 글자가 적혔다. 분수 넘는 집을 산 조선의 젊은이들을 하루살이 같은 모기에 비유한 것이다. 안석영 만문만화를 분석한《모던뽀이, 경성을 거닐다》를 쓴 신명직은 '식민지 근대의 환상은 하루살이 같은 욕망일 뿐'이라고 했다.

☞ 참고 자료

夕影,〈文化住宅? 蚊禍住宅〉,《조선일보》1930년 4월 14일.
박길룡,〈유행성의 소위 문화주택〉 1,《조선일보》1930년 9월 19일.

신명직,《모던뽀이, 경성을 거닐다》, 현실문화연구, 2003년.
최병택, 예지숙,《경성리포트》, 시공사, 2009년.

이상의 미쓰코시·박태원의 화신, 백화점을 사랑한 모던 보이들

"우리 저기 미쓰코시 가서, 난찌 먹구 가요." "난찌? 난찌란 건 또 무어다냐." "난찌라구, 서양 즘심 말이에요."

기생 춘심이는 윤직원 영감과 데이트를 하면서 미쓰코시 백화점에서 양식을 먹자고 조른다. 채만식이 1938년 월간지 《조광》에 연재한 〈태평천하(원제 天下太平春)〉에 나오는 대목이다. 미쓰코시 백화점은 1930년 10월 경성 조선은행(한국은행) 본점 건너편에 들어선 고급 백화점이다. 이상 소설 〈날개〉의 피날레 무대이기도 하다. '난찌'는 점심 식사를 뜻하는 '런치'의 일본식 발음이다.

1930년대 백화점에서 먹는 '난찌'는 유행의 첨단을 달리는 모던 보이, 모던 걸이 선망하던 코스였다. 가족들의 외식 장소로 손

미쓰코시 백화점 | 1930년 10월 들어선 미쓰코시 백화점은 근대 고급 상품을 진열한 전시장이었다. 4층 식당에서 내놓는 '난찌'는 모던 걸이 선망하는 코스였다. 서울역사박물관 소장.

꼽히는 곳이기도 했다. "백화점 식당—그곳은 원래가 그리 불행하다거나 슬프다거나 그러한 사람들이 오는 곳이 아니다. 하로하로를 평온무사하게 보낼 수 있었든 사람, 얼마간이라도 행복을 스스로 느낄 수 있었든 사람, 그러한 이들이 더러는 아내를 동반하고 또는 친구와 모여서 그리고 대부분의 경우에 자녀들을 이끌고 결코 오랜 시간을 유난스럽게 즐기기에는 적당치 않은 이곳을 찾아온다."(《조광》 1936년 6월) 1930년대 경성 스케치로 유명한 박태원은 연재소설 〈천변풍경〉에 이렇게 썼다. 백화점 식당은 1930년대 경성 소비문화의 최정점이었다.

미쓰코시 50전 '난찌' 세트, 화신 35전 '조선 런치' 인기

1920년대부터 경성에 본격적으로 들어선 백화점은 근대 상품을 전시하는 쇼윈도이자 첨단 문화를 향유할 수 있는 중심지였다. 미쓰코시, 조지야, 미나카이, 히라타 같은 일본계 백화점은 물론 종로 화신 백화점은 대부분 옥상에 식당을 설치했다. 백화점 식당은 깨끗하고 음식값도 상대적으로 싸서 고객이 많았다. 미쓰코시 백화점은 50전짜리 '난찌(런치)' 세트가 인기를 모았다. 화신 백화점은 양식도 팔았지만 35전짜리 '조선 런치(한식 세트)'도 인기가 높았다. 주머니 가벼운 월급쟁이 가장도 가족을 위해 호기를 부렸다.

"젊은 내외가, 너덧 살 되어 보이는 아이를 데리고 그곳에 가 승강기를 기다리고 있었다. 이제 그들은 식당으로 가서 그들의 오찬을 즐길 것이다. 흘껏 구보를 본 그들 내외의 눈에는 자기네들의 행복을 자랑하고 싶어 하는 마음이 엿보였는지도 모른다." 박태원이 1934년 《조선중앙일보》에 연재한 〈소설가 구보씨의 일일〉 한 대목으로 종로 화신 백화점 식당을 찾는 젊은 가족의 모습을 스케치했다.

《조선일보》가 1931년 1월 1일 신년호에 실은 기사 〈식당에는 개화開化부인-대경성의 백화점 내면〉은 "식당에도 쪽진 머리에 아이들을 반 다스나 데리고 앉아 다과를 즐기는 훌륭한 개화(?) 부인이 있다"고 썼다. 살림살이 형편에 어울리지 않는 과소비를 우

'이삼십 원짜리 월급쟁이'도 백화점 식당에서 점심과 저녁을 해결하는 세태를 꼬집은 기사. 《조선일보》 1934년 7월 19일.

려하는 지적도 나왔다. "문화는 조선 사람의 입에까지 미치어 김치 깍두기 된장찌개만으로는 비위를 가라앉힐 수 없게 되었다. 치킨 가쓰레쓰, 멘치폴, 무엇무엇 등 입맛이 달라져서 세살 먹은 아기들까지도 밥 때가 되면 엄마밥바를 백화점 식당으로 끌고 간다. 이삼십 원짜리 월급쟁이도 점심저녁은 백화점에서 '식도락食道樂'도 어지간하다."(〈카메라산보-도회의 측면에서 측면에〉, 《조선일보》 1934년 7월 19일) 기자는 "집도 없고 입을 것이 없어도 먹기만 하면 살겠지만 뒷간의 파리, 요강, 타구부터 없앤 뒤에 식도락이 식도락이다"고 꼬집는다.

서양 음식은 구한말 손탁 호텔처럼 서양인이 경영하는 식당에서 선보였다. 하지만 경성 시내에 서양 음식을 내놓는 식당이 본격적으로 등장한 것은 1920~30년대다. 호텔과 레스토랑도 있었지만 상대적으로 '가성비' 높은 백화점 식당과 경성역 '그릴'에 손님들이 몰렸다. 순 서양 요리보다는 오므라이스, 카레라이스, 돈가스, 함박스테이크(햄버그스테이크)처럼 일본화된 양식이 대부분이었다.

양식 못 먹는 양장녀, 애기 울리는 구식 부인

100년 전 경성 사람들이 서양 음식에 익숙할 리 없다. 백화점 식당 여종업원의 목소리다. "시골서 온 양 싶은 여자 손님들 가운데는 음식 이름을 몰라서 쩔쩔매다가 옆 손님의 본을 받아 양식 같은 것을 주문해 놓고 먹을 줄 몰라서 쩔쩔맬 때도 있습니다." "여우 목도리에 좋다는 두루마기를 입고 온 여자 손님이 흔히 식사를 하면서도 목도리를 그냥 두르고 있는데, 이러한 것은 몰라서 그런지는 몰라도 그다지 높이 보이지 않습니다."

무엇보다 종업원을 괴롭히는 손님은 따로 있었다. "우리가 제일 괴로워할 때는 구식 여자들이 아이를 많이 데리고 와서 음식이 비싸다느니 맛이 없다느니 하고 꾸중을 하는 것은 좋으나 어린아이들이 제각기 먼저 먹겠다고 싸워서 울음판이 될 때입니다. 여러 손님들이 있는 곳에서 어린애 울음소리가 높이 나면 다른 손님은 상을 찌푸리지 않습니까." "심부름을 시킬 때 자기 집 하인처럼 말

솜씨를 아무렇게나 하는 손님을 대하면 분하기 짝이 없습니다만 어디 입 밖에 내 말할 수나 있습니까. 그저 꾹꾹 참고 지나갑니다."(〈양식 못 먹는 양장녀, 애기 울리는 구식 부인〉, 《조선일보》 1937년 2월 4일) '갑질' 하는 손님은 그때나 지금이나 여전했던 모양이다.

염상섭도 1931년부터 《매일신보》에 연재한 소설 〈무화과〉에 조선 호텔 양식당을 찾은 중년 신사의 무례를 꼬집었다. "선생님이 양식을 처음 잡숫는지, 자주 남의 빵을 뜯어 잡쉬 가며 수프를 스푼으로 떠 잡숫다가는, 에이 성가시다고 번쩍 들어 훌훌 마시겠지요. … 그거나마 소리나 내지를 않았으면 좋으련만, 설렁탕집으로 알았는지, 훅훅 소리를 내지요. 하하하 … 게다가 여기저기 돌려다보며, 서양 부인네들 유심히 보니까, 저희들도 눈짓을 하고 웃지요! 앉았기가 민망해서 죽을 애를 썼더랍니다."

불친절에 위생도 엉망인 한식당

소설가 이태준은 "주머니가 푸근하면 양식집으로 가고 그렇지 못하면 일본집 '소바' 먹으러 가는 것이 보통"(〈유령의 종로〉, 《별건곤》 1929년 9월)이라고 썼다. "그릇과 숟가락이 몇 십 년 닦지 않은 이빨처럼 싯누런 너리가 앉은 것을 외면도 안 하고 '헤이끼'(태연하게)로 내어놓는다. 게다가 음식 나르는 친구들의 의복이란 언어도단이다. 걸레라고 하더라도 빨지 않고는 못 쓸 걸레들이다."

설렁탕, 냉면 같은 한식을 파는 대중음식점은 식탁이 낮은 데다 목침 높이 낮은 의자에 앉아서 음식을 먹다보면 고문당하는 것처럼 온 몸이 결린다고 했다. 불친절한 데다 위생도 엉망이었다. 손님들은 '현대인' '신경인神經人'인데, 북촌北村 상인들은 '소대가리[牛頭]'처럼 아무 생각이 없다며 노골적으로 적대감을 드러냈다. 이태준은 돈만 있다면 양식이나 일식을 먹고 싶다고 솔직하게 고백한다. 명월관, 식도원 같은 일류 조선 요릿집이 있긴 했지만 100년 전 경성에는 양식, 일식, 한식의 위계位階가 이렇게 자리 잡았다.

☞ 참고 자료

이태준, 〈유령의 종로〉, 《별건곤》 1929년 9월.
〈식당에는 개화㐅化부인-대경성의 백화점 내면〉, 《조선일보》 1931년 1월 1일.
〈카메라산보-도회의 측면에서 측면에〉, 《조선일보》 1934년 7월 19일.
〈양식 못 먹는 양장녀, 애기 울리는 구식 부인〉, 《조선일보》 1937년 2월 4일.
김연숙, 〈외식문화의 근대적 변용과 경성의 향토음식〉, 《일제강점기 경성부민의 여가생활》, 경인문화사, 2018년.
박현수, 《경성 맛집 산책》, 한겨레출판, 2023년.
서울역사박물관, 〈화신백화점_사라진 종로의 랜드마크〉 기획전, 2021년.
이인영, 정희선, 〈1930년대 세태소설에 나타난 경성부민의 식생활 문화연구-염상섭의 '삼대', '무화과'와 박태원의 '천변풍경', '소설가 구보씨의 일일'을 중심으로〉, 《동아시아 식생활학회지》 28-4, 2018년.

'사랑하는 이의 보드라운 혀끝 맛 같은 맛', 소파 방정환의 빙수 예찬

"방정환 씨는 빙수를 어찌 좋아하는지 여름에 빙수점에서 파는 빙수 같은 것은 보통 대여섯 그릇은 범 본 사람이 창(窓)구녕 감추듯 하고 …." 월간지 《별건곤》(제39호, 1931년 4월호)에 난 기사다.

소파 방정환은 소문난 빙수광이었다. 잡지 《어린이》를 내던 개벽사에서 함께 낸 월간지 《별건곤》에 〈빙수〉라는 제목으로 두 차례나 글을 남겼을 정도다. "사알—사알 갈아서 참말로 눈같이 간 고운 얼음을 사뿐 떠서 혓바닥 위에 가져다 놓기만 하면 씹을 것도 없이 깨물 것도 없이 그냥 그대로 혀도 움직일 새 없이 스르르 녹아버리면서 달콤한 향긋한 찬 기운에 혀끝이 환—해지고 입속이 환—해지고 머릿속이 환—해지면서 가슴속 뱃속 등덜미까지

찬 기운이 돈다."(《별건곤》 제14호, 1928년 7월)

수다스럽게까지 보이는 소파의 빙수예찬이다. "빙수는 혀끝에 놓고 녹이거나, 빙수 물에 혀끝을 담그고 시원한 맛에 눈을 스르르 감으면서 기뻐하는 유치원 아기들같이 어리광피우며 먹어야 참맛을 아는 것이다"라는 묘사에서 천진난만한 아이 같은 소파의 성정이 느껴진다. 소파는 이 글에서 "한 그릇 먹고는 반드시 또 한 그릇을 계속하는 것이 버릇이 됐다"면서 "몇 그릇이든지 자꾸 이어 먹을 것 같다"고 아쉬워한다.

경성의 여름은 빙수의 계절

시인 겸 수필가 이하윤은 빙수 마니아였던 모양이다. 1939년 여름, 신문에 '빙수' 에세이를 썼다. "여름철이 되면 두 가지 자랑스럽지 못한 기록의 소유자인 내가 그 가진 바 특징을 발휘하기에 여념이 없다. 청량음료의 섭취량이 그 하나요, 흘리는 땀의 분량이 그 둘이다. 아마도 나처럼 냉수며 빙수며 사이다며 삐—루며 무릇 청량제치고 좋아하지 않는 것이 없는 사람도 드물 게다."(《조선일보》 1939년 8월 3일)

그는 "중학 4학년 때 일본 수양修養 여행을 갔을 때 고베에서 아이스크림과 빙수를 합하여 하루에 아홉 그릇을 먹은 데서 시작됐다"며 이력을 소개한다. 경성에서 학교 다니던 4년간 여름마다 "상당한 훈련"을 거친 데다 일본 빙수라는 게 "경성 시내 빙수 집

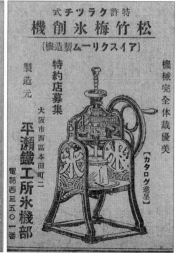

빙수점 국영당 개업 광고와 빙삭기 광고 | 왼쪽은 《제국신문》 1903년 5월 16일 자에 실린 빙수점 국영당이 종로에 개업한다는 광고다. 오른쪽은 《조선신문》 1929년 6월 28일 자에 실린 빙삭기 광고로 얼마 전까지 빙수점에서 쓰인 기구와 비슷하다.

에서 주던 커다란 접시 한 그릇에 비하면 3분의 1을 넘지 못"해 '아홉 그릇(아이스크림 포함)' 기록을 세웠다는 자랑이었다. 이하윤이 경성제일고보(경기고 전신)를 수료한 게 1923년이니까, 그 무렵 경성 시내에는 빙수가 꽤 유행했던 것 같다. 서울대 사범대학에서 교수로 정년퇴임한 이하윤은 한때 교과서에 실린 수필 〈메모광〉의 저자로도 유명하다.

주영하 한국학중앙연구원 교수는 "1920년 서울의 여름은 빙수의 계절이었다"라고 말한다. 2020년 출간한 《백년식사》에서 구한말 종로 거리에 등장한 빙수가게를 소개한다. 《제국신문》 1903년

5월 16일 자에 개업광고가 실린 빙수점 '국영당菊影堂'으로, 이 가게는 유행병 예방약을 빙수에 첨가한다고 알렸다. 당시 얼음은 겨울철 한강에서 채취해 보관하던 걸 썼기에 식중독 같은 유행병에 걸릴 수 있었기 때문이다.

한강 얼음을 손으로 잘게 깨서 만들던 빙수는 1920년대 들어 한 단계 진화한다. 일본에서 얼음을 가는 빙삭기가 들어왔다. 빙수는 물론 일본에서 들여온 간식이다. 1890년대 일본 대도시에는 여름이면 노점 영업을 하는 빙수점이 많았다고 한다.

"여름에 얼음을 먹는다는 것은 지금 와서 퍽 평범한 이야기지오만 그렇게 되기까지에는 우리 인류가 여러 천년 동안 여러 가지의 격난을 겪어온 것이랍니다." 빙수가 유행하던 1930년대에는 '빙수의 내력'을 소개하는 기사가 실렸다.(〈빙수의 내력을 들어보소!〉,《조선일보》1936년 7월 10일) 조선에서도 서빙고가 있었지만, "한껏 해야 궁중 즉 대궐 안에서나 자시었고, 좀 더 내려와야 높은 벼슬아치들이나 자시었지 지금처럼 누구나 먹게 된 것이 아니다"고 했다. 이 기사는 '아이스크림'과 '아이스크리'를 구분하고 있다. '아이스크리'는 마구 만들어 싸게 파는 것이고 '아이스크림'은 고급 양식점에서 모양 있게 만든 것이란다.

1920년대가 되면 여름마다 이런 기사가 실릴 만큼 빙수는 떠오르는 간식이었다. 1921년 여름에 개업한 빙수점이 417곳인데, 일본인이 하는 가게가 187곳, 조선인 가게가 230곳(〈금하의 빙점〉,《조선일보》1921년 7월 27일)이라거나 '1923년 6월 말 벌써 계절영

업자(주로 빙수점)가 334곳(일본인 174곳, 조선인 160곳)'이란 기사(〈계절 영업 증가〉, 《조선일보》 1923년 7월 10일)가 보인다.

한강에서 채취한 얼음을 빙수 재료로 쓰다 보니, 여름철이면 식중독을 경고하는 기사가 신문에 더러 났다. 1920년 콜레라가 유행하자 "냉수·빙수 같은 것은 아무쪼록 먹지 않도록 할 일이오"라고 권유한다.(〈콜레라 예방주의〉, 《조선일보》 1920년 7월 11일) 한밤중에 구역질하며 설사를 하는 아이 얘기를 소개하면서 약을 먹였더니 팥 껍질을 한 사발이나 누었다며 '팥 빙수'를 많이 먹어 배탈이 났다는 사연도 소개한다.(〈빙수를 어떻게 먹어야 탈 안 나나〉, 《조선

일보》1931년 8월 9일)

'빙수당黨' 방정환, 딸기 빙수 즐겨

당시 빙수는 팥보다는 바나나, 오렌지, 딸기 같은 과일즙이나 시
럽을 주로 뿌려 먹었던 모양이다. 망고 빙수, 블루베리 빙수처럼
요즘 인기 있는 과일 빙수가 100년 전 벌써 유행했던 셈이다. 주
영하 교수는 팥 빙수라는 말은 1970년대 들어서야 등장한다고 했
다. 국문학자 김동식 인하대 교수는 당시 경성 거리엔 빙수 말고
도 칼피스, 라무네(레모네이드), 사이다, 시토론, 평야수平野水 같은
탄산음료가 유행했다고 전한다.(〈1920~30년대 경성의 거리와 음식에
대한 몇 가지 소묘〉,《대산문화》 2017년 여름호) 칼피스는 우유를 발효
시켜 만든 유산균 음료이고, 라무네와 시토론은 물에 과즙과 포도
당을 넣은 레모네이드풍 음료, 평야수는 설탕·과즙·향료가 들어
가지만 천연탄산수를 베이스로 한다는 특징이 있었다. 갖가지 청
량음료에 더해 빙수 한 그릇에도 바나나맛, 오렌지맛, 딸기맛을
구분하던 '취향의 시대'가 탄생한 셈이다.

소파는 '딸기 빙수'파였다. "빙수에는 바나나 물이나 오렌지 물
을 쳐 먹는 이가 있지만은 얼음 맛을 정말 고맙게 해주는 것은 새
빨간 딸기 물"(《별건곤》 1929년 8월호)이라고 썼다. "눈이 부시게 하
얀 얼음 위에 유리같이 맑게 붉은 딸기 물이 국물을 지을 것처럼
젖어 있는 놈을 어느 때까지든지 들여다보고만 있어도 시원할 것

같은데 그 새빨간 데를 한술 떠서 혀 위에 살짝 올려놓아 보라. 달콤한 찬 전기가 혀끝을 통하야 금시에 등덜미로 또르르르 달음질해 퍼져가는 것을 눈으로 보는 것처럼 분명히 알 것이다." 소파가 온 몸으로 빙수의 맛을 느끼며 쓴 '딸기 빙수' 리뷰다. "써억써억 소리를 내면서 눈발 같은 얼음이 흩어져나리는 것을 보기만 하여도 이마의 땀쯤은 사라진다."

소파는 광충교 옆 환대丸大상점을 경성 제일의 빙수가게로 추천했다. "얼음을 곱게 갈고 딸기 물을 아끼지 않는 것으로 이 집이 제일이다." 빙수가게에서 '밥풀과자' 같은 군것질을 곁들이는 건 '얼음맛'을 모르는 소학생이거나 시골서 처음 온 학생으로 간주했다. 얼음만 먹기 심심하면 '빙수 위에 닭 알 한 개를 깨어서 저어 먹으면 족하다'면서도 딸기맛이 덜해지니까 추천하고 싶지 않다는 의견도 곁들였다. 한때 쌍화차나 커피에 날계란 풀어먹던 습관이 100년 전 빙수에도 해당됐던 모양이다.

이하윤은 '빙수당黨'으로 소문난 소파 방정환과 빙수먹기 시합을 벌이고 싶었다고 고백하기도 했다. "개벽사의 소파가 빙수당으로 명성이 높다는 소문이 들려왔다. 어느 기회에 정식으로 시합을 걸어볼 작정이었으나 드디어 실현되지 못하고 그는 그해 여름 빙수 흔한 세상을 남겨놓고 마침내 (소파가) 고인이 되고 말았다."(〈빙수〉, 《조선일보》 1939년 8월 3일) 이하윤이 《중외일보》 학예부(1930년 9월~1932년 5월) 기자로 일하던 시절이었다.

빙수와 에로티시즘 연결시킨 섬세한 취향

방정환은 딸기 빙수 예찬에서 "사랑하는 이의 보드라운 혀끝 맛 같은 맛을 얼음에 채운 맛! 옳다, 그 맛이다. 그냥 전신이 녹아 아스러지는 것같이 상긋하고도 보드랍고도 달콤한 맛이니 …"라고도 썼다.(《별건곤》 제22호 1929년 8월) 김동식 인하대 국문과 교수는 '빙수와 에로티시즘을 연결할 정도로 섬세하면서도 격렬한 취향을 가지고 있었던 사람'으로 방정환을 평가했다. 덧붙이자면, 앞의 월간지 《별건곤》은 소파가 설탕도 무척 좋아했다고 소개했다. "15전짜리 냉면에 10전짜리 설탕 한 봉을 넣지 않고는 잘 못 자신다." 냉면에 설탕을 봉지째 넣어 먹는 독특한 취향을 가졌던 모양이다. 소파는 '취향의 시대'를 열어젖힌 선구자였다.

☞ 참고 자료

〈콜레라 예방주의〉, 《조선일보》 1920년 7월 11일.
〈금하의 빙점〉, 《조선일보》 1921년 7월 27일.
〈계절 영업 증가〉, 《조선일보》 1923년 7월 10일.
波影生(방정환), 〈빙수〉, 《별건곤》(제14호) 1928년 7월.
波影生(방정환), 〈빙수〉, 《별건곤》(제22호) 1929년 8월.
〈만화경〉, 《별건곤》(제39호) 1931년 4월.
〈빙수를 어떻게 먹어야 탈 안 나나〉, 《조선일보》 1931년 8월 9일.
〈빙수의 내력을 들어보소!〉, 《조선일보》 1936년 7월 10일.
이하윤, 〈빙수〉, 《조선일보》 1939년 8월 3일.

김동식, 〈1920~30년대 경성의 거리와 음식에 대한 몇 가지 소묘〉, 《대산문화》, 2017년 여름호.
주영하, 《백년식사》, 휴머니스트, 2020년.

'너도나도 금광, 금광 하며 광산 투자', 조선에 분 황금광 열풍

"모든 광狂 시대를 지나서 이제는 황금광狂 시대가 왔다. … 너도나도 금광, 금광 하며 이욕에 귀 밝은 양민들이 대소몽大小夢이다. 강화도는 사십 간만 남겨놓고 모두가 소유자 있는 금땅이라 하고 조선에는 어느 곳이나 금이 안 나는 곳이 없다 하니 금땅 위에서 사는 우리는 왜 이다지 구차한지?" 만문만화가 안석주는 대공황 여파가 불어닥친 1932년 〈황금광 시대〉란 만평을 실었다.(《조선일보》1932년 11월 29일) 20~30대가 '영끌'해서 아파트 구입에 '올인'하고, 대학생까지 비트코인에 목매는 요즘의 투자 광풍과도 비교할 수 없는 광적狂的 열기가 1930년대 조선을 휩쓸었다. 골드러시, 금광 열풍이었다.

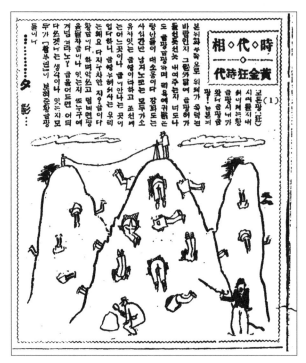

'황금광 시대가 왔다' | 안석주는 만평 〈황금광 시대〉에서 "조선에는 어느 곳이나 금이 안 나는 곳이 없다 하니 금땅 위에서 사는 우리는 왜 이다지 구차한지?"라고 세태를 꼬집었다. 《조선일보》 1932년 11월 29일.

1929년 10월 월가 주식 대폭락으로 시작된 경제 대공황은 1930년대 내내 세계를 지배했다. 화폐 가치는 폭락하는 반면, 금값은 천정부지로 치솟았다. 조선의 금광 열풍은 대공황과 함께 폭등한 금값을 배경으로 탄생했다. 1933년 한 해에만 5025개 광산이 개발됐고, 그중 금은광이 3222개나 됐다. 1934년 금광 개발 출원은 5972건, 1935년은 5813건에 달했다. 금 생산량도 1931년

9031킬로그램에서 1933년 1만 1508킬로그램, 1935년 1만 4710 킬로그램, 1937년 2만 2548킬로그램으로 급증하더니 1939년이 되자 3만 1173킬로그램으로 정점을 찍었다. 한 해에만 31톤이 넘는 황금이 채굴된 것이다.

사회주의, 여성운동, 독립운동가까지 금광 투신

1938년 11월 《삼천리》에는 〈광산하는 금광 신사기〉라는 제목의 기사가 실렸다. 신간회 경성 지회장이자 연희전문 교수를 지낸 유석 조병옥, 《조선일보》 영업국장 출신 김기범, 상해 임시정부에서 활동했던 최현, 조선노동총동맹 중앙집행위원장 출신 사회운동가 정운영, 근우회 집행위원장 출신 여성운동가 정칠성 등 사회주의자, 민족주의자, 여성운동가 할 것 없이 금광 채굴에 뛰어들었다는 내용이었다. 의사, 변호사, 문인, 기자 등 지식인들도 펜이나, 법복, 청진기 대신 곡괭이를 들었다.

이 시대의 열풍을 반영하듯 '금광 3부작'을 낸 작가까지 있었다. 1935년 《조선일보》 신춘문예에서 단편 〈소낙비〉(원제는 〈따라지 목숨〉)로 등단한 김유정이다. 등단 첫해인 1935년에 발표한 〈금따는 콩밭〉(《개벽》 1935년 3월)과 〈노다지〉(《조선중앙일보》 1935년 3월 2일~9일), 〈금〉(《영화시대》 1935년 3월)이 그것이다. 발표한 단편들에는 소설가로 데뷔하기 전인 1934년 충청도 예산 일대의 금광을 전전한 그의 체험이 녹아 있다.

금광 브로커로 뛰어든 채만식

금광 개발에 뛰어든 대표적 문인은 〈레디메이드 인생〉, 〈탁류〉 등을 발표한 채만식이다. 채만식은 5남 1녀 중 다섯째로 그의 셋째, 넷째 형이 사금광 시추 전문가였다. 월급쟁이로 광산을 떠돌던 이들은 1938년 여름에 기회를 잡았다. 청주 남택광에서 금광 개발권을 얻은 것이다. 하지만 개발 자금 2000원을 조달할 길이 막막했다. 당시에도 채만식은 이미 유명 작가였으나 형들이 잡은 기회를 모른 채 할 수 없었다. 어쩌면 채만식에게도 금광과 일확천금에 대한 욕망이 있었을지도 모를 일이다.

채만식은 1925년 《동아일보》 정치부 기자를 시작으로 개벽사, 《중앙일보》를 거쳐 1934년 말 《조선일보》 사회부 기자로 입사했다. 1936년 1월 퇴사한 그는 1937년부터 장편소설 〈탁류〉(1938년 5월까지 총 196회 연재)를 《조선일보》에 연재했고, 1938년에는 월

간지 《조광》에 1월부터 9월까지 〈태평천하〉를 연재했다. 채만식이 금광 개발에 뛰어든 것은 대표작 〈탁류〉, 〈태평천하〉 집필을 마친

채만식 | 작가 채만식은 1938년 '금광 브로커'로 뛰어들었다. 형들의 금광 개발을 돕기 위해서였다. 금광은 허탕이었지만 창작엔 도움이 됐다. 1939년 금광꾼 경험을 토대로 쓴 장편 〈금의 정열〉을 《매일신보》에 연재했다.

직후였다.

1938년 금광 개발에 합류한 채만식의 역할은 투자금 조달이었다. 천신만고 끝에 그해 11월 전주錢主, 특 투자자를 구했다. 투자자는 《동아일보》에서 같이 일했던 소오 설의식이었다. 채만식과 형제들은 혹한을 무릅쓰고 금 캐기에 몰두했지만 성공하지 못했다. 5000원 이상의 손해가 났는데, 전부 설의식의 자금이었다. 채만식은 "그 뒤로 1년간 그다지도 가깝던 소오를, 면목이 없어 차마 찾아가지 못했(다)"고 회고할 만큼 민망해 했다.

채만식은 1년여 후 금광 개발에 뛰어든 회고담을 썼다. 최재서가 발행하던 문예지 《인문평론》 2권 2호(1940년 2월)에 실은 〈금金과 문학〉이다. "의사는 메스를 집어 던지고, 변호사는 법복을 벗어 던지고, 금광에로 금광에로 달려간다. 기생이 영문도 모르고서 백오 원을 들여 광을 출원하는가 하면 현직의 교원이 감석을 들고 분석소엘 찾아 간다."

너나없이 광산 개발에 뛰어드는 세태가 담겨 있다. 채만식은 "하는 덕에 소설쟁이도 금광을 하자고 덤벼 보았었고"라며 금광 투신기를 변명하듯 썼다. 채만식은 이 글에서 "손수 흙을 파 올려 금을 캔다거나, 정과 망치를 쥐고 돌을 깨뜨린다거나 하기는커녕, 현장에서 벗어 붙이고 인부 감독조차 한 번도 못 해본, 천하 알량스런 금광꾼이었었다"고 회고했다. 하지만 친우의 돈을 빌려 투자한 이상 광산을 떠날 수 없었다. 낮에는 광산에서, 밤에는 책상에서 '투 잡'을 뛰는 생활을 이어갔다. 콩트 〈점경〉(《조선일보》 1938년

12월 28일)과 김남천의 신작을 평론한 〈대하大河를 읽고서〉(《조선일보》1939년 1월)는 이 시절 쓴 글이다.

광산 체험은 작가로서는 무익하지는 않았다. 1939년 6월 19일부터 11월 19일까지 《매일신보》에 연재한 장편소설 〈금金의 정열〉은 '금광꾼' 체험이 바탕이 됐다. 금광으로 돈을 번 주상문을 둘러싼 인간군상을 그린 작품이다.

채만식은 금광에 본격적으로 뛰어들기 전에도 관심은 있었던 모양이다. 1936년에 쓴 수필 〈문학인의 촉감〉(《조선일보》6월 7일, 9일)에는 '황금광 시대'의 에피소드가 보인다. 한 해 전 광주光州 근교에서 금광을 경영하는 '최 군'을 방문했을 때 들었다는 이야기다. 어느 농부가 집 근처에서 금이 쏟아져 나온다고 하니 자기 집 벽을 헐어 함지에 담아 흔들어 보았다. 그랬더니 금 세 돈이 나왔다는 것이다. 산이나 강이 아니라 집 안에서도 금을 캐던 시절이었다.

낮엔 금 캐고, 밤에는 글 쓴 김기진

채만식에 앞서 금광에 뛰어든 작가는 팔봉 김기진이다. 1921년 일본 릿쿄대에 들어간 김기진은 신극운동단체인 '토월회' 결성을 주도하면서 학업을 중단하고 귀국했다. 김기진은 《조선일보》입사 전인 1928년 처가가 있던 함경남도 이원에서 정어리 공장을 운영한 경험도 있었다. 《조선일보》를 관둔 이듬해인 1934년 4월 평남 안주의 금광으로 달려갔다. '재수가 터지면' 신문사 하나 차릴 요량으로 덤빈 일이었다. 그는 낮에는 금을 캐고 밤에는 〈청년 김옥균〉, 〈장덕대〉 등과 같은 작품을 썼다. 하지만 두 달이 지나도록 금광에서는 금싸라기 한 톨도 나오지 않았다. 불과 넉 달 만에 요즘 돈으로 수억 원을 날린 김기진은 두 손을 들 수밖에 없었다.

김기진의 형인 조각가 김복진은 이렇게 조언했다고 한다. "얘! 네가 할 광산은 다른 곳에 없고, 여기 네 책상 위에 있다. 이 원고지 위에 있다. 원고지 한 장을 쓰면 광맥을 한 자쯤 파는 것이고, 열 장을 쓰면 열 자쯤 판 것이란 말이다. 이 원고지 광맥밖에 너의 광맥은 없다."

☞ 참고 자료

안석영, 〈황금광 시대〉, 《조선일보》 1932년 11월 29일.
채만식, 〈문학인의 촉감〉, 《조선일보》 1936년 6월 7일, 9일.
_____, 〈금과 문학〉, 《인문평론》 2권 2호, 1940년 2월.
〈광산하는 금광 신사기〉, 《삼천리》 1938년 11월.

전봉관, 《황금광 시대》, 살림, 2006년.

'피아노는 스위트홈의 필수품', 모던 부부의 선망과 허영

"요사이 전황바람에 몇 곱씩 남겨먹던 '피아노'를 월세로 주는 데
가 있다. 그래서 그러한지 바늘구멍만 한 대문으로 피아노를 몰아
넣다가 '스피ㅡ드' 내외가 대문을 헐고서 끌어들이는 피아노광狂
이 있다. 천당도 헐고 들어가면 지구덩이째 들어갈 수 있을
듯ㅡ."(〈락타가 바늘구멍으로〉,《조선일보》 1931년 6월 24일)

만문만화가 안석주는 대문을 헐어서라도 피아노를 들여놓으
려는 모던 부부의 허영심을 풍자했다. 당시 피아노 한 대는 평범
한 샐러리맨 1년 치 월급과 맞먹었다. 값이 워낙 비싸다 보니 월
부 판매도 유행한 모양이다. 안석주가 궁색한 살림에도 불구하고
월부까지 마다않고 사들인다고 꼬집은 피아노는 모던 보이, 모던

〈락타가 바눌구멍으로〉 | 비좁은 대문을 헐고라도 피아노를 월부로 들여놓는 모던 부부의 허세를 꼬집었다. 《조선일보》 1931년 6월 24일.

걸이 꿈꾸는 선망의 대상이었다. 비싼 데다 고급스러운 피아노는 당시 서구와 근대를 상징하는 도구였던 셈이었다.

칠 줄도 모르면서 피아노 들여놓고, '온 집안이 환한 듯'

도쿄와 상해에서 공부한 '유학파' 현진건은 스무 살이던 1920년 12월 《조선일보》 기자로 입사했다. 소설가로 떠오르기 시작한 1922년 11월 월간지 《개벽》에 〈피아노〉란 단편소설을 실었다. 일본에서 대학을 나온 주인공이 중등학교를 나온 신여성과 신식결혼을 하고 살림을 차리는 내용이다. 둘은 피아노를 칠 줄 모르면서도 거금을 들여 피아노를 구입한다.

"훌륭한 피아노 한 채가 그 집 마루에 여왕과 같이 임어臨御하였다. 지어미 지아비는 이 화려한 악기를 바라보며 기쁨이 철철 넘치는 눈웃음을 교환하였다." 아내가 "마루에 무슨 서기瑞氣가 비친 듯하다"고 하자 남편은 "참 그래. 온 집안이 갑자기 환한 듯한걸" 하고 감탄한다. 한 해 전 〈빈처〉, 〈술 권하는 사회〉를 발표하며 이름을 얻은 현진건의 촌철살인이 담겨 있다. 피아노는 모던 보이, 모던 걸이 꿈꾸는 '이상적 가정에 필수적인 물건'이었다.

오래전 교과서에 실린 수필 〈청춘예찬〉으로 유명한 민태원이 1921년 문예지 《폐허》에 발표한 단편 〈음악회〉도 피아노를 이야기하는 구절이 나온다. 여주인공 숙정은 도쿄 유학생과의 만남을 앞두고 행복한 결혼을 상상하며 "비단 옷, 신식 양복, 금강석 반지, 자동차 탄 젊은 내외, 양옥집, 앞뒤로 둘린 정원, 집 안에서 흘러나오는 피아노 소리"라고 읊는다. 안석주가 만문만화에서 이야기하기 10년 전, 피아노는 이미 모던 걸의 '스위트홈'에 빠질 수 없는 물건이었다.

'문화촌'의 생활, 모던 부부의 선망이자 허영

1929년 9월, 잡지 《별건곤》은 경성의 이색 지구를 소개하면서 '문화촌'의 일상을 이렇게 설명한다. "문화촌文化村이라면 소위 문화생활을 하는 사람들, 문화생활이라면 송판松板 쪽을 붙여놓았더라도

집은 신식 양옥으로 지어 놓고 피아노에 맞춰 흐르는 독창 소리
가 아니면 유성기판의 재즈밴드 소리쯤은 들려 나와야 하고 지붕
위에는 라디오 안테나가 가로 걸쳐 있어야 할 것은 물론이어니와
하루에 한 번씩은 값싼 것일망정 양요리 접시나 부서야 왈 문화
생활이라고들 한다."

신식 양옥과 피아노, 유성기, 라디오 안테나, 그리고 하루 한 번
서양 음식을 먹어야 문화생활 좀 한다고 얘기할 수 있다는 것이
다. 이러한 '문화촌의 일상'과 '문화생활'은 모던 부부의 허영과 선
망을 모두 모은 '종합판'이었다.

처녀 꾀는 수단인 문화주택, 피아노

피아노가 주는 환상은 대단했다. 안석주의 만문만화 〈여성선전시
대가 오면〉은 다리를 광고판처럼 쓰는 모던 걸의 소망을 풍자한
다.(《조선일보》 1930년 1월 12일) 문화주택에 '피아노 한 채만 사주
면' 일흔 살 노인도 괜찮다는 내용이다. 당시 상품화된 연애와 결
혼 풍속을 보여주는 이 만화에서도 결혼 필수품으로 피아노가 거
론된다. 남성중심적 편견이 담기긴 했지만, 이쯤 되면 피아노는
단순한 악기가 아니라 '신식', '근대', '부'를 의미하는 상징이었다.

피아노는 신문 사회면 기사에도 등장했다. 목포의 사기꾼이 목
포에서 열여덟 살 처녀를 유인해 선금 200원을 받고 평양 카페에
팔아넘기려다 적발된 사건이었다. 범인은 '서울에 가서 공회당에

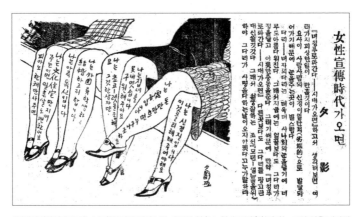

〈여성선전시대가 오면〉 | 문화주택과 피아노만 사주면 일흔 노인과도 결혼하겠다는 모던 걸을 비판적으로 풍자했다. 《조선일보》 1930년 1월 12일.

서 결혼하고 문화주택에서 음악 공부하며 살게 해주겠다'는 미끼를 던졌는데, 이 기사 제목이 〈처녀를 꾀는 수단인 문화주택 피아노〉였다.(《조선일보》 1934년 10월 4일)

일본 유학생조차 변변한 직업을 찾을 길 없는 100년 전 경성에서 피아노를 살 만한 능력 있는 이들은 많지 않았다. 피아노가 집집마다 들어오게 된 것은 산업화의 과실을 본격적으로 누리게 된 1970년대부터였다. 모던 보이, 모던 걸의 선망의 대상에서 중산층의 값비싼 교육, 문화 수단을 거쳐 아파트 층간 소음을 유발하는 애물단지로 바뀐 피아노의 변천이 무상할 뿐이다.

☞ 참고 자료

현진건, 〈피아노〉, 《개벽》 1922년 11월.

민태원, 〈음악회〉, 《폐허》(2호) 1921년.

〈여성선전시대가 오면〉, 《조선일보》 1930년 1월 12일.

〈락타가 바늘구멍으로〉, 《조선일보》 1931년 6월 24일.

신명직, 《모던뽀이, 경성을 거닐다》, 현실문화연구, 2003년.

이경분, 〈일본 식민지 시기 서양음악의 수용과 그 정치적 의미〉, 한국음악학학회, 2010년.

조윤영, 〈경성의 음악회(1920~1935)〉, 이화여대 박사학위논문, 2018년.

3부

모던을 향한 뜀박질

'吳人은 자유의 神을 눈물로 조문한다', 나폴레옹 100주기 열풍

"오인吾人은 본년 5월 5일을 지날 때에 감개무량의 눈물로 자유의 신神을 조문하고 공화의 신神을 찬미하였다." 1921년 〈나옹那翁 서후逝後 100년〉(《조선일보》5월 11일~15일)이란 기사가 실렸다. '나옹'은 나폴레옹을 가리키는 말로 1921년 5월 5일은 그의 타계 100주년이 되는 날이었다.

100여 년 전 지구 반대편 까마득히 먼 세인트헬레나섬에서 눈 감은 프랑스인을 소환한 이유는 뭘까. 그것도 닷새 연속으로 나폴레옹의 생애와 공적을 곱씹은 까닭은 뭘까.

"나옹은 자유의 母, 공화의 神"

기사는 나폴레옹이 1804년 국민투표로 제위帝位에 올랐다는 점을 주목하고 이를 "씨저식武 데모크래시"리고 불렀다. 그리고 자유와 공화의 씨를 세계에 뿌린 "나옹은 자유의 모母요 공화의 신神"이라고 썼다. 일제의 3·1운동 탄압으로 수많은 운동가들이 투옥돼 있던 시절, 나폴레옹이 상징하는 자유와 공화, 혁명은 남다른 의미로 받아들여졌을 것이다. 당시《동아일보》도〈나옹奈翁100년제祭〉(1921년 5월 5일)란 기사로 나폴레옹 100주기를 기념했다. 나폴레옹 사진을 커다랗게 싣고 현지 추모 분위기를 전했다. 닷새 후인 10일 자에도 개선문 앞 열병식 등 추모 행사를 소개하는 기사를 볼 수 있다.

100년 단위로 인물의 탄생과 서거를 기념하는 일은 동아시아에선 낯선 방식이다. 60갑자甲子가 한 바퀴 돌아오는 60년 단위로 기념하는 게 보통이었다.《우리 안의 유럽, 기원과 시작》을 낸 김미지 박사에 따르면, 동양에 주갑周甲 대신 세기(100년)라는 시간 단위가 들어온 것은 양력으로 음력을 대체하면서부터다. 조선은 1895년 을미개혁으로 양력을 공식 채택했다. 조선이 서구의 시간 질서를 받아들이면서 60년 대신 100년을 기준으로 삼았다는 것이다.

한국의 신문, 잡지가 100년을 단위로 특정한 날짜를 기념하는 '백년제百年祭' 형식의 행사를 본격적으로 보도하기 시작한 것은

나폴레옹 서거 100주년 기사 | 1821년 타계한 나폴레옹은 100년 뒤 조선의 신문에서 유럽에 자유와 공화, 혁명의 깃발을 치켜든 영웅으로 조명받았다. 《조선일보》 1921년 5월 11일.

1920년대부터로, 도스토옙스키(탄생 100년, 1921), 톨스토이(탄생 100년, 1928), 헨리크 입센(탄생 100년, 1928), 괴테(서거 100년, 1932), 푸시킨(서거 100년, 1937), 에밀 졸라(탄생 100년, 1940) 같은 저명 작가뿐 아니라 헤겔(서거 100년, 1931), 스피노자(탄생 300년, 1932), 에라스무스(서거 400년, 1936) 같은 사상가를 기념했다. 케플러(서거 300년, 1930), 멘델(서거 50년, 1934) 같은 과학자는 물론 베토벤(서거 100년, 1927), 슈베르트(서거 100년, 1928), 비제(탄생 100년, 1938), 파가니니(서거 100년, 1940), 차이콥스키(탄생 100년, 1940) 같은 음악가도 기념했다. 백년제 성격상 19세기 인물이 대다수를 차지했다. 서양이 주도하는 근대 문화의 산실이 된 시기를 집중적으로 조명한 것이다. 식민지 조선은 '백년제'를 근대의 길을 앞서간 서구의 경험을 되짚어 보는 기회로 활용했다.

신여성들의 우상, 입센 탄생 100년

《인형의 집》작가 헨리크 입센 탄생 100주년을 맞은 1928년 《조선일보》는 사흘에 걸쳐 '입센 백년제' 기획을 실었다. 학예부 기자 심훈이 희곡 작품을 해설하고, AZ생이 생애를 소개하는 기사였다. 심훈은 "사상으로든지 그 정치한 작극의 기교로든지 진실로 위대한 자취를 우리에게 끼친 입센의 작품이 조선 민중에게 거의 소개되지 못했다"면서 "《인형의 집》이 여학생들의 손으로 상연되었던 것을 구경한 기억이 남아 있을 뿐이요 그나마 여성에게 반역의 정신을 고취한다는 구실로 당국의 금지를 당하고 있습니다"라고 썼다.

"이 위대한 예술가 한 사람이 지금으로부터 백 년 전에 이 세계에 탄생하였으므로 말미암아 얼마나 수많은 근대인의 일그러지고 짓밟힌 가엾은 영혼들이 얼마나 큰 위자의 눈물을 흘렸을 것인가 하고 생각하면 새삼스러히 그의 앞에 머리를 수그리지 않을 수 없습니다."(〈입센의 문제극〉 2, 1928년 3월 21일)

1920년대 여성 해방이 조선에 소개될 무렵, 입센은 신여성들에 겐 우상 같은 존재였다. 《동아일보》도 같은 해 4월 1일부터 10일까지 '입센 백년제' 기획을 실었다. 양대 민간지가 입센을 빌미삼아 여성 해방을 소개한 것이다.

베토벤 서거 100년, 괴테 서거 100년

1927년 3월 26일은 베토벤 타계 100주년이 되는 날이었다. 그날 《조선일보》는 "구미각국은 물론이오 문화가 발달된 어느 나라에 서든지 악성樂聖의 백년제를 거행하게 되었습니다"고 소개한 뒤, '베토벤 약전'을 나흘간 연재했다. 첫회에는 "시가詩歌에 있어서 셰익스피어의 위대함을 잊을 수 없는 것같이 음악에 있어서 또한 베토벤의 위대함을 잊을 수가 없다"면서 베토벤을 셰익스피어에 견줬다. "세계 음악사상에 나타난 모든 악성들 가운데서도 최고위를 점령하고 있다. 그는 재래의 음악으로 하여금 신경로新徑路를 찾게 했으며 근대 음악계의 발달은 그의 영향으로조차 기인함이라 할 만큼 그의 음악사에 처한 그 천재적 공적은 위대하다"고 했다. 《동아일보》, 《매일신보》도 3월 26일 전후 '베토벤 백년제'를 소개하는 기사를 실었다.

1932년 3월 22일은 괴테 서거 100주년 되는 날이었다. 이날 《조선일보》와 《동아일보》 양대 일간지는 한 페이지를 털어 '괴테 백년제'를 소개했다. 하루 4페이지 내던 시절 한 페이지를 괴테

괴테 백년제 | 하루 4페이지 내던 시절 괴테 서거 100주년을 맞아 한 페이지 전부를 할애해 괴테 백년제 특집을 실었다.《조선일보》1932년 3월 22일.

백년제에 바쳤다. 도쿄제대 독문학부를 졸업한 조희순과 호세이대 독문학과 출신인 김진섭이 각각 〈괴테의 생애와 예술〉〈괴테의 분위기〉를 썼다. 〈수난 독일의 괴테 백년기념제〉 기사에서는 "국토의 태반을 잃었을지라도 괴테를 가지고 있는 한 우리 독일은 여하한 강국에 대하여서도 자랑을 양보할 수는 없다"는 독일 작가 게르하르트 하웁트만을 인용했다.

하웁트만은 1912년 희곡 작가로는 처음으로 노벨문학상을 받았다. 제1차 세계대전 패전의 멍에를 지면서도 '괴테'에 대한 자부심만큼은 넘치는 독일 사회 분위기를 소개했다.《동아일보》도 같은 날 조희순, 김진섭과 함께 도쿄제대 독문과 출신인 극작가 서항석이 〈괴테의 경력과 작품-그의 사후 백년제를 제際하야〉를 썼다.

백년제 당일에는 시내 카페 명치제과점에서 김진섭, 박용철, 이하윤, 서항석, 조희순 등 해외 문학파를 중심으로 '괴테의 밤' 행사도 열었다. 빅타 축음기회사 후원으로 괴테 관련 음악인 〈에그몬트 서곡〉, 오페라 〈파우스트〉와 〈미뇽〉을 감상하기도 했다.

서구의 이름난 작가·예술가·지식인을 기념하는 건 식민지 조선에서 어떤 의미였을까. '○○○ 백년제' 기사가 나올 때마다 따라붙는 질문은 '우리와 무슨 상관이 있는가'였다. 단순히 복고 취미나 거장을 떠받들기만 하는 문화적 사대주의를 넘어 우리가 당면한 현실을 이해하고 발전시키는 데 어떻게 연결할 수 있을까 하는 고민이 뒤따랐다.

'백년제' 열풍은 잠든 조선의 지식 청년을 일깨우고 서구 근대를 따라잡기 위한 노력이었을 것이다. 조선의 문화와 예술, 과학 수준이 어느 쯤에 와 있는지 알아야 서구를 따라잡든지, 뛰어넘든지 할 테니까. 지난至難한 근대로의 뜀박질이었다.

☞ 참고 자료

〈나옹那翁 서후逝後 100년〉,《조선일보》 1921년 5월 11일~15일.
〈나옹奈翁100년제祭〉, 《동아일보》 1921년 5월 5일.
〈베토벤 약전略傳〉 1~4,《조선일보》 1927년 3월 26일~29일.
심훈, 〈입센 문제극〉 1, 2, 《조선일보》 1928년 3월 20일~21일.
AZ생, 〈입센의 일생〉 1, 2, 《조선일보》 1928년 3월 20일, 23일.

김미지, 〈20세기 초 한국 문학의 장에 나타난 '문호 백년제' 기획에 대한 고찰〉, 《인문논총》 제76권 제1호, 2019년 2월.
______, 《우리안의 유럽, 기원과 시작》, 생각의힘, 2019년.

'죽자 사자 달라붙어 읽었다', 신조사 세계문학전집의 등장

소설가 겸 평론가 안회남은 단편 〈봄봄〉을 쓴 김유정과 단짝이었다. 1923년 휘문고보에 입학, 같은 반이었던 둘은 몰락한 집안 출신이란 공통점이 있었다. 안회남은 김유정과 가까워진 계기를 이렇게 소개했다.

"유정과 사귀기는 중학 시대였는데 그때 우리 크라쓰에서 결석·지각·조퇴를 제일 잘하는 사람이 둘이 있었다. 그것이 유정과 나였다. 우리는 그때 일주 평균 삼사 일은 으레히 학교를 빼먹었는데 유정과 나와는 이것으로 서로 알게도 되었고 나중에 친하게도 되었던 것이다."('惡童' 上, 〈懷友隨筆〉 2, 《조선일보》 1938년 6월 8일)

학교 수업 빼먹고 어울려 다닌 문제아였다는 얘기다. 그리고 취운산, 남산으로 돌아다녔다. 하지만 "그때 신조사新潮社 출판 '세계문학전집'이 출간되기 비롯한 때였는데, 그러면 우리는 취운산이나 남산으로 올라가서 독서도 하고 운동도 하고 또 뚜 하고 점심시간을 알려주면 벤또도 먹었다"로 봐서는 무작정 놀기만 한건 아닌 듯하다.

안회남이 언급한 신조사 전집은 1927년 일본에서 베스트셀러가 된 '세계문학전집'이다. 작가 이호철의 문단 회고에도 이 책이 등장한다. 소설가 지망생이던 손소희와 만난 김동리가 소설공부를 위해 추천한 책이 바로 신조사 세계문학전집이었다.

"뒤에 동리에게서 직접 들은 얘기로 그때 손소희는 소설을 쓴다고는 했지만 도무지 읽어낸 것부터가 너무 빈약하더란다. 그리하여 자신이 그 다방 안에서 마주앉아 소설 공부를 처음부터 다시 시켰다는 것이다. 세계적인 고전들을 먼저 읽어보도록 권했는데 일본 신조사 간행의 세계문학전집 37권부터 읽도록 했다는 것이다."(이호철, 《우리네 문단골 이야기》 1)

1927년생 기업인 김정문은 "나는 일제강점기에 태어났기에 일본 신조사 간행 37권짜리 '세계문학전집' 일본 춘추사春秋社의 '세계대사상전집'도 탐독했다. 이 전집에는 인류문명사 이후 철학 예술 외에 모든 학문 분야의 고전들, 신고전들이 실려 있다"고 회고했다. 우리말로 된 변변한 세계문학전집이 없던 시절, 신조사 전집은 학생들의 교양서 목록이자 상급학교에 진학하려면 독파해야 할 필독서이기도 했다.

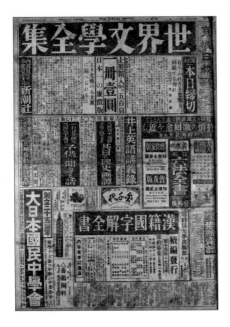

권당 1엔, 500쪽 고급 양장본

함동주 이화여대 교수에 따르면, 신조사 세계문학전집은 일본에서 서양 문학의 대중화에 결정적인 역할을 했다.(함동주, 〈신조사판 엔본 '세계문학전집'의 출판과 서양 문학의 대중화〉, 《일본학보》 제104집, 2015년 8월)

1927년 1월 30일 《도쿄아사히신문》에 두 페이지에 걸친 광고가 실렸다. 신조사의 세계문학전집 예약 판매 광고였다. 1차분 38권, 500쪽 고급 양장본을 1엔 균일가로 예약 판매한다는 내용이

었다. 경성에서 발행된 일본어 신문《경성일보》와《조선신문》에
도 비슷한 광고가 실렸다.

그해 3월 1일에 마감한 예약 건만 58만 부였다. 그리고 바로
《레미제라블》1권이 첫 번째로 출간됐다. 출판사가 이전에 펴낸
'세계문예전집'에《레미제라블》이 포함됐기 때문에 빨리 나올 수
있었다. 번역자는 두 권 모두 도요시마 요시오豊島與志雄였다. 그 당
시 일본에서 단행본은 보통 1000부 단위로 제작되는데 4000~
5000부가 팔리면 성공이었다. 그러한 상황에서 신조사 세계문학
전집은 단번에 60만 부 가깝게 예약되었으니 가히 그 돌풍을 짐
작할 수 있다.

신조사의 세계문학전집 출간 직전에는 개조사改造社의 '현대일
본문학전집'이 있었다. 국판 500~600쪽, 63권으로 일본 주요 문
학작품을 망라했다. 1926년 11월 27일부터 신문에 예약 모집 광
고를 시작해, 다음 달《오자키고요집尾崎紅葉集》이 첫 번째로 나왔
다. 40만 넘는 예약자가 몰렸다. 한 권당 1엔짜리 도서인 '엔본' 시
장을 연 선구자였다.

개조사와 신조사에 이어 다른 출판사들도 엔본 전집 시장에 뛰
어들었다. 1930년대 초까지 300여 종의 전집이 쏟아졌고, 수천만
권의 책이 제작됐다. 대량 생산·대량 선전·대량 판매로 '출판대국'
일본을 낳은 엔본 전성시대였다.

첫 권은 《신곡》, 러시아 소설도 네 권

신조사 세계문학전집은 1차분 38권(1927~30), 2차분 19권(1930~ 32)으로 모두 57권이었다. 1차분의 처음 다섯 권은 단테의 《신 곡》, 보카치오의 《데카메론》, 《셰익스피어 걸작집》, 세르반테스 의 《돈키호테》, 밀턴의 《실락원》이 차지했다. 괴테의 《파우스 트》, 뒤마의 《몬테크리스토 백작》, 디킨스의 《두 도시 이야기》, 모파상의 《단편집》과 함께 투르게네프의 《아버지와 아들》, 도스 토옙스키의 《죄와 벌》, 톨스토이의 《부활》, 《체호프/고리키/고골, 러시아 3인집》 등 러시아 문학도 네 권이 포함되었다. 전집은 60 명이 넘는 근대 서양 문학사의 대표적 작가들을 망라했다.

2차분은 1차에 비해 상대적으로 인기가 떨어졌다. 스탕달의 《적과 흑》, 샬럿 브론테의 《제인 에어》, 조지프 콘래드의 《로드 짐》 같은 낯익은 작품도 있지만, 상대적으로 덜 유명한 작품들이 많이 포함됐기 때문이다. 일반적으로 신조사 세계문학전집하면 1 차분 38권을 가리키는 경우가 많았다.

신조사 문학전집은 당시 영국에서 출간된 '에브리맨총서Every-man's Library'가 모델이었다. 출판업자 조지프 덴트가 1906년부터 출간한 에브리맨총서는 권당 1실링, 100권 5파운드에 모든 계층 이 세계 명작을 소장할 수 있게 한다는 취지로 간행됐다. 1000권 발행을 목표로 한 이 총서는 5년 만인 1910년 505권을 돌파했다. 그리고 1956년 마침내 1000권째로 아리스토텔레스 《형이상학》

을 출간했다.

신조사는 서양의 대표적 문학작품을 읽는 것이 교양인의 필수 조건이라고 내세웠다. "세계문학에 친숙해지는 것은 아침에 기차, 전차를 이용하고, 저녁에 활동 라디오를 즐기는 자의 의무다. 옥상에 안테나를 설치하고 서재에 본 전집을 갖추지 않은 것은 치욕이다"라고까지 선전했다.(《도쿄아사히신문》 1927년 2월 15일 자, 함동주 위 논문 재인용) 이런 선전이 먹혔을까. 중산층 가정에서 엔본 전집 장서를 갖추는 게 일반화됐다.

훗날 유명 추리작가로 활동한 1909년생 마쓰모토 세이초松本淸張가 "외국 문학은 신조사에서 최초의 세계문학전집이 나왔을 때 익숙해졌다. 도스토옙스키도 그 인연으로 읽게 되었는데, 그중에 끌렸던 것은 포(에드가 엘런 포)였다"라고 회고한 것처럼, 신조사 세계문학전집은 20세기 전반 일본인의 독서 체험에서 빠뜨릴 수 없는 공통요소가 됐다.

"시를 쓰려면 … 신조사 세계문학전집을 보라"

1930년대 조선의 문화·예술계 인사가 신문에 쓴 애독서를 보면, 신조사 세계문학전집이 종종 등장한다. 시인 겸 영문학자 이하윤은 투르게네프의 《전날 밤》 등 러시아 문학을 꼽은 뒤 이렇게 썼다. "이윽고 내 취미는(물론 당시에 세계문학전집과 그밖에 많은 외국 작품의 번역을 간행하던 신조사의 덕德이겠지만) 곧 위고의

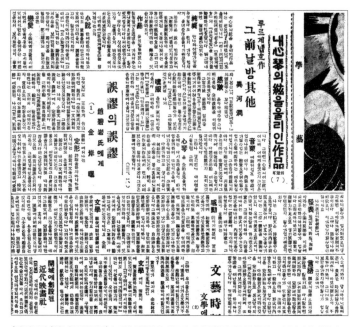

〈내 심금의 현을 울리인 작품〉 | 시인 이하윤은 신조사 세계문학전집을 통해 위고의 《레미제라블》과 로맹 롤랑의 《장 크리스토프》를 읽었다고 썼다. 《조선일보》 1933년 1월 25일.

《레미제라블》《로망 롤랑》《장 크리스토프》로 옮아갔던 것입니다. 아! 내 과연 이들의 장편을 얼마나 감격으로써 탐독하였었는고. 이 시대야말로 나의 심금의 현은 쉴 새 없이 울기를 계속하고 있었습니다."(〈내 심금의 현을 울리인 작품 7. 투르게네프 作 그 전날 밤 기타〉, 《조선일보》 1933년 1월 25일)

1930년대 신문에는 독자 문의에 편집국 기자들이 대답하는 코너가 있었다. 한 시인 지망생이 '시를 쓰려면 무슨 책을 읽어야 할까'를 물었다. 이에 신문은 시를 많이 읽고 깊이 감상하라는 얘기와 함께 이런 답변을 실었다. "시집으로서는 세계의 시인들을 다 각각 단행본으로 보기는 어려우니 신조사 출판인 '세계문학전집' 가운데 《근대시인집》이란 것이 있는데 이 책에는 세계 각국의 시인들의 시를 몇 편씩 발췌해 모아놓은 것이니 이 책을 읽는 동안에 자기의 개성이나 취호에 맞는 시인이 있거든 다시 그 시인의 전 작품을 통독하고서 사숙하는 것이 좋겠습니다."(〈시를 쓰려면〉, 《조선일보》 1935년 4월 25일)

신조사 세계문학전집의 영향력이 얼마나 컸던지 《신곡》은 전집의 첫 번째 책이라는 이유로 더 주목을 받았다. 1932년생 소설가 최일남은 유소년 시절 신조사 세계문학전집을 닥치는 대로 읽었다고 회고했다. "그 다음에 읽은 것이 일본 신조사판 세계문학전집이었는데, 단테의 《신곡》이 이 전집의 첫째 권이라는 이유만으로 죽자 사자 달라붙은 기억이 새롭다. 맛대가리 없는 내용을 모르면 나머지 서양 문학의 이해는 가망 없다는 각오로 덤빈 것이 차라리 지겹다."(고은 외, 《책 어떻게 읽을 것인가》)

1931년생 소설가 박완서도 이 세계문학전집 마니아였다. "고등학교 졸업반 무렵이었다. 문학에 대한 채워지지 않는 갈증에 시달릴 때였다. 그때는 나도 일본 신조사에서 나온 38권짜리 세계문학전집을 가지고 있을 때였다. 그것 한 질만 있으면 원이 없을 줄 알았는데, 재미없는 것 몇 권 빼고 후딱 다 읽어 치웠는데도 책에 걸신들린 것 같은 허기증은 나아지지 않았다."(박완서, 《노란집》) 박완서는 해방 이후 고교를 다녔다. 그때도 일역日譯 세계문학전집의 힘은 여전했다. 학생이 있고, 형편이 좀 살 만하면 집집마다 이 전집 한 세트 정도는 갖추고자 했던 모양이다.

신조사 세계문학전집은 해방 후 출간된 우리 세계문학전집에도 뚜렷한 흔적을 남겼다. 100년 전 신조사 리스트가 요즘 출간되는 세계문학전집에도 '정전正典'의 굳건한 자리를 차지하고 있다.

☞ 참고 자료

이하윤, 〈내 심금의 현을 울리인 작품 7. 투르게네프 作 그 전날 밤 기타〉, 《조선일보》 1933년 1월 25일.
〈시를 쓰려면〉, 《조선일보》 1935년 4월 25일.
안회남, '악동惡童' 上., 〈회우수필懷友隨筆〉 2, 《조선일보》 1938년 6월 8일.

고은 외, 《책, 어떻게 읽을 것인가》, 민음사, 1994년.
박숙자, 《속물 교양의 탄생-명작이라는 식민의 유령》, 푸른역사, 2012.
박완서, 《노란 집》, 열림원, 2013.
이호철, 《우리네 문단골 이야기》 1, 자유문고, 2018.
천정환, 《근대의 책읽기》, 푸른역사, 2003.
함동주, 〈신조사판 엔본 '세계문학전집'의 출판과 서양 문학의 대중화〉, 《일본학보》 제104집, 2015년 8월.

1930년대 전집 출판 봇물, '한국문학전집'의 탄생

1930년대는 문학전집(선집)이 쏟아진 시대였다. 잡지 《삼천리》의 '조선명작선집'(1936), 박문서관의 '현대걸작장편소설전집'(1937)에 이어 1938년 출간된 '현대조선문학전집'(총 7권)은 한국 근대문학의 '정전'을 만드는 데 결정적 역할을 한 전집으로 손꼽힌다. 근대 문단 30년이 배출한 주요 작가와 대표작을 추려 한국 문학의 성과를 한자리에 모은 최종판이기 때문이다. 전집에 수록된 이광수, 나도향, 김동인, 박태원, 이효석, 이태준, 한용운, 정지용, 백석, 모윤숙, 김기림처럼 훗날 한국 문학사에 굵직한 자취를 남긴 문인들을 당대에 평가해 자리매김을 한 것이다.

이 전집은 단편소설과 시가詩歌, 희곡, 평론, 수필기행 등 문학전 분야를 망라했다. "근래 출판계에서 처음 보는 가장 대담한 장거"(백철, 《조선일보》 1938년 3월 11일), "조선 문단이 창시된 이래 이 전집만큼 획기적인 대업은 따로 없었을 것"(김문집, 《조선일보》 1938년 8월 7일)이라는 찬사가 쏟아졌다. 하지만 진정한 영향력은 '전집'에 수록된 작가와 작품들이 해방 이후 교과서에 실리는 등 한국 문학의 대표작으로 인정받았다는 사실에서 확인할 수 있다.

단편소설, 시가, 수필기행, 희곡, 평론 등 다섯 개 분야

'현대조선문학전집'을 낸 곳은 《조선일보》 출판부였다. 1938년 2월 신문 1면을 털어 광고가 나갔다. 〈신문학 30년의 총결산-전집 간행의 의기충천〉이라는 굵직한 제목 아래 '현대조선문학전집' 출간을 예고하는 내용이었다. 총 일곱 권 출간 계획을 밝히면서 3월 초 제1회 배본을 앞두고 독자 신청을 받는다는 안내가 포함됐다. 1920년대 일본 신조사 세계문학전집이 쓴 방식처럼, 신문에 대대적으로 광고를 내고 예약 신청을 받아 대량 판매하는 식이었다. 전집은 단편집 세 권, 시가집, 수필기행집, 희곡집, 평론집이 각 한 권씩으로 그해 3월부터 9월까지 차례로 출간됐다.

전집에 수록된 작가는 단편소설 35명, 시가집 33명, 평론집 12명, 희곡집 6명, 수필기행집 16명이다. 작품 수로 보면 단편소설 37편, 시가집 174편, 평론집 18편, 희곡집 7편, 수필기행집 18편이다.

그렇다면 '전집' 수록 기준은 뭘까. '전집' 편찬에 누가 참여했고, 어떤 기준으로 선정했는지는 명확한 자료가 없다. 전집에 서북 출신 작가가 많이 포함돼 있는데 당시 《조선일보》는 방응모 사장을 비롯, 서북 출신이 많이 참여하고 있었기 때문에 서북 출신이 편집진에 많이 참여했을 것이라는 추정이 나온다.(유용태, 〈근대 한국 문학정전의 문학제도적 접근〉, 《어문논집》 제47집, 298쪽)

하지만 이보다 더 주목할 것은 전집이 나오던 1938년 《조선일보》 출판부에는 이은상 주간과 함대훈 주임을 비롯, 노자영, 노천명, 윤석중 같은 문인들이 포진하고 있었던 사실이다. 편집국에도 이헌구, 이원조 같은 문인 기자들이 활약할 때였다. 문학전집 출간에 유리한, 탄탄한 인맥을 갖춘 셈이다.

'전집'은 권당 350쪽 분량에 가격은 1원 20전이었다. 분량이 지나치게 긴 작품은 자연스레 걸러졌다. 민간 신문에서 내는 문학전집인 만큼, 작품성과 대표성은 물론 상업성까지 고려, 독자들이 선호하는 작가와 작품을 골랐을 것이다. 실제로 이 전집은 상당한 판매량을 기록한 것으로 보인다. 제7권 희곡집 출간을 알리는 광고(《조선일보》 1938년 9월 1일)에 따르면, 1권 단편(상), 2권 시가집은 3판을 찍었고, 나머지도 재판을 찍었다. 당대 독자들이 전집 수록 작품의 문학적 성취에 동의했다는 뜻이다.

1권부터 일제 검열로 수난

'현대조선문학전집'은 첫째 권부터 일제의 검열로 수난을 겪었다.

'현대조선문학전집' 광고 ┃ 《조선일보》에 실린 현대조선문학전집 광고로 제7권 희곡집 출간을 알렸다. 1권과 2권은 3판, 나머지는 재판을 찍었다고 소개했다. 《조선일보》 1938년 9월 1일.

《조선일보》 1938년 2월 3일 자는 전집 1권 내용으로 이광수의 〈방황〉, 김동인의 〈동업자〉, 이기영의 〈묘양자苗養者〉를 소개했다. 하지만 이 작품들은 1권에 수록되지 못했다. 《조선출판경찰월보》 제114호(1938년 3월)에 따르면, 이 작품들은 현대 조선의 사회제도 를 저주하고 조선인의 비애를 강조한다는 이유로 출판 금지 처분 을 받았다.(유용태, 〈근대 한국 문학정전의 문학제도적 접근〉, 309쪽) 결 국 김동인은 1권에서 빠졌고, 이기영은 〈묘양자〉 대신 〈원치서〉를 실었다. '시가집'도 일본의 조선 통치를 저주하고 민족의식을 고 양한다는 이유로 검열당했고, '평론집'도 마찬가지였다.

주목할 만한 사실은 '전집' 첫 권(단편집 상)부터 여성 작가들을 과감하게 발탁했다는 점이다. 이광수, 나도향, 이효석, 이기영과 함께 박화성의 〈한귀旱鬼〉, 장덕조의 〈창백한 안개〉를 포함시켰다.

백신애, 이선희(이상 단편집 중), 강경애, 최정희, 김말봉(이상 단편집 하) 등 단편소설 분야는 물론, 2권인 시가집에도 모윤숙, 노천명을 포함시켰다. 이전 문학전집에서는 없었던 일이다. 여성 작가들을 작심하고 한국 문학의 주역으로 내세운 것이다.

문학평론가 강진호 성신여대 교수는 '현대조선문학전집'이 "시, 소설, 수필, 희곡, 평론에 이르는 문학의 전 장르를 포괄했을 뿐 아니라 대상 작가도 이광수, 김동인, 김소월에서 김유정, 이상에 이르는 당대의 중견과 소장을 두루 포함하고 있다"면서 "이런 사실은 이 전집이 정전으로서의 역할을 충실히 수행하고 있음을 보여준다"고 했다.(강진호, 〈한국의 문학전집 현황과 문제점〉, 《문화예술》 통권 280호, 153쪽)

'현대조선문학전집' 수록 작가와 작품은 해방 이후 중고교 교과서에도 수록됐다. 나도향의 〈물레방아〉, 이태준의 〈복덕방〉, 김유정의 〈봄봄〉, 이효석의 〈메밀꽃 필 무렵〉, 이상의 〈날개〉, 김동인의 〈광염소나타〉 등이 대표적이다. 김소월, 한용운, 정지용, 백석 등도 교과서에 늘 오르내리는 시인들이다. 세월의 도전에 밀려 예전만큼 주목을 받지 못한 작품도 있다. 하지만 80여 년 전 한국 문학의 정전을 만든 편집진의 안목과 엄격한 선정기준은 여전히 빛바래지 않고 살아 있다.

☞ 참고 자료

백철, 〈조선문학전집(1회 배본) 단편집을 읽고〉, 《조선일보》 1938년 3월 11일.

김문집, 〈조선문학전집 제6회 배본 단편집 下〉, 《조선일보》 1938년 8월 7일.

강진호, 〈한국의 문학전집 현황과 문제점〉, 《문화예술》 통권 280호, 2002년 11월.

박숙자, 〈'조선문학선집'과 문학정전들〉, 《어문연구》 제39권 제4호, 2011년 겨울.

유용태, 〈근대 한국 문학정전의 문학제도적 접근-'현대조선문학전집'을 중심으로〉,
      《어문논집》 제47집, 2011년 7월.

'두루마기 입고 전차 타면 푸대접', '천대되는 조선' 논쟁

민세 안재홍이 도발적 제목의 글을 썼다. 1935년 《조선일보》에 쓴 〈천대되는 조선〉(10월 2일~5일, 총 3회)으로 전통문화를 무시하는 일부 지식인의 자기비하를 지적했다. "이순신의 백골을 땅속에서 들춰내 혀끝으로 핥는 사람, 단군을 백두산 밀림 속에서 뒤져내어 사당祠堂에 모시는 사람, 정다산茶山을 하수구 속에서 찬양하는 사람 … 이런 것은 한번 웃음에도 차지 않는 듯이 마구 깎는 것이 그들 일부의 태도이다."(〈천대되는 조선〉, 《조선일보》 1935년 10월 2일) 《조선일보》 주필, 사장을 지낸 언론인이자 역사학자였던 민세는 전통 문화를 업신여기는 세간의 풍조와 이를 부추기는 일부 지식인을 신랄하게 비판했다.

〈천대되는 조선〉 첫 회 | 민세는 전통을 무시하는 사회 풍조와 이를 부추기는 일부 지식인의 행동을 비판했다. 〈천대되는 조선〉은 이후 격한 찬반논쟁을 유발했다. 《조선일보》 1935년 10월 2일.

'두루마기 입고 전차 타면 푸대접'

안재홍은 글 초반 이런 에피소드로 시작한다. "나는 전차를 흔히 탄다. 양복에 넥타이라도 반듯이 매고 앉았으면 차장이 가위를 들고 '어디를 가시옵니까'(공손히 묻는다) 언제는 물색이 아니냐는 두루마기를 입고 여전히 점잖은 체하고 안심코 앉았더니 차장이 와서 '어데!요??'(한다). 이는 개인이 당하는 천대가 아닌지라 냅다 일어서며 '괴안놈' 하고 주먹으로 볼치를 우리기로 하였었다. 단 이것은 내 아직껏 실천하지 못하였으니 …." 안재홍은 심지어 조선인 거지까지 "이까짓 조선 동네에 와서" 운운하는 것을 보았다며 개탄했다.

안재홍이 언급한 '조선 천대'는 식민지 시기 '근대'와 맞닥뜨린 한국인의 복잡한 심리를 드러낸다. '망국을 초래한 조선의 모든 것(전통)'은 일제 식민지배와 함께 맞이한 휘황찬란한 근대와 비교되면서 평가절하됐다. 부정의 대상이 됐다고 보는 게 맞을 것이다. 한국인의 역사와 전통을 깎아내리며 조선이 일본의 식민지가 될 수밖에 없었다고 주장한 일제와 일본인 관학자들의 주장도 한몫했다. 민세 안재홍, 위당 정인보를 중심으로 1930년대 '조선학 운동'이 일어난 배경이다.

조선학운동은 일제의 식민사관과 식민지배이데올로기에 맞서면서 서구 문명을 맹목적으로 추종하거나 민족, 전통을 경시하는 일부 공산주의운동을 비판하고 한국사와 문화의 독자성과 주체성을 탐구했다. 이 과정에서 정약용과 실학實學을 주목했다. 근대적 민족국가 수립의 가능성을 제시한 전통으로 본 것이다.

대대적인 다산 100주기 기념

당시 신문, 잡지는 100년을 단위로 기념하는 서구식 관습에 따라 괴테, 푸시킨, 헤겔 같은 문호나 학자는 물론 베토벤, 슈베르트, 파가니니 같은 작곡가까지 '발굴'해 100주기 특집 기사를 실었다. 도스토옙스키, 입센, 차이콥스키, 비제의 '탄생' 100년까지 기념할 정도였다.

마침 다산 서거 100주기였다.(원래 1936년이 100주기인데, 당시에는 1935년을 100주기로 기념했다.) 《조선일보》, 《동아일보》는 약속이나 한듯 1935년 7월 16일 자에 각각 사설 〈서세逝世 백년의 다산선생〉, 〈정다산 선생 서세 백년丁茶山先生逝世百年을 기념記念하면서〉를 실었다. 다산학의 현대적 의미를 알리는 특집도 만들었다. 《조선일보》는 두 개 면을 펼쳤다. 안재홍은 〈조선 건설의 총계획자-지금도 후배가 의거할 조선의 태양〉이란 제목으로 한 페이지를 썼고, 이훈구, 문일평, 김태준이 각 분야에서 다산학의 의의를 짚었다. 《동아일보》도 정인보가 '다산 선생의 일생'을 정리한 것을 비롯해 현상윤, 백남운이 다산의 사상을 소개했다.

안재홍은 '민주적인 합리의 사회' '입헌적인 정치 경륜' '평등과 호조互助하는 신시대의 창조' '산업적 민주주의 실현' 등의 현대적 개념으로 다산 사상을 평가했다. 그는 다산 저작이 루이스 모건의 《고대사회》, 에밀 루소의 《인간불평등기원론》, 황종희의 《명이대방록》 같은 고전보다 앞서거나 맞먹는다고 치켜세우기도 했다.

안재홍은 월간지 《삼천리》(1936년 4월호)에 실은 〈다산의 사상과 문장〉에서도 다산을 '근세 국민주의의 선구자', '근세 자유주의자의 거대한 개조開祖'로 높이 평가했다.

1930년대 초 충무공 유적 보호와 선양운동

1931년 충남 아산의 충무공 이순신 유적이 경매에 넘어갈 위기에 처했다는 사실이 알려지면서 모금운동이 대대적으로 벌어졌다. 이는 충무공의 정신을 널리 알리는 계기가 됐다. 1934년 시작된 다산 시문을 모은 《여유당전서》를 간행하는 작업은 1938년 마무리되어 그해 신조선사에서 발행됐다. 정인보와 안재홍이 교열에 참여한 《여유당전서》가 발간되면서 다산 연구의 바탕이 마련된 것이다.

하지만 전통을 재평가하고 우리 역사의 영웅을 기리는 운동에 반발하는 움직임도 있었다. 이들은 전통을 긍정적으로 재평가하려는 이들을 "이순신의 백골을 땅속에서 들춰내 혀끝으로 핥는 사람, 단군을 백두산 밀림 속에서 뒤져내어 사당祠堂에 모시는 사람, 정다산茶山을 하수구 속에서 찬양하는 사람"이라며 비아냥댔다.

안재홍의 '천대되는 조선'은 격렬한 논쟁을 불러일으켰다. 먼저 포문을 연 사람은 카프KAPF 출신 작가 김남천이었다. 김남천은 《조선중앙일보》에 〈조선은 과연 누가 천대하는가-안재홍 씨에게 답함〉(1935년 10월 18일~27일)을 여덟 차례나 연재했다. 횟수도 많

김남천의 〈조선은 과연 누가 천대하는가〉 | 스물네 살의 카프 작가 김남천이 안재홍의 〈천대되는 조선〉을 반박하며 《조선중앙일보》에 실은 글이다. 《조선중앙일보》 1935년 10월 18일.

앉고 문장 또한 격했다.

　김남천은 한 달 전 같은 신문에 새로 나온 '이광수전집'을 평하면서, 문제의 구절인 "이순신의 백골을 땅속에서 들춰내 혀끝으로 핥는 사람, 단군을 백두산 밀림 속에서 뒤져내어 사당에 모시는 사람, 정다산을 하수구 속에서 찬양하는 사람"을 쓴 장본인이었다. 김남천은 이순신과 다산을 치켜세우는 지식인들을 '독일 나치스의 고전 부흥과 고전 예찬'에 견주면서 "이네들을(이순신 등) 자기의 국수사상 도취의 도구로 사용하려는 현금 조선의 '애국지

사'들과 이른바 문화적 '선배'들을 운위하였음에 불과하였다"고 반박했다. 단군, 이순신, 정다산, 이광수를 모욕하려는 게 아니라 이들을 이용해서 국수주의를 고취하는 세력을 공격했을 뿐이라는 반론이었다.

김남천의 바통을 이어받은 사람은 1932년 교토제대 철학과를 졸업한 전원배였다. 서양 철학을 공부한 그는 〈천대되는 조선에 대한 시비〉(《동아일보》 1935년 11월 15일)를 썼다. 그는 안재홍이 스탈린 체제하 소비에트 러시아도 푸시킨 백년제를 성대하게 치르는데, 우리가 다산 백년제를 그렇게 치르지 못할 이유가 있느냐며 다산과 푸시킨을 직접 비교한 데 대해 비판적이었다. "(안재홍 씨는) 역사적 유산의 현대적 계승방법에 대하여 좀 더 반성할 필요가 없지 않을까 생각된다"면서 "씨가 러시아 문호 푸시킨을 예로 들어 정다산의 역사적 가치를 동일시한 점에 대하여는 자못 의문을 갖지 않을 수 없다"고 지적했다.

전원배는 "정다산의 역사적 의의를 분석, 파악, 비판하는 대신에 '싸베트 러시아'의 푸시킨 기념제를 모방하야 축제소동을 일으킬 필요는 없을 것이다"고 썼다. 역사적 전통을 어떻게 계승할지 냉정하게 따져봐야지, 무턱대고 기념하고 추앙할 일은 아니라는 문제제기였다.

안재홍과 정인보 같은 조선학운동 지도자들이 김남천의 주장처럼 잇속을 차리기 위해 '이순신의 백골을 땅속에서 들춰내 혀끝으로 핥거나', '정다산을 하수구 속에 끌고 내려오지'는 않았을 것이다. 이념에 치우친 스물넷 문사文士의 과격함이 이런 극단적 표현을 만들어 냈을 것이다. 안재홍과 김남천은 꼭 20년 차이다. 둘의 논쟁은 세대 간 논쟁이라는 생각도 든다. 욕설에 가까운 거친 언사로 논쟁이 격화되면서 초점이 흐려진 건 아쉽다. 그래도 〈천대받는 조선〉은 전통의 비판적 계승, 발전이 어떻게 이뤄져야 하는지 고민하는 계기가 됐다는 점에서 소모적 논쟁만은 아니었다.

☞ 참고 자료

안재홍, 〈조선 건설의 총계획자-지금도 후배가 의거할 조선의 태양〉, 《조선일보》 1935년
    7월 16일.
_____, 〈천대되는 조선〉, 《조선일보》 1935년 10월 2일.
김남천, 〈조선은 과연 누가 천대하는가-안재홍 씨에게 답함〉, 《조선중앙일보》 1935년 10월
    18일~27일.
안재홍, 〈다산의 사상과 문장〉, 《삼천리》(제8권 제4호) 1936년 4월.
김미지, 《우리 안의 유럽, 기원과 시작》, 생각의힘, 2019년.

'건전한 조선 가요의 민중화',
유행가 작사에 뛰어든 문인들

한 신문이 1932년의 '엽기적 유행'으로 '유행가'를 꼽은 기획기사를 썼다. 그러면서 당대 스타 이애리수가 부른 〈쓰러진 젊은 꿈〉을 소개했다. "그날이 덧없다 / 바람 갓하라 / 젊은 꿈의 날이 / 피 끓던 날이 / 센 머리 세여보면서 / 그리운 지난날 더듬고 우네."(〈시대의 감정담은 애수의 유행가〉, 《매일신보》 1932년 12월 13일)

당시 스물둘 이애리수는 전수린이 작곡한 〈황성옛터〉(황성荒城의 적跡)를 불러 최고 인기를 누리던 참이었다. 그런데 이 신문은 같은 해 발표된 〈황성옛터〉를 제치고 〈쓰러진 젊은 꿈〉을 주목했다. 작사자가 춘원 이광수였기 때문이다. 춘원은 조선의 문학계를 대표하던 거물이었고 《동아일보》 편집국장을 지낸 유명 언론인이기도 했다. 춘원은 왜 유행가 노랫말을 썼을까.

이애리수가 부른 이광수 곡 히트

1930년대 유행가 작사자 중에는 내로라하는 시인, 작가들이 수두룩하다. 이은상, 김동환, 주요한, 김억, 이하윤, 노자영 등으로 그들은 돈벌이 삼아 한두 번 외도한 것도 아니었다. 시집 《오뇌의 무도》, 《해파리의 노래》를 낸 김억은 유행가 61편을 써서 유성기 음반을 남겼다. 《국경의 밤》을 출간한 김동환은 일곱 편, 단편 〈나는 왕이로소이다〉를 쓴 홍사용은 아홉 편을 남겼다.

시인 이하윤은 1935년부터 아예 콜럼비아레코드 문예부장을 지내면서 유행가 가사 154편을 썼고, 월북한 시인 겸 극작가 조영출(본명은 조명암)도 오케레코드사에 들어가 145편을 남겼다. 구인모 교수의 《유성기의 시대, 유행시인의 탄생》에 따르면, 식민지 시기 발매된 유행가 음반의 약 18퍼센트가 시인들이 쓴 작품이었다. 작품 수로는 698곡(음반 면수로는 725면)이나 된다. 시인들은 근대 유행가 시대를 이끈 주역이었다.

문인들은 원래 유행가에 적대적이었다. 이광수와 김동환은 잡가와 유행창가를 '기생의 가곡' '망국 가요'라 비난했다. 그들이 1929년 '조선가요협회'를 결성한 이유다.

1929년 2월 22일 저녁 7시, 경성 견지동 111번지 조선일보사 건물에는 문인과 음악가 16명이 모여들었다. 이광수, 주요한, 김

조선일보사 옛 사옥 | 1929년 조선가요협회가 창설된 서울 종로 견지동 조선일보 옛 사옥으로 지금은
NH농협은행 종로금융센터금융 지점으로 쓰고 있다.

소월, 변영로, 이은상, 김형원, 김억, 양주동, 박팔양, 김동환, 안석
주 등 문인 열한 명과 김영환, 김형준, 안기영, 정순철, 윤극영 등
음악가 다섯 명이었다. 이들은 '우리는 건전한 조선 가요의 민중
화를 기함'을 강령으로 하는 조선가요협회를 창립했다. 협회는
'모든 퇴폐적 악종惡種 가요를 배격하자', '조선 민중은 진취적 노래
를 부르자'는 슬로건을 채택했다.

당시 《조선일보》 기사 제목은 〈퇴폐적 가요 배격코저 조선가
요협회 창립〉(1929년 2월 24일)이다. "현재 조선 사회에 흘러 다니
고 있는 속요俗謠의 대부분은 술과 계집을 노래하는 퇴폐적, 세기
말 것이 아니면 현실도피를 찬미하는 중국 산림학자식의 사상 감
정이 흐른 것이 대부분이 되어 조선 민족의 기상을 우려할 현장
을 이끄는 터임으로 이 풍조를 크게 개탄"한 문화예술인들이 가

요협회를 창립했다고 소개했다.

가요협회는 직접 유행가를 만들고 음반을 취입했다. 이광수가 쓴 〈우리 아기 날〉과 김형원의 〈그리운 강남〉이 대표적이다. 안기영이 곡을 붙인 〈그리운 강남〉은 네 차례나 유성기 음반으로 제작될 만큼 인기를 누렸다. 이 음반은 민요풍의 서정적 분위기가 도드라진다. 김형원은 《동아일보》 사회부장과 《중외일보》 사회·편집부장, 《조선일보》와 《매일신보》 편집국장을 지낸 언론인이면서 시인이었다.

이광수는 근대 이후 조선의 피폐를 극복하기 위해서는 조선인의 도덕적·심미적 태도를 개조해야 하고, 무엇보다 예술 교육을 통해 근대적 의미의 예술에 대한 심미적 취향을 길러야 한다고 주장했다. 더불어 "사람을 신경쇠약과 주색에 침륜함과 또는 불평과 나타로 인도하는 예술은 불건전한 예술이오, 멸망의 예술"이라고 비판했다. 이광수에게 유행가는 사람을 불평과 나타로 인도하는 불건전한 예술이었다.

이광수는 '조선 기생이 대표하는 민중예술이라 할 만한 모든 가곡을 증오한다'면서 〈캇쥬샤〉, 〈표박가〉, 〈심순애가〉 같은 노래를 거론했다. "신흥의 기상을 가져야 할 우리에게는 군악적, 종교악적인 정서를 일으키는 예술을 가지고 싶습니다. 델리케트한 것보다도 순박한 것, 우미한 것보다도 장엄한 것, 비조를 띤 것보다도 상쾌한 것이 원입니다."(〈예술과 인생〉, 《개벽》 19호, 1922년 1월) 〈캇쥬샤〉, 〈표박가〉, 〈심순애가〉는 원래 일본 신파극 주제가로 조선에서도 대단한 인기를 누렸다.

〈망국적 가요 소멸책〉 발표한 파인 김동환

파인 김동환도 《조선지광》 1927년 8월호에 〈망국적 가요 소멸
책〉을 발표했다. 파인은 〈아리랑〉이나 〈수심가〉와 같은 잡가는 조
선 왕조 내내 학대받은 백성들의 신음과 애탄, 곡성이었고, 유행
가요 또한 그런 잡가를 답습한 '악懸가요'이자 '망국가요'라고 주
장했다.

　시인들이 유행가 작사에 눈을 돌리게 된 이유는 또 있다. 1919
년부터 《창조》, 《폐허》, 《백조》, 《장미촌》, 《문예공론》 같은 시를
실은 문예지들이 속속 창간되었지만 오래 가지 못했다. 소설에 비
해 시는 독자를 확보하기 어려웠던 탓이다. 시를 싣곤 하던 종합
지 《개벽》도 1926년 일제에 의해 폐간됐다. 근대시를 선보일 만
한 장場이 사라지면서 시인들은 자구책을 찾았다. 1920년대 후반
부터 시의 음악화를 통한 유행가 작사를 통해 음반으로 독자들을
찾아 나선 것이다.

　신문사도 신춘문예 현상공모에서 유행가 노랫말을 소설, 시,
희곡과 같은 정식 분야로 채택했다. 《조선일보》는 1933년 11월
신춘문예 사고를 내면서 '유행가'를 단편소설, 희곡과 같은 크기
의 활자로 게재했다. 같은 해 《동아일보》도 문예평론, 단편소설,
희곡과 같은 크기 활자로 '가요'를 공모했다. 유행가 노랫말을 문

신춘문예 현상공모 광고 | 1930년대부터 각 신문사들이 신춘문예 현상공모에서 유행가 노랫말을 소설, 시, 희곡과 같은 정식 분야로 채택했다. 《조선일보》 1933년 12월 2일.

학의 한 장르로 대접하는 분위기였다. 특히 《조선일보》는 유행가를 공모하면서 당선작의 음반 취입까지 주선하는 등 유행가를 만들고 보급하는 일까지 적극적으로 나섰다.

이 때문에 등단 작가들까지 앞 다투어 신춘문예 유행가 부문에 응모할 만큼 관심을 모았다. 1934년 유행가 부문 당선자였던 남궁랑은 1928년부터 1930년까지 동요 등의 아동문학 작품을 거의 매달 발표했다. 지금 남아 있는 작품만 40여 편을 웃돌 만큼 왕성하게 집필했다. 이런 작가까지 유행가 부문에 응모할 만큼 대중을 확보하려는 문학청년들이 많았다는 얘기다.

1938년에 《조선일보》는 유행가만 특별 공모했다. 마감 사흘을 앞두고 응모작이 2153편이나 될 만큼 폭발적 관심을 불러일으켰다.(〈백열白熱의 인기를 끄는 본사주최 현상유행가〉, 《조선일보》 1938년 2월 24일) 《조선일보》는 '어린이날 노래'(1928)나 '문자보급운동가'(1931)를 현상공모한 적이 있을 만큼, 대중가요에 적극적이었다.

그 당시 신문이 유행가를 공모한 것은 '조선가요협회'와 비슷한 취지였다. "현대의 문화 영역에 있어서 그 광범한 대중성으로 보아 유행가는 거의 시대의 총아인 느낌이 있으나 불행히도 이때까지의 유행가는 그 가사와 곡조가 퇴폐저속한 것이었으므로 일반 식자의 개탄한 바이었는데 본사에서는 이러한 풍조를 일소하고 새로운 유행가의 출현을 촉진하기 위해 …."(社告, 《조선일보》 1938년 2월 15일)

1938년 3월 발표된 유행가 현상공모 당선자는 을파소 김종한이었다. 그는 1934년 신춘문예 유행가 분야에서 〈베짜는 각시〉로 당선됐고, 1937년 신춘문예에서는 〈낡은 우물이 있는 풍경〉으로 시 분야에서도 당선될 만큼 《조선일보》 현상공모를 휩쓸었다. 1939년에는 《문장》지 추천을 받아 작품을 발표했는데, 정지용이 "비애를 기지로 포장"하는 기술을 가지고 있다고 평가할 만큼 재기가 넘쳤다. 함북 명천 출신인 김종한은 《조선일보》 봉화지국에서 일한 적 있고 1934년 이후에는 광산생활을 한 좌충우돌 청년이었다. 1938년 유행가 현상공모 때는 니혼대 예술과에 재학 중이었다.

김종한은 유행가 현상공모 직전, 결전에 뛰어드는 다짐 같은 글을 통해 "시대인의 생활 감정을 표현한 새로운 민요, 그것은 반드시 오고야 말 게다"라고 하기도 했다.(〈신민요의 정신과 형태〉 3, 《조선일보》 1938년 2월 13일) 세계가 주목하는 K팝 열풍을 그는 짐작이나 했을까.

☞ 참고 자료

〈퇴폐적 가요 배격코저 조선가요협회 창립〉, 《조선일보》 1929년 2월 24일.
〈시대의 감정담은 애수의 유행가〉, 《매일신보》 1932년 12월 13일.
김종한, 〈신민요의 정신과 형태〉 3, 《조선일보》 1938년 2월 13일.
〈백열白熱의 인기를 끄는 본사주최 현상유행가〉, 《조선일보》 1938년 2월 24일.
이광수, 〈예술과 인생〉, 《개벽》(19호) 1922년 1월.

구인모, 《유성기의 시대, 유행시인의 탄생》, 현실문화연구, 2013년.

"살가 죽을가 하는 것이 문제로다", 셰익스피어 연극의 소개

1932년 12월 연희전문 연극반 '연희극회'가 셰익스피어 〈로미오와 줄리엣〉을 무대에 올렸다. 여배우를 구하기 어려웠던 탓인지 남학생(신동욱)이 줄리엣을 맡았다. 긴 머리를 땋고 치마 입은 '남자 줄리엣'이 가마를 타고 등장하자 관객석에서 박장대소가 터졌다. 가마 탄 주인공이 신극新劇에 나왔으니, 웃음이 터져 나올 만했다. 국내 첫 〈로미오와 줄리엣〉 공연이었다.

구한말 교과서 등에 셰익스피어의 이름과 작품이 나왔지만, 사상가·도덕가·문인으로 소개됐을 뿐이다. 최남선이 주재한 잡지 《소년》과 일본 유학생 잡지 《학지광學之光》, 서양 문학을 소개한 《태서문예신보》에 셰익스피어의 생애와 작품 속 격언이나 명대

현철이 번역한 《하믈레트》 | 현철이 1921년부터 1922년까지 월간지 《개벽》에 연재한 〈하믈레트〉를 1923년 박문서관에서 출간했다.

사가 실리곤 했다. 〈햄릿〉의 명대사를 "살가 죽을가 하는 것이 문제로다"라고 번역하고 원문까지 소개한 최초의 인물로는 장덕수가 꼽힌다.(〈의지의 약동〉, 《학지광》(제5호) 1915년 5월 2일) 장덕수는 훗날 《동아일보》 부사장을 지냈고 해방 후 한국민주당 창당 멤버로 활약하다가 암살을 당했다.

극작가 셰익스피어가 국내에 본격적으로 소개된 것은 1919년 3·1운동 이후였다. 3·1운동으로 신문·잡지가 대거 창간되면서 셰익스피어가 그 바람을 탔다. 찰스 램의 아동용 책 《셰익스피어의 이야기들Tales from Shakespeare》이 셰익스피어 작품 번역의 모태가 됐다. 쉬운 영어로 쓰인 데다 일역본까지 있었기 때문이다. 1919년

〈템페스트〉가 작가 주요한의 번역으로 나온 이래, 1920년대에 나온 셰익스피어 작품 번역만 16편이다.(신정옥, 《셰익스피어 한국에 오다》, 33쪽) 그중 램의 책에서 옮긴 게 여섯 편이나 된다. 대다수는 일부만 옮긴 초역抄譯이자 일어판을 옮긴 중역重譯이었다.

초역 아닌 완역은 근대극운동의 선구자 현철이 1921부터 1922년까지 《개벽》에 연재한 〈하믈레트〉가 처음이었다. 찰스 램의 이야기 소설이 아니라 쓰보우치 쇼요坪內逍遙의 〈하무렛토〉를 저본으로 한 번역으로 희곡체였다. 이 때문에 2021년을 한국 셰익스피어 번역 100주년으로 기념하기도 한다.(권오숙, 〈한국 최초의 셰익스피어 완역본 현철의 '하믈레트' 연구〉) 현철의 〈하믈레트〉는 이듬해인 1923년 박문서관에서 출간되었다. 이어 번역가 이상수가 완역한 《베니스 상인》(조선도서주식회사, 1924)이 나왔다. 〈베니스의 상인〉은 1920년대에만 번역본 네 종이 나올 만큼, 가장 인기를 누린 셰익스피어 작품이었다.

최고 인기작 〈베니스의 상인〉

신정옥의 《셰익스피어 한국에 오다》는 이 땅의 첫 셰익스피어 작품 공연을 1925년 12월 12일 경성고등상업학교(서울대 상대 전신) 어학부가 경성공회당에서 올린 영어극 〈줄리어스 시이저〉라고 썼다. 하지만 이 학교 외국어부가 그보다 20개월 전인 1924년 2월 2일과 3일 경성공회당에서 〈베니스의 상인〉 1막을 공연한다는

연희전문 교수로 있던 영문학자 정인섭은 이화여전이 공연한 〈베니스의 상인〉에 대해 "전체를 통해서 열정적 박력이 부족하다"는 비평을 남겼다. 《조선일보》 1940년 2월 26일.

기사가 《조선일보》 1924년 1월 27일 자에 〈외국어극 개최〉라는 제목으로 실렸다.

이후 4년간 거의 공연되지 않았던 셰익스피어의 작품이 다시 무대에 올랐다. 1929년 11월 1일, 이화여전 학생기독청년회가 경성공회당에서 공연한 〈베니스의 상인〉이었다. 유태인 샤일록의 탐욕과 '인육人肉 재판'은 조선인의 흥미를 자극했던 모양이다. 이화여전은 1931년 12월 4일에도 〈페트루키오와 캐트리나〉(말괄량이 길들이기)를 공연했다.(《동아일보》 1932년 12월 5일) 〈베니스의 상인〉은 영문학자 최정우가 번역한 전 5막으로 소개했지만, 이를 연출한 홍해성은 서극과 끝막 2장을 뺐다. 연극학자 유민영은 도쿄의 쓰키치築地 소극장에서 주연으로 활약한 홍해성이 연출을 지도한 덕분에 이화여전 학생들이 셰익스피어 작품을 계속 공연할 수 있었다고 봤다.

〈베니스의 상인〉 영어 원어극은 이화여전의 단골 레퍼토리였다. 이화여전은 1939년과 1940년에도 이 작품을 올렸다. 와세다 대를 졸업하고 연희전문 교수로 있던 영문학자 정인섭은 이화여전의 〈베니스의 상인〉에 대해 "전체를 통해서 열정적 박력이 부족하다"는 비평을 남겼다.(〈이화여전 공연 '베니스의 상인'을 보고〉, 《조선일보》 1940년 2월 26일) 그는 연기와 분장의 약점을 지적하면서도 의상과 대사 암송에는 합격점을 줬다.

학생들이 주도하던 셰익스피어 연극의 공연은 1931년 발족한 극예술연구회가 1933년 11월 28일부터 사흘간 조선 극장에서 올린 〈베니스의 상인-법정 장면〉부터 전문 극단으로 넘어간다. 극예술연구회(이하 극연劇研)는 도쿄에서 외국문학을 전공한 유학생 출신들이 만든 신극 단체로 김진섭, 서항석, 유치진, 이하윤, 이헌구, 정인섭, 최정우, 함대훈 등 열 명이 연극계 선배 윤백남과 홍해성을 영입해 만들었다.

극연은 공연에 앞서 붐 조성을 위해 〈셰익스피어 전展〉을 열기도 했다. 〈베니스의 상인〉은 피란델로의 〈바보〉 1막과 유치진의 〈버드나무 선 동리의 풍경〉과 함께 공연됐다. 당시 리뷰는 약간 비판적이었다. "셰익스피어는 영국이 낳은 위대한 작가의 한 사람임은 틀림이 없다. 그러나 고전적 작품을 상연하는 데 있어서 그 작자가 위대하다고 맹목적으로 그 작품을 상연한다면 그것은 잘못이다. 현실 조건하에서 고전적 작품을 상연하는 데 있어서 현실과 고전에 대한 명확한 합리적 연관성을 부여해야 할 것이며 그래야만 고전적 작품의 현대적 공연에 의의가 있게 될 것이다",

"유태인 상인 샤일록과 베니스의 상인 안토니오의 대립에 있어서 샤일록의 너무나 과장된 신파적 연기가 전면에 나왔다", "이 극은 결과에 있어서 신파나 '소인극素人劇'을 보았다는 감밖에는 더 얻은 바가 없었다" 등이 그 당시 평이었다.(나웅, 〈극예술연구회 제5회 공연을 보고〉 中,《조선일보》1933년 12월 8일) 하지만 유민영은 "이 무대는 관중의 시선을 끌 만했다. 그럴 수밖에 없는 것이 레퍼토리가 전보다는 비교적 재미있게 꾸며졌기 때문이다"라며 비교적 호의적으로 평했다.

1933년 이후 극연은 1938년 해체 때까지 셰익스피어 연극을 올리지 않았다.

셰익스피어 전막 공연 초연은 최무룡의 〈햄릿〉

식민지 시기를 통틀어 셰익스피어 연극은 학생극 단체들이 여러 차례 시도했고 전문 극단이 뒤따르는 모양새를 보였다. 셰익스피어 대표작 〈햄릿〉은 1938년에야 무대에 올랐다. 신파극단 '낭만좌'가 〈함리트 묘지 1막〉을 올렸는데, 일종의 번안극이었다. 낭만좌의 〈햄릿〉을 마지막으로 셰익스피어 희곡은 해방될 때까지 무대에 오르지 못했다. 셰익스피어 고전극이 우리 현실에 녹아들지 못한 데다 이를 무대에서 소화할 만한 직업 극단의 역량 부족도 한몫했다.

셰익스피어 연극의 시대는 해방 이후 본격적으로 열렸다. 〈햄릿〉 전막 공연은 1949년 12월 14일과 15일 명동의 시공관에서 중앙대 연극부가 올린 게 처음이었다. 셰익스피어 전막 공연 초연이기도 했다. 이 공연에서는 이해랑이 연출하고 최무룡이 햄릿을 맡았다.

☞ 참고 자료

나웅, 〈극예술연구회 제5회 공연을 보고〉 中, 《조선일보》 1933년 12월 8일.

정인섭, 〈이화여전 공연 '베니스의 상인'을 보고〉, 《조선일보》 1940년 2월 26일.

권오숙, 〈한국 최초의 셰익스피어 완역본 현철의 '하믈레트' 연구-현철의 근대극 운동과 연극론을 바탕으로 한 연극사적, 셰익스피어 수용사적 연구〉, 《셰익스피어 리뷰》 57~1, 2021년 봄.

신정옥, 《셰익스피어 한국에 오다-셰익스피어의 한국수용과정연구》, 백산출판사, 1998년.

연세창립80주년 기념사업위원회, 《연세대학교사》, 연세대출판부, 1969년.

유민영, 《한국근대연극사》, 단국대출판부, 1996년.

_____, 《예술경영으로 본 극장사론》, 태학사, 2017년.

푸시킨의 〈삶이 그대를 속일지라도〉,
한국인의 애송시가 되다

푸시킨의 〈삶이 그대를 속일지라도〉는 한국인이 가장 사랑하는 서구시詩 1위가 아닐까 싶다. 네이버 검색창에 '삶이'를 입력하면, '삶이 그대를 속일지라도'가 자동완성어 1위로 보인다. 윤동주의 〈서시〉, 김소월의 〈진달래꽃〉처럼 많은 이들이 첫 구절을 쉽게 떠올릴 수 있는 몇 안 되는 서구시다.

국립중앙도서관 홈페이지에서 검색하면, 이 시를 제목으로 한 푸시킨 번역시집만 10여 권이 훌쩍 넘는다. 같은 제목의 에세이집과 소설도 여러 권이다. 2013년 11월 서울 소공동 롯데 호텔 앞에 세워진 푸시킨 동상 뒤에도 이 시가 새겨져 있을 정도다. 러시아작가동맹이 증정한 이 동상에 〈삶이 그대를 속일지라도〉가 새

푸시킨 동상 | 2013년 11월 서울 소공동 롯데 호텔 앞에 들어선 푸시킨 동상으로 러시아작가동맹이 증정했다. 동상 아래에는 〈삶이 그대를 속일지라도〉가 새겨져 있다.

겨진 것은 우리 요구에 따른 것으로 보인다.

알려진 시기와 내력은 분명치 않아

19세기 초 러시아 시인이 쓴 2연짜리 이 짧은 구절이 200년 뒤 한국에서 여전히 인기를 누리는 까닭은 뭘까. 러시아에서는 '국민작가' 푸시킨의 시를 줄줄 외우는 사람이 수두룩하지만, 〈삶이 그대를 속일지라도〉는 모르는 이들이 뜻밖에 많다고 한다. 실제로 이시는 푸시킨의 대표작은 아니다. 20세기 초 한국에 러시아 문학이 소개되는 경로였던 일본은 물론 세계 어느 나라에서도 〈삶이그대를 속일지라도〉가 우리만큼 인기를 누리는 곳은 없다.

이 시가 국내에 알려진 시기와 내력은 분명치 않다. 학계에서는 우에다 스스무上田 進의 〈푸슈킨 시초詩抄〉가 소개된 1940년 전후로 본다. 우에다는 와세다대 재학 중 일본프롤레타리아작가동맹에서 활약한 인물이다. 박형규 전 고려대 노문과 교수의 기억에 따르면, 1930년대 말 1940년대 초쯤부터 일본어 시집에서 중역한 〈삶이 그대를 속일지라도〉가 애송시로 등장했다고 한다. 우리말 번역본이 첫 출간된 것은 1950년에 나온 《푸시킨 시집》(세종문화사, 조영희 옮김)으로 알려져 있다.

〈삶이 그대를 속일지라도〉의 첫 번째 러시아 원전 번역자는 백석이라는 주장이 있다. 2012년 《백석 번역시 전집》을 낸 송준이 그렇게 말했다. 백석이 다닌 도쿄의 아오야마가쿠인青山學院 후배이자 《조선일보》 논설위원을 지낸 고정훈의 생전 증언을 토대로 한 것이었다.(〈푸슈킨 시 '삶이 그대를 속일지라도' 첫 러시아어 원전 번역은 시인 백석〉, 《조선일보》 2012년 12월 17일) 6·25 당시 정훈장교로 참전한 고정훈은 1950년 10월 평양에서 백석을 만났다. 백석은 그에게 이 시를 러시아어로 수백 번 암송한 끝에 우리말로 번역했다고 얘기했다는 것이다. 학계에서도 '가능성이 있다'는 반응이 나왔다. 하지만 백석이 1949년 북한에서 펴낸 《푸시킨 시집》에는 이 시가 없다. 백석은 넣으려 했으나 공산정권 검열로 빠졌다는 것이다.

일제 때 푸시킨은 톨스토이나 도스도옙스키, 투르게네프, 체호프에 비해 덜 알려졌다. 시도 그렇지만 〈대위의 딸〉 같은 소설은 해방 후에야 우리말로 번역됐을 정도다. 푸시킨의 시가 국내에 소

푸시킨 서거 100주년 기사 | 지면의 3분의 2를 푸시킨 백년제에 할애했다. 러시아 문학전문가 함대훈이 푸시킨의 생애와 예술을 정리했고 동경 유학생 한식이 러시아 문학사에서 푸시킨의 위상을 평가하는 글을 기고했다. 《조선일보》 1937년 2월 13일.

개된 것은 1922년 잡지 《계명》에 번역된 〈집시〉라는 서사시다. 1926년 창간된 《해외문학》에 일본에서 공부한 이선근, 함대훈, 김온 등이 러시아 문학을 소개하면서 푸시킨 시와 작품도 함께 소개했다. 와세다대 사학과에 다닌 이선근은 푸시킨 시 여섯 편을 번역하기도 하고, 푸시킨의 생애에 관한 글을 쓰기도 했다.

1937년은 푸시킨 서거 100주기였다. 푸시킨 백년제를 맞아 《조선일보》는 "푸시킨의 문학사적 지위를 말하자면 그는 첫째 위僞고전주의를 지양하고 낭만주의를 거쳐 정당한 의미에 있어서의 러시아 리얼리즘의 기초를 확립하였으며 18세기부터 19세기 초두까지 서구라파 문학의 모방에 지나지 않던 문학을 국민성의 파악 탐구를 거듭하여 러시아 생활, 러시아 정신의 정당한 대변자의 표현으로써 러시아 문학의 독립성을 획득케 하였으며"라는 기사에서 푸시킨의 위상을 언급했다.(〈러시아 문학사상文學史上의 푸시킨의 지위와 업적〉, 《조선일보》 1937년 2월 13일) 푸시킨 백년제는 톨스토이나 도스토옙스키만큼 비중 있지는 않았지만 '러시아 문호文豪' 푸시킨의 위상을 각인시키는 계기가 됐다.

이발소·중국집·농가 마루벽에 걸린 〈삶이 그대를 속일지라도〉

〈삶이 그대를 속일지라도〉는 일제 말기와 해방 전후에 유행한 데이어 1960~70년대 산업화 시대에 최고 인기를 누렸다. 러시아 문학 전공자 이항재 단국대 교수는 "1960년대 초에 허름한 이발소의 벽에 걸린 액자 속에서 이 시를 처음 읽었다"고 회고했다. "당시 이 시는 밀레의 〈저녁종〉이나 평화롭게 풀을 뜯고 있는 양들을 배경으로 뒤틀린 액자 속에 넣어져 이발소, 중국집, 허름한 농가의 마루 벽에 약방의 감초처럼 달려 있었다"는 이항재 교수의 기억 속 풍경은 그리 낯설지가 않다.

학생들의 자취방 책상 앞은 물론 고향 떠나 대도시 공단에서 고된 하루를 이어가던 수많은 공장 노동자들의 벌집방에도 푸시킨의 시가 경구警句처럼 걸려 있었다. 힘겨운 현실을 견디고 희망을 약속하는 한줄기 빛이었다.

"삶이 나를 속일지라도 아니 삶이 나를 속인다 해도 / 나는 이발소에 간다." 곽효환 시인이 2014년 낸 시집 《슬픔의 뼈대》에 실린 〈이발소 그림〉은 이렇게 푸시킨 시를 빌려 시작한다. 인기곡 〈내 영혼 바람되어〉를 쓴 작곡가 김효근은 2015년 이 시를 가곡으로 만들었다. 이 시는 여전히 한국인들에게서 많이 회자된다. 빈곤의 시대는 지나갔지만 푸시킨 시가 주는 울림은 여전히 유효하기 때문이다.

☞ 참고 자료

한식, 〈러시아 문학사상文學史上의 푸시킨의 지위와 업적〉, 《조선일보》 1937년 2월 13일.

김미지, 《우리 안의 유럽, 기원과 시작》, 생각의힘, 2019년.

박형규, 《삶이 그대를 속일지라도》, 문이당, 1991년.

심지은, 〈한국과 러시아: 푸슈킨의 '삶이 그대를 속일지라도'의 경우〉, 《노어노문학》 제26권-4호, 2014년 12월.

이항재, 〈한국에서의 뿌쉬낀〉, 《러시아어문학연구논집》, 2000년.

"최멍텅과 윤바람의 허튼 수작", 최초의 신문 네 컷 연재만화

"일전부터 새로 법이 났는데 나쁜 마음만 먹어도 10년 징역이야, 쉬ㅡ." 키다리 최멍텅이 사기로 목돈을 버는 꿈 얘기를 하자, 땅딸보 친구 윤바람이 손사래를 친다. 해설에는 '치안유지법'이 나온다. "꿈에 사기 자랑을 하던 멍텅이는 새로 생긴 치안유지법에 나 걸리지 아니할까 눈이 둥그래 …."《조선일보》1925년 5월 17일자에 실린 네 컷 연재만화 〈멍텅구리-연애생활〉이다.

점심 먹으러 나갔던 최멍텅과 윤바람이 '나쁜 마음만 먹어도 10년 징역'이라며 치안유지법을 대놓고 비판하는 만화다. 치안유지법은 일제가 관동대지진 이후의 혼란을 막는다며 1925년 5월 12일 시행했다. 공산주의 단속을 내세웠지만 독립운동 탄압에 이

1924년 10월 13일부터 연재한 국내 신문 첫 네 컷짜리 시사만화 〈멍텅구리〉 사고. 《조선일보》 10월 12일.

용된 악법이었다.

　신문 만화의 역사는 구 한말로 거슬러 올라간다. 애국계몽 단체 대한협회가 1909년 기관지로 발행한 《대한민보》에 관재 이도영 이 말풍선이 포함된 만화를 그린 게 효시로 꼽힌다.

　1920년대는 네 컷 만화가 본격적으로 등장한 시대였다. 《조선일보》와 《동아일보》가 창간되면서 요즘 같은 네 컷 만화 시대가 열렸다. 시작 깃발은 미국 신시내티 미술학교에서 만화와 만평을 공부한 천리구 김동성이 들었다. 1920년 《동아일보》 창간에 합류한 김동성은 창간 첫 달인 4월 11일 네 컷 만화 〈이야기 그림이라〉를 실었다. 간헐적으로 게재했던 모양이다.

　독립운동가 신석우는 1924년 9월 《조선일보》를 인수해 이상재를 사장으로 추대하고 '혁신 《조선일보》'를 내걸었다. 발행인으로 옮겨온 김동성은 이상협 편집고문과 함께 네 컷 연재만화를 기획했다. 1924년 10월 13일 연재를 시작한 〈멍텅구리〉다. 국내 첫 신문 네 컷 연재만화로 폭발적 인기를 누린 기획이다. 얼마나 인기였든지 1926년 만화 작품으로는 처음 반도키네마에서 영화화해 개봉했다.

〈멍텅구리〉가 인기를 끌자 각 신문에 〈허풍선이〉(1925년 1월), 〈엉터리〉(1925년 8월, 이상 《동아일보》), 〈구리귀신〉(1925년 6월), 〈마리아의 반생〉(1925년 10월, 이상 《시대일보》) 등 연재만화가 잇달아 등장했다. 미술사·만화사 분야에서는 〈멍텅구리〉에 대해 연구논문을 쏟아낼 만큼 주목한다. '한국 만화사의 기념비적 작품'(정희정, 〈만화 멍텅구리로 본 근대 도시, 경성의 이미지〉, 《미술사논단》 통권43호, 2016), '첫 네 칸 만화일뿐 아니라 대중적 인기를 얻은 최초의 만화'(장하경, 〈멍텅구리의 이야기 기법〉, 《한국학보》 119, 2005)로 평가한다.

〈멍텅구리〉는 충청도 부농 아들이자 멍청한 키다리 최멍텅과 그의 친구인 땅딸보 윤바람이 평양 출신 기생 신옥매를 사이에 두고 벌이는 에피소드가 중심이다. 헛물켜기, 연애생활, 자급자족, 가정생활, 세계일주, 꺼떡대기, 가난사리(살이), 사회사업, 학창생활, 또나왔소 등 열 개의 주제로 1927년 8월 20일까지 약 2년 10개월간 700여 회 연재됐다. 중단 6년 뒤인 1933년 재개될 만큼 잊을 만하면 찾는 인기 코너였다. 1933년 2월 26일 재개한 〈멍텅구리〉는 김인화가 그렸는데, 몇 달 연재되다가 7월쯤 지면에서 사라졌다.

오락만화 넘어 총독부 비판

〈멍텅구리〉는 당초 '코믹만화' '오락만화'로만 알려졌다. 하지만 정희정의 연구는 〈멍텅구리〉가 총독부 정책을 직간접적으로 강하게 비판했다고 지적한다. 앞의 치안유지법 비판이 대표적이다. 1925년 을축대홍수 때 실은 만화도 주의 깊게 봐야 한다. 최멍텅과 윤바람은 일자리를 구하지 못해 순사가 된다. 마침 수해가 난 뚝섬에 나가 구조 활동을 했다. 최멍텅은 경찰부에 지원을 요청했으나 사람이 없다는 말에 화가 나서 모자를 내던지며 순사를 그만두겠다고 한다. 당시 일본 공병대 50여 명이 뚝

'을축대홍수'를 다룬 〈멍텅구리〉 | 1925년 7월에 경성을 초토화한 을축대홍수를 다뤘다. 경찰부에 지원을 요청했으나 거절당해 순사를 때려치우겠다며 모자를 내동댕이치는 장면이다. 《조선일보》 1925년 7월 25일.

섬 주민을 구호하려다 신용산 둑이 터져 일본인 거주 지역으로 물이 넘친다는 소식에 방향을 틀었다는 소식을 빗댄 것이다.(《조선일보》 1925년 7월 25일)

〈멍텅구리〉에는 주인공 외에도 순사가 자주 등장한다. 주인공을 때리거나 부랑자를 파출소에 가두고, 군중과 만세 소리에 놀라 해산을 명령하거나 부당한 공권력을 행사한다. 이 때문에 순사는 식민지 정부의 폭력 자체를 상징한다는 것이다. 정희정은 이런 현실 비판 때문에 1927년 〈멍텅구리〉를 비롯해 대다수 일간지의 네칸 만화 연재가 중단됐는데 여기에는 총독부의 언론 탄압이 작용했을 것으로 본다.

정통 산수화가 노수현, 네 컷 연재만화 주역

〈멍텅구리〉를 그린 사람이 전통 산수화 대가인 심전 안중식의 제자인 심산 노수현이란 사실도 흥미롭다. 노수현은 스승 안중식의 아호 앞 글자를 물려받을 만큼, 일찌감치 정통 화단의 주역으로 떠오른 인물이다. 최초의 서양화가로 알려진 춘곡 고희동이 그를 추천해 《동아일보》에 들어갔다가 1924년 이상협과 함께 《조선일보》로 옮겼다. 심산은 해방 후 서울대 미대 교수를 지낸 근대 화단의 거목이다.

언론인 조용만은 〈멍텅구리〉 제작 과정을 이렇게 설명했다. "이상협이 아이디어를 내고 심산이 그림을 그렸는데 처음에 이상협은 심산이 동양화 출신이라 양복장이 서양 풍속의 그림을 잘 그릴까 하고 염려했었는데, 양복 입은 키 큰 '멍텅구리'와 키가 작고 보타이를 맨 '윤바람'을 썩 잘 그려 이 만화 때문에 멍텅구리란 말이 크게 유행하게 되었다."(《30년대 문화예술인들》, 232쪽)

1920년대 후반 《조선일보》 기자를 지낸 김을한은 이상협이 《중외일보》로 옮겨간 뒤에는 안재홍이 아이디어를 맡아서 냈다는 회고를 남기기도 했다. 노수현은 훗날 "편집국 직원 간에 현상 모집하듯 해서 채택된 안을 내가 그렸을 뿐"이라고 회고했다.(〈멍텅구리에서 두꺼비까지 만화 50년〉, 《조선일보》 1970년 3월 5일) 그래서 만화계에서는 〈멍텅구리〉를 공동 창작물로 보기도 한다. 하지만 노수현의 솜씨가 아니었다면 〈멍텅구리〉가 그만한 인기를 누리진 못했을 것이다.

노수현이 1926년 퇴직하자 심전 문하의 동료 청전 이상범이 뒤를 이어 〈멍텅구리〉를 그렸다. '한국화 6대가'에 드는 근대 화단 거장들이 신문 네 컷 만화를 번갈아 맡은 것이다.

노수현은 말술을 마시는 호주가로도 소문났다. 《매일신보》 기자 조용만이 "심산의 주량은 대단해 두꺼비 파리 잡아먹듯 아무 말 없이 잔을 넙죽넙죽 받아 마시는데 조금도 흐트러짐이 없었다"고 회고할 정도다. 한 번은 간송 전형필 생일에 그 집에서 식사를 하는데, 조니 워커 새 병을 줄줄줄 한숨에 들이켰다고 한다.

화단 후배인 월전 장우성도 노수현을 이렇게 기억한다. "다정하고 소박하고 스스럼없는 성격으로 동료, 후배 선배들과도 잘 어울렸다. 그의 주우酒友로는 노산(이은상), 횡보(염상섭), 석송(김형원) 등이 주축이었으며 당주동 목천집이 단골이었다. … 특히 호주가로 알려진 심산은 한 번에 적어도 3되는 마셔야 비로소 기운이 나곤 했다 하며 자리를 함께했던 주우酒友들은 겁에 질려 도주하는 것이 예사였다고 한다."

노수현은 1926년《중외일보》에 옮겨가 〈연애경쟁〉이라는 만화를 연재했으나 3년 만에 언론계를 떠나면서 더는 만화를 그리지 않았다. 1929년 서화협회 감사로 취임한 뒤 명산을 순례하며 산수화를 그리는 데 전념했다. 만년에 술벗들을 만나면 "뭐니 뭐니 해도 신문 기자 때가 좋았어" 하며 웃었다고 한다.

☞ 참고 자료

김을한,《인생잡기》, 일조각, 1989년.
대한언론인회,《한국언론인물사화 8·15전 편》下, 1992년.
서은영, 〈코믹스의 기획과 대중화: 신문연재만화 '멍텅구리'를 중심으로〉,《서강인문논총》
    31, 2011년.
손상익,《한국만화통사》상, 시공사, 1999년.
윤영옥,《한국신문만화사: 1909-1995》, 열화당, 1995년.
장하경, 〈멍텅구리의 이야기 기법〉,《한국학보》119, 2005년.
정희정, 〈만화 멍텅구리로 본 근대 도시, 경성의 이미지〉,《미술사논단》통권 43호, 2016년.
조선일보사 사료연구실,《조선일보 사람들》, 랜덤하우스코리아, 2004년.
조용만,《30년대의 문화예술인들》, 범양사, 1988년.
최열,《한국 만화의 역사》, 열화당, 1995년.

"끔찍하고 지독한 냄새!", 연례행사인 목욕

100년 전 조선 사람들은 한 달에 몇 번이나 목욕을 했을까. "우리 조선 사람은 목욕을 자주 하지 않는 것이 큰 폐단이올시다. 공동 목욕탕이 시설되지 못한 시골에는 다시 더 말할 것도 없거니와 처처에 목욕탕이 완전히 설비된 경성이나 기타 큰 도회지에서도 목욕에 대한 관념이 매우 희박합니다."(〈목욕과 위생〉1,《조선일보》1925년 11월 18일) 앞의 기사에서 언급했듯이 매일 아침, 저녁 샤워에 익숙한 요즘 사람들은 경악할 정도로 100년 전 조선 사람들에게 목욕은 연례행사였다.

당시 신문은 "조선 사람들은 대개 피부에 때가 까맣게 나타나 보이기 전에는 목욕할 생각을 아니할 뿐 아니라 더욱이 여자들은 열흘이나 보름 만에 한 번씩 하는 것도 오히려 극히 잦은 셈이 되고 보통 한 달에 한 번씩 하는 여자도 드물다"고 한 뒤, "강원도 어떤 여자는 18년 동안을 목욕하지 않았다는 듣기에도 가슴이 답답한 이야기를 언제인가 한 번 들은 일이 있습니다. 이것은 너무 참혹한 이야기이지만은 아마 조선 전도를 통틀어 조사하여 보면 1년에 몇 번이라고 목욕한 날자를 헤일 수 있으리 만큼 더디하는 이들은 수두룩하게 많을 것"이라고 썼다.(《목욕과 위생》 1)

《독립신문》, 이틀에 한 번 목욕 권장

"오, 말로 표현할 수도 없고, 차마 맡을 수도 없고, 도저히 견딜 수도 없는 냄새, 끔찍하고 지독한 냄새, 지옥 같은 냄새! 냄새가 심하다고 아버지나 다른 조선인에게 불평해도 소용없다. 왜냐하면 그들은 자신의 조상들이 사랑했던 것을 자신도 사랑하기 때문이다."(《국역 윤치호 영문일기》 5, 1905년 11월 8일)

좌옹 윤치호가 고종에게 귀국 보고하기 위해 궁궐에 들어가는 날 쓴 일기다. 하와이, 일본 여행을 마치고 돌아온 직후라 그런지, 좌옹은 냄새에 더 민감했다. 1년에 몇 차례 강에서 멱 감는 게 전부인 시절이었으니 몸과 옷에서 나는 악취는 심각했을 것이다.

위생과 청결은 근대 문명의 상징이다. 서세동점의 구한말 무렵, 목욕은 개인의 기호가 아니라 문명의 척도가 됐다. 서구, 일본과 접촉한 개화파, 계몽사상가들은 목욕을 근대를 성취하기 위한 주요 수단으로 생각했다. 《독립신문》(1896년 5월 19일)은 "몸에 병이 없으려면 정淨한 것이 제일이니, 그 정한 일은 곧 선약仙藥보다 나은 것이라. … 몸 정케하기는 목욕이 제일이라"며 목욕을 권장했다. 신문은 구체적으로 이틀에 한 번은 목욕할 것을 권장했다.

청결과 위생은 근대 문명의 척도

문제는 목욕할 공간이 마땅찮다는 사실이었다. 100년 전에 욕실이 있는 집을 찾기란 하늘에서 별 따기만큼 어려운 일이었다. 욕실을 갖춘 '문화주택'에 사는 주민은 극소수였다. 당시 신문에는 공설 목욕탕 설치를 촉구하는 기사들이 자주 눈에 띈다. 일본인이 주로 사는 용산이나 명동 주변에는 사설 목욕탕이 많은데, 조선인이 많이 사는 지역에는 주민 수에 비해 목욕탕 숫자가 태부족이었다. 이 때문에 공설 목욕탕을 사회복지, 편의 시설처럼 행정 관청이 건립비를 대고 저렴하게 이용할 수 있게 하자는 요구가 많았다.

"평양부府에서는 부내 일반 빈곤자와 노동자를 위하야 평양부의 공설 사업으로 증왕曾往(이전) 자혜병원 되었던 터에 목욕탕을 개설하는 동시에 공설 이발소까지 설치하야 일반에게 반액으로 제공한다는데 이것은 영리의 목적이 아니라 일반의 위생을 위하여 시설함인 고로 부내 인민은 크게 기뻐한다더라."(〈평양에 공설 욕장 개시〉, 《조선일보》 1920년 7월 12일)

하지만 세금으로 짓는 공설 목욕탕 건립을 주로 조선인들이 사용한다는 이유에서 중단하는 사례도 있었다. 경성부가 조선인이 주로 사는 북촌 계동桂洞에 공설 욕장을 설치하려다 "조선부민에게만 편의를 주는 사업임"으로 중단했다. 이에 "조선인도 납세의 의무를 실행하는 시민이 아닌가. 조선부민에게서 징출한 예산을 조선인 시민을 위하여 지출하는 것은 당연한 일이 아닐까"(〈불공不公한 사회사업〉,《조선일보》1924년 12월 17일)라고 비판했다. "참 너무나 노골적 감정 문제가 아닌가"라는 표현까지 쓰며 총독부의 차별이 치졸하다고 비판했다.

일본인 목욕탕 주인, 조선인 차별 사례 빈발

결국 사설 목욕탕을 이용할 수밖에 없는데, 목욕탕에서까지 민족 차별을 겪는 사례가 빈발했다. 일본인 업주들이 주로 목욕탕을 운영하다 보니, 조선인은 더럽다는 이유로 차별한다는 것이었다. "일본 사람들이 경영하는 목욕탕에서는 일본 사람만 들이고 우리 조선 사람은 못 들어오게 아주 거절하는 목욕탕이 많이 있는 것은 사실이다. 조선 사람들을 못 들어오게 하는 이유는 다른 것이 아니라 조선 사람들은 모두 더럽다고 한가지로 목욕할 수 없다는 이유이다."(〈동서남북〉,《조선일보》1921년 2월 17일)

"▲해주의 어느 일인의 목간(목욕탕)에서는 조선인이 목욕가면 일인도 물이 부족하여 못 하는데 조선 사람은 아니된다고 한다.

목욕탕에서 조선인 차별을 고발하는 《조선일보》의 1921년 2월 17일 자 〈동서남북〉.

▲돈은 조선 사람의 돈이나 일본 사람의 돈이나 동일할 터이지라면서도 조선 사람으로서 목욕간 하나도 깨끗이 못 하는 것은 사실이 아닌가. ▲외국인 욕할 것 없이 목욕간 하나라도 사회적 사업으로 경영하여 보자."(〈휘파람〉, 《조선일보》 1926년 3월 24일) 이처럼 식민지 시기 내내 목욕탕을 둘러싼 조선인 차별 기사는 끊임없이 등장한다.

탕 안에서 고래고래 소리 지르는 이용객

목욕탕 출입이 많지 않다 보니 위생 수칙도 엉망인 데다 공중예절도 제대로 지키지 않는 경우가 많았던 모양이다. "일본 사람의 경영하는 목욕탕에서 흔히 조선 사람을 차별하야 목욕탕에 들어오지 못하게 한다고 떠드는 말을 들을 때에 분한 생각이 돌발하야 어찌하면 ▲이런 버르장머리를 못 하게 할까 하고 그의 불친절한 것을 통매痛罵하였었다. 그러나 일전에 어느 일본 사람 목욕탕에

〔隨筆〕
沐浴
(上)
安懷南

를 가서 목욕을 하는 중에 ▲어느 시골 사람인지는 자세히 알 수 없으나 목욕탕 문을 드르르 열고 들어오더니 발도 씻지 않고 또는 뒤수도 하지 아니하고 목욕탕 안으로 쑥 들어오더니 몸의 때를 함부로 딲아서 ▲같이 목욕하는 사람의 비위를 거슬이는지라. 나는 황연이 깨닫기를 이러한 까닭으로 차별을 주장하는 것이라는 의심이 나서 '인필자모人必自侮 이후에 인이모지人以侮之'라는 옛말이 생각난다. 또 그뿐 아니라 ▲조금 있더니 외마디 소리로 한간 두간 열두간이라고 신이냐 넉시냐 하며 고성대호하는지라 '한간, 두간, 열두간'이라는 말은 불경佛經에 일관음 이관음 십이관음인데 '이것은 그 뜨거운 기운을 잊어버리자는 방법인 듯하다' ▲한 사람의 소리로도 귀가 아프고 정신이 삭막한 중에 어떤 작자 하나가 또 따라서 병창을 한즉 목욕탕이 떠나갈 지경이요, 목욕하던 사람들은 너나 할 것 없이 눈쌀을 찌푸리고 입맛을 쩍쩍 다시다가 평양말본으로 이런 쌍화가 있나 하고 목욕도 못 하고 도로 와서 생각한즉 ▲분한 마음이 머리끝까지 올라온다. 이만한 것도 남만 같지 못하여 남에게 모욕을 당하니 어느 날 어느 때에나 각성들을 하여 차별을 당하지 아니할까."(〈사령탑〉, 《조선일보》 1923년 5월 3일)

'목욕탕 예찬론자' 안회남

소설가 겸 평론가 안회남은 목욕 예찬론자였다. "나는 목욕하기를 대단히 좋아한다. 자리에서 일어나는 대로 오전 9시를 맞춰 수건과 비누를 들고 나선다. … 내가 어느 상사회사를 사퇴하고 나오게 된 중요한 원인의 한 가지도 출근시간을 어기고 오전 중에 목욕하는 습관이 있기 때문"이라고 했다. 수필 〈목욕〉에서 고백한 내용이다.(〈목욕〉 上, 《조선일보》 1937년 3월 21일)

안회남은 한여름에도 피서 대신 목욕탕을 고집할 만큼 목욕 마니아였다. 그는 적당히 운동하고 목욕탕을 다니는 게 번잡한 피서지에 가서 땀 안 흘리고 뚱뚱해지는 것보다 낫다고 했다.(〈나의 피서 안 가는 변辯〉,《조선일보》1938년 8월 16일)

1980년대까지만 해도 일주일에 한 번 목욕탕에 가는 게 고작이었다. 지금은 하루 두 번 샤워하는 게 일상이 됐다. 원룸 자취방까지 온수 나오는 욕실을 갖추고 사는 세상이다. 문명의 척도가 청결이라면 최고의 문명 시대를 살고 있는 셈이다.

☞ 참고 자료

《독립신문》 1896년 5월 19일.

〈평양에 공설 욕장 개시〉,《조선일보》 1920년 7월 12일.

〈동서남북〉,《조선일보》 1921년 2월 17일.

〈사령탑〉,《조선일보》 1923년 5월 3일.

〈불공不公한 사회사업〉,《조선일보》 1924년 12월 17일.

〈휘파람〉,《조선일보》 1926년 3월 24일.

안회남, 〈목욕〉上,《조선일보》 1937년 3월 21일.

_____, 〈나의 피서 안 가는 변辯〉,《조선일보》 1938년 8월 16일.

박윤재 외, 〈때를 밀자─식민지 시기 목욕 문화의 형성과 때에 대한 인식〉,《도시를 보호하라》, 역사비평사, 2021년.

이인혜,《목욕탕》, 국립민속박물관, 2019년.

'감옥에서 신음하는 형제 생각에 눈물', 100년 전의 성탄절

1938년 12월 25일 새벽, 무악재 너머 빈민촌의 야경단원 둘이 쌀 두 자루와 장작 열 다발을 자전거에 싣고 가던 수상한 남자를 발견했다. 도둑으로 의심한 야경단원들은 관할 고양 경찰서에 신고했다. 경찰서에 끌려간 이 청년은 뜻밖의 사연을 털어놨다.

그는 경성 시내 공평동 123번지에서 식품 가게를 운영하는 스물여섯 박재양이었다. 어릴 적 가난하게 자랐는데 성탄절 때마다 누군가 백미 닷 되와 나무 한 단을 집에 몰래 놓고 가 감격했다고 말했다. 전날 밤 시내 정동교회에서 성탄전야예배를 드린 그는 빈민들에게 크리스마스 선물을 나눠주려고 밤늦게 그 동네로 가던 길이라고 했다. 산타클로스처럼 몰래 선물을 가져다주려고 이른

〈봉욕한 싼타클로쓰〉 | 성탄절은 1920년대 조선에서 대중적 명절로 떠올랐다. 교회나 미션 스쿨에서는 크리스마스 트리를 장식하고 축하 예배와 공연을 가졌다. 《조선일보》 1938년 12월 28일.

새벽, 자전거에 쌀과 장작을 실어 날랐다는 얘기였다.(〈봉욕逢辱한 싼타클로쓰〉, 《조선일보》 1938년 12월 28일)

성탄절은 1920년대 조선에서 대중적 기념일로 떠올랐다. 교회나 미션 스쿨에서는 크리스마스 트리를 장식하고 축하 예배와 공연을 가졌다. 일반 식당과 카페에서도 트리를 장식하고 성탄절 분위기를 냈던 모양이다. 1920년 신문에 조선 호텔 대식당에 설치한 크리스마스 트리의 장식등에 화재가 났다는 기사가 난 걸 보면, 성탄 트리도 유행했던 것 같다.(〈조선 호텔 소화小火〉, 《조선일보》 1920년 12월 28일)

성탄절 새벽, 동네를 돌아다니며 성탄 찬송을 부르는 교인들도 있었다. "▲25일 새벽 빛나는 태양이 아직 세상을 밝히기 전에 ▲ 경성의 조선인 시가에는 잠자는 시민들을 꿈속에서 부르는 듯이 류량한(맑고 또렷한) 창가 소리가 들리었다 ▲잠속에서 깨인 사람들 이불속에서 귀를 기울이기를 한참하다가 '올커니 ⋯ 크리스마

시평 〈성탄과 조선〉 | 《조선일보》 1926년 12월 25일 자에 실린 시평으로 "12월 25일 인 성탄일은 차차로 민중화하여서 아직 그의 신도들에게 국한된 일일지라도 거의 민중적 명절화하려는 경향을 보인다"고 이야기한다.

쓰 찬양대로군'"이라며 당시의 풍경을 묘사하기도 했다.(〈핀셋트〉, 《조선일보》 1930년 12월 26일)

신문은 성탄절날 시평時評에서 "12월 25일인 성탄일은 차차로 민중화하여서 아직 그의 신도들에게 국한된 일일지라도 거의 민중적 명절화하려는 경향을 보인다"고 지적했다. 그 이유로는 "조선의 기독교가 또한 허름하지 아니한 사회적 성가를 가지고 있는 까닭이다"고 썼다.(〈성탄과 조선〉, 《조선일보》 1926년 12월 25일)

조선의 기독교는 '허름하지 않은' 사회적 성가 있어

조선의 기독교가 '허름하지 않은 사회적 성가'를 가지고 있다고 쓴 건 기독교가 3·1운동에서 펼친 주도적 역할과 관련 있다. 《조선일보》,《동아일보》가 창간된 1920년 이후 첫 성탄절 분위기를 전하는 기사에는 이런 분위기가 담겨 있다. "금년 성탄절은 어느 회당에서든지 아무리 즐겁고 기쁘게 맞으려 한다 할지라도 감옥에서 신음하는 형제를 생각하는 때에는 감개지회를 금치 못하며 몇 방울의 눈물도 아니 떨어뜨리지 못할 것인데, 성탄절을 가장 위의威儀 있고 거룩하게 맞으려고 준비에 분주한 각 교당의 신도들은 장차 어떠한 의식을 베풀어 인상됨이 많고 느낌이 많은 1920년의 크리스마스를 맞으려는가."(〈설창한화雪窓閑話〉,《조선일보》1920년 12월 14일)

3·1운동에 참가했다가 투옥된 기독교인들이 많았던 사실을 성탄절 기사를 빌어 대놓고 언급하고 있다. 민족대표 33명 중 남강 이승훈을 비롯한 기독교 지도자들은 16명으로 절반 가까이 차지했다. 이만열 숙명여대 명예교수가 쓴 《한국기독교회 100년사》에 따르면, 3·1운동 초기인 1919년 3월과 4월의 체포자 1만 9000여 명 중 기독교인은 3373명(17퍼센트)이었다. 6월 30일 당시 투옥자 9456명 중에서 기독교인은 2033명으로 전체 21퍼센트를 차지했다. 그 무렵 기독교 신자수는 전 인구의 1.6~1.7퍼센트인 30만 명에 불과했는데 투옥자의 20퍼센트가 기독교 신자들이었다

는 사실은 그들이 그만큼 3·1운동에서 주요한 역할을 했다는 얘기다.

일제 당국은 기독교계의 성탄절 행사를 예의주시했다. 축하 행사가 반일反日 시위로 번질까봐 두려워했기 때문이다. "지난 26일은 경성 시내 각 일요학교에서 크리스마스의 탄강誕降 축하로 거행하는 바, 오후 1시부터 6시까지 연하야 부내 청진동 광남교회를 출발하여 각 교회를 방문하고 축의를 표하며 각 병원 입원 환자를 위하여 위문하였는데, 일대는 일요학교 생도 300명의 보호자를 합하여 악대와 깃발 행력을 하였음으로 당국에서는 만일을 염려하여 엄중히 경계하였다더라."(〈크리스마스의 연합기행렬, 당국에서 엄중 경계〉,《조선일보》1920년 12월 27일) 이렇게 어린 학생들의 축하행렬까지 감시할 만큼, 일제의 신경이 곤두서 있었다.

생활비 아껴 이재민 돕기 나서

크리스마스는 대개 빈민 구제를 위한 자선으로 이어지는 경우가 많았다. 미션 스쿨 학생들이 용돈을 모아 이웃을 돕는 선물을 마련했다는 기사가 줄을 이었다. 구세군은 자선냄비를 이용한 거리 모금을 통해 서대문 구세군 본영에서 매일 빈민 50명에게 쌀을 나눠주고, 오후에는 장작이 없어서 밥도 지어먹을 수 없는 사람에게 국밥을 나눠주기도 했다.(〈주린 자에게 국밥을 나눠준다〉,《조선일보》1928년 12월 22일)

이화학당 학생들은 생활비와 식비를 절약해 모은 돈과 직접 지은 옷과 모자 등을 이재민들을 위해 써달라며 기부했다. "이화학당에서는 이 불쌍한 동포에게 조금이라도 기쁨을 주고자 객창에 고생하는 여학생의 따뜻한 마음으로 자기네 평소의 생활비에서 몇 푼씩 알뜰히 절약하야 그 금품을 본사本社를 거쳐 이재동포에게 보내게 되었다. 이화고등보통학교 기숙생은 두 학기 전부터 쓰는 돈을 절약하야 백 원돈을 보내게 되었고 이외 고등과, 중등과, 대학과 학생 일동은 그 근소한 학비에서 추위에 떠는 이재민에게 아래와 같이 의복을 만들어 역시 본사를 거쳐 이재민에게 보내고 또 돈 6원 85전을 따로 거두어 보내게 되었다."(〈이화 학생의 미거〉, 《조선일보》 1924년 12월 23일)

성탄절 내력과 의미 다룬 보도 줄이어

크리스마스 전후로 성탄절의 유래와 의미를 소개하는 시평과 기사를 연달아 실었다. "크리스마스! 이는 참 반가운 소식이다. 구세주의 탄생한 날이다"로 시작한 시평 〈크리스마스〉(《조선일보》 1925년 12월 25일)는 "예수교는 욱일승천의 세勢로 전 구주를 정복하고 널리 온 세계에 충만하게 되었다"고 썼다. 서구를 지배한 정신문명의 바탕이 기독교라는 사실을 강조했다. "예수는 혁명적이었고 따라서 비타협적이었다. 그러나 그의 목적하는 바는 평화에 있었다"면서 평화를 앞세웠다.

이듬해 성탄절 시평에서도 기독교의 인도주의를 높이 평가하면서 도덕적 반성에 따른 개신운동을 주문했다. "기독신교가 조선에 수입된 지 45년을 산算하고 그의 구교舊敎(천주교)의 유입은 벌써 수 세기의 연원을 가졌다. 기독교의 선각자 교역자 및 그 유심한 사녀士女들의 노력이 또한 크기를 기期하야 마지 않는다"(〈성탄과 조선〉, 《조선일보》 1926년 12월 25일)를 보면 1000만 신자를 헤아리는 요즘보다 30만 신자를 향한 당시 사회의 기대가 적지 않았다는 사실을 알 수 있다.

☞ 참고 자료

〈설창한화雪窓閑話〉, 《조선일보》 1920년 12월 14일.
〈크리스마스의 연합기행렬, 당국에서 엄중 경계〉, 《조선일보》 1920년 12월 27일.
〈조선 호텔 小火〉, 《조선일보》 1920년 12월 28일.
〈이화 학생의 미거〉, 《조선일보》 1924년 12월 23일.
〈크리스마스〉, 《조선일보》 1925년 12월 25일.
〈성탄과 조선〉, 《조선일보》 1926년 12월 25일.
〈주린 자에게 국밥을 나눠준다〉, 《조선일보》 1928년 12월 22일.
〈핀셋트〉, 《조선일보》 1930년 12월 26일.
〈봉욕逢辱한 싼타클로쓰〉, 《조선일보》 1938년 12월 28일.

이만열, 《한국기독교회 100년사》, 성경읽기사, 1985년.

4부

모던이 만든 그림자
그리고 스캔들

딸까지 팔아먹는 '자신귀', '모루히네 조선'의 비극

《조선일보》 1933년 6월 30일 자는 '자신귀刺身鬼'를 소개했다. "학명은 '모루히네 환자', 별명은 '자신귀', 직함은 '하이카라 거—지', 속칭 '아편쟁이'는 …." 자신귀는 자기 몸을 찌르는 귀신, '모르핀' 중독자를 가리키는 말이다. 1920~30년대 신문을 들춰보면 '자신귀'란 단어가 수시로 등장한다. 그만큼 사람들에게 익숙한 용어였다. 100년 전 이 땅에는 모르핀 중독자가 넘쳐났다. 모르핀 주사에 중독된 이들은 주사약을 구하기 위해 딸도, 아내도 팔아넘겼다. 1933년 2월 '자신귀' 부녀의 상봉 기사는 그중 하나다.

평북 용천에 살던 스물아홉 살 김시병은 3년 전 식구들을 이끌고 만주에 이주했다가 생활고로 가족이 뿔뿔이 흩어졌다. 열두 살

짜리 딸 연울은 대련, 심양 등지로 방랑하다가 '모루히네' 중독자가 됐다. 유랑하던 연울은 1933년 1월 중국 안동현에서 극적으로 아버지와 만났다. 물론 기쁨은 잠시뿐이었다. 역시 '모루히네' 중독자였던 김시병이 주사값 70원 때문에 딸을 평안북도 차련관의 음식점에 팔아넘겼다. 주사 없이 하루도 살 수 없는 딸은 음식점 고용살이를 견딜 수 없어 도망쳤다. 음식점 주인이 주재소에 신고하면서 '자신귀 부녀' 얘기가 세상에 알려졌다.(〈12세 소녀로 '모히' 중독될 때까지: 일가 이산코 유랑 3년에 자신귀된 부녀가 상봉〉,《조선일

보》 1933년 2월 8일)

걸레쪽 입은 산송장들이 '눈깔사탕' 연회

1927년 봄이었다. 경성 한복판 서소문의 '자신귀굴刺身鬼窟'을 르포한 기사가 신문에 실렸다. 당시 아편 중독자는 10만을 헤아렸다고 한다. 기자는 당국자의 말을 빌려 이렇게 썼다. "아편쟁이가 전국에 10만이나 된다 하는 것은 개산槪算에 불과하며 기실에 이르러서는 20만이 될는지 30만이 될는지 알 수 없다고 하는 것은 어떤 당국자의 말이다."

그중에서 아편쟁이가 가장 많은 곳은 경성이었다. 계속해서 기사는 경기도 평의회 평의원 조사를 빌려, 경성 시내 아편쟁이만 4만 이상이라고 했다. 경성에서도 가장 큰 아편굴이 서소문에 있었다. "지붕은 이즈러지고 서까래는 나팔을 부는 움막살이 초가집이 40여 호가 즐비하게 늘어서고 걸레쪽 입은 산송장의 무리들이 이곳저곳에 몰려 앉아 '눈깔사탕' 연회가 벌어졌다." 이곳에 몇 명이 사는지 정확한 자료는 없지만, 동네 사람 말을 빌려 40여 호, 300여 명이라고 전했다.(이상 〈자신귀굴 방문기〉 2, 《조선일보》 1927년 3월 12일)

"이 아편굴에도 위생 당국 조사에 따르면, 대학 출신과 중학 출신인 상당한 지식계급이 10여 명에 달한다 하며 명기와 명창이란 이름을 듣던 기생과 광대도 수십 명에 달한다는데, 때로 궂은비가 내린다든지 달 밝은 밤에는 자기들의 심회를 토해내는 구슬픈 노랫소리가 부근 동리 사람들까지 비감을 느끼게 된다고 한다."(〈자신귀굴 방문기〉4,《조선일보》1927년 3월 14일)

인텔리, 명문대가 자제, 기생, 광대들이 모르핀에 빠져들어 부랑자 신세가 됐다. '귀족 자제'로 알려진 한 중독자는 "죽어도 우리 집 이야기는 말할 수 없습니다"며 아내까지 아편을 맞게 해 내외가 집에서 쫓겨났다고 했다. "나는 이곳에 있고, 아내는 전라도 모처에 있습니다. 들으시면 기막히시지요. 더 묻지 마시오."(〈자신귀굴 방문기〉5,《조선일보》1927년 3월 16일)

아편과 모르핀은 식민지 조선의 최대 골칫거리였다. 특히 아편을 정제한 모르핀은 아편연阿片煙에 비해 값이 싸고 사용하기 간편한 데다 당국의 규제까지 느슨했다. '모루히네' 중독자가 급증한 이유였다. 모르핀 중독은 병원을 통해서도 버젓이 유행했다. 유행성 독감이나 복통 같은 질병을 치료한다면서 모르핀 주사를 놓아주는 일이 빈번했다. "영양불량으로 인하야 어떤 사람은 폐병까지 병발되어 노약(자)은 사망한 자가 적지 않은데, 그 관내 조선 의생의 말을 듣고 '모루희네' 주사를 실시하여 도리어 위독에 빠지게 한 일도 많이 있었는지라."(〈진도군의 감모感冒 창궐〉,《조선일보》 1921년 4월 13일)

고물상 주인이 모르핀 주사 처방

모르핀을 만병통치약으로 믿고 남용하다 죽는 사고도 빈발했다. 의료인도 아닌 고물상 업자가 병을 고쳐준다며 모르핀 주사를 놓았다가 용량 과다로 목숨을 잃기도 했다. "고물상 하는 김성오(45)와 주소 부정 김규성(40) 등 두 명은 26일 오후 1시 길야정 일정목 76번지 천단상회의 고용인으로 있는 갈경태(19)가 각기로 고생하는 것을 보고 모루히네 주사를 하면 나을 터이니 돈 50전을 내라고 하야 50전을 받고 모루히네 주사를 하여 주었던 바 분량이 너무 많았기 때문에 갈경태는 그 자리에서 혼도함으로 즉시 부근 세브란스 병원에 입원시켜 치료하던 중 동 4시에 죽었음으로 전기 두 명은 모두 과실치사죄로 본정서에서 인치 취조 중이라더라."(〈'손방'의 모히주사로 생사람이 급사〉, 《조선일보》 1928년 11월 28일) 이런 기사는 당시 신문에 넘쳤다.

모르핀 밀매로 돈벌이에 나선 일부 몰지각한 의사도 있었다. "천안에는 모루히네 중독자가 날로 늘어감에 유지자 측에선 그 박멸책을 강구하고 경찰당국에서도 주의를 엄밀히 하던 바, 수일 전에 어떤 사람의 밀고로 그 원인이 발각되어 경찰서에서 시내 대성의원에 있는 최종순의 가택 수색을 위시하야 그 병원 의사 박충모와 중독자들을 소환 취조한 결과 전기 의사 박충모가 모루히네를 다량으로 밀매한 것이 판명되어 벌금 200여 원에 처했다는데, 시내 사회 각 방면에서는 사람의 생명을 구한다는 신성한

의업계에 도리어 사욕을 위하야 이같이 사회에 해독을 주는 의사
는 엄중히 징계하지 않으면 안 되겠다고 분개하야 장차 성토 배
척할 기세가 날로 높아간다더라."(〈의사가 모히 밀매하고 벌금 2백 원
물어〉, 《조선일보》 1926년 12월 5일) 하지만 처벌은 느슨했다. 모르핀
을 밀매한 의사에게 내린 처벌은 벌금 200원뿐이었다.

총독부의 안이한 대응으로 모르핀 중독자 급증

동아시아 아편 문제를 연구한 박강 부산외대 교수는 1920~30년대 조선의 모르핀 중독자 급증은 총독부의 안이한 대응에서 비롯됐다고 지적한다. 1914년 공포한 '조선경무총감부 훈령'에 따르면, 아편은 무겁게 처벌했지만, 모르핀 처벌은 가벼웠다. 아편연의 수입과 제조, 판매, 혹은 판매를 목적으로 소지한 자는 6개월 이상~7년 이하 징역에 처하고, 아편연을 피운 자는 3년 이하의 징역에 처했다. 하지만 모르핀을 투여한 자는 3개월 이하 금고 또는 500원 이하의 벌금을 규정했을 뿐, 모르핀 주사자에 대해서는 처벌 규정이 없었다. 모르핀 밀매로 돈을 벌어도 처벌할 규정이 마땅찮았고, 모르핀 중독으로 패가망신해도 개인적 일탈로 방관할 뿐이었다.

1919년 조선에서 모르핀을 독점 생산하던 다이쇼 제약 주식회사가 제1차 세계대전이 끝나면서 수출이 어려워지자 이들이 생산한 모르핀이 조선 땅에 대거 풀렸다. 일본 내지에서 과잉 생산된 모르핀까지 조선으로 밀수입됐으니 중독자가 늘어날 수밖에 없는 상황이었다. 총독부는 마약 문제를 방관하다가 문제가 심각해지자 1930년 마약 전매제를 시행했고, 1935년 '조선마약취제령'을 공포, 단속을 엄격하게 하면서 마약 중독 문제가 서서히 완화됐다.

검찰총장이 집에서 마약을 소셜미디어로 피자 한 판 값에 직접 구매하는 세상이 됐다고 한탄할 만큼, 최근 마약이 급속히 번지고 있다. 어린이 놀이터나 캠핑장에서 마약을 거래하거나 투약한 채 돌아다니다 붙잡히는 일이 심심찮게 보도된다. 2022년 한 해 동안 적발된 마약사범만 1만 8000명이 넘는다. '마약 김밥', '마약 떡

볶이'처럼 무심코 쓰는 말도 다시 생각해 볼 일이다. 마약에 대한 경계심을 누그러뜨리고 호기심만 자극할 뿐이다. 무엇보다 '자신귀'가 출몰하던 100년 전 세상으로 돌아갈까 무섭다.

☞ 참고 자료

〈진도군의 감모憾慕 창궐〉, 《조선일보》 1921년 4월 13일.
〈의사가 모히 밀매하고 벌금 2백 원 물어〉, 《조선일보》 1926년 12월 5일.
〈자신귀굴 방문기〉 1~5, 《조선일보》 1927년 3월 12일~16일.
〈12세 소녀로 '모히' 중독될 때까지〉, 《조선일보》 1933년 2월 8일.
조선총독부 전매국, 《조선의 전매》, 1941년.

박강, 《아편과 조선》, 선인, 2022년.

단발랑은 저항의 상징?, 치열한 단발 논쟁

1932년 스물넷 김기림이 잡지 《동광》에 〈'미쓰·코리아'여 단발하시오〉라는 글을 썼다. 단발이 기생이나 카페 웨이트리스 사이에 유행하던 시절이었다. 《조선일보》 기자였던 그는 '단발의 여러 모양은 또한 단순과 직선을 사랑하는 근대감각의 세련된 표현'이라고 옹호했다. 모더니스트 시인다운 발상이었다.

고등교육을 받은 신여성들이 간혹 단발을 하곤 했다. 《동광》에 함께 기고한 김활란 이화여전 교수도 삼사 년 전에 단발을 했다. 김활란은 '머리를 깎게 된 특별한 동기는 없다'면서도 "단발을 하면 간편한 것은 두말할 것 없고, 미적 방면으로 보더라도 각기 자기 얼굴 모양에 따라 그 얼굴에 조화되도록 머리를 자르면 미를 손상하지 않을 뿐 아니라 도리어 더 '미'美를 나타낼 수 있지 않은 가"라고 했다. 김활란은 최근 여학교에 단발하는 여학생이 늘었다면서도, 이화전문에 두세 명, 이화고보에 몇 명 정도라고 했다. 1930년대 초까지도 여학생의 단발은 손가락으로 꼽을 정도였다.

동대문 부인병원 의사 현덕신은 서른 살이던 1926년 단발을 했다. 이화학당을 나와 도쿄여자의학전문학교를 졸업한 현덕신의 단발은 신문에 소개될 만큼 화제가 됐다. "밤에 자다가 갑자기 왕진을 하게 되는 일이 비일비재할 뿐 아니라 급한 환자나 방금 해산하려는 산모가 있는 때에는 일분일초를 다투게 됩니다. 그럼으로 저는 무엇보다 그런 때에 시간을 덜 들게 하자는 것이 단발한

단발랑 최승희의 인터뷰 기사다. "'단발랑' 답지 않게 수수한 결혼관을 가졌다"는 내용이 보인다. 《조선일보》 1930년 1월 7일.

첫 목적이라고 하겠고, 또는 머리를 깎고 보매 생각하던 것보다도 더욱 가뜬하고 편리하외다."(〈이야깃거리〉,《조선일보》1926년 7월 4일) 기사에서처럼 현덕신은 단발의 이유를 "실생활의 편리를 도모하고자 하는 것뿐"이라고 했다.

첫 단발랑, 강향란

조선의 첫 단발랑斷髮娘은 강향란으로 알려져 있다. 기생 출신인 그는 청년 문사와 사귀다 결별을 당하자 머리를 잘랐다. 1922년 단발로 학교에 다니는 사진이 보도되면서 그는 유명 인사가 됐다. 강향란의 일거수일투족은 물론 그의 뒤를 따른 단발랑에 대한 보도가 이어졌다.

1925년 주세죽, 허정숙, 김조이는 '종래의 제도를 타파하고 부자연한 인습을 개혁한다'면서 함께 단발을 했다. 사회주의 여성 단체 조선여성동우회 간부들이었다. "부녀자의 머리카락을 자르는 건 외국에서는 이미 진부한 일에 속한다. 그러나 우리 조선에 있어서 그것을 단행한 그 용기는 다대타 한다"라며 신문은 단발 여성에 우호적이었다.(〈부인단발〉,《조선일보》1925년 8월 23일)

모던 걸의 단발은 당시 하나의 스캔들이었다. 남성의 단발은 1895년 '을미개혁' 당시 강제되면서 반일反日 정서를 불러일으켰으나 구한말 이래 곧 유행으로 정착됐다. 하지만 여성의 단발은 정서상 거부감이 강했다. 단발 여인들은 거리를 걸을 때마다 '단발랑'이라며 사람들의 구경거리가 되기 일쑤였다.

1920년대 《신여성》, 《별건곤》, 《동광》 같은 잡지들은 앞다투어 '단발 찬반 논쟁'을 특집으로 다뤘다. 여성 단발 비판의 핵심 중하나는 '무분별한 서양 문화 수입'이었다. 소파 방정환은 여성 단발을 서양 것을 수입한 '허영심의 발로'라고 비판했다.

대중잡지 《별건곤》의 글에서 필자는 이렇게 호소한다. "외국문화가 배울 것이 많고 외국 풍조에 본뜰 것이 많으나 이 단발만은 아주 그만두십시오! 머리를 깎는다고 되는 것이 아니며, 머리를 아니 깎겠다고 될 것이 안 되는 것이 아닙니다. 여성의 특징을잃지 말고 외관에 있어서만 남달리 차리지 말고 내적 충실을 힘쓰시기 바랍니다."(김병준, 〈여자 단발이 가한가 부한가〉, 《별건곤》 1929년 1월)

스타 단발랑, 최승희

'단발랑의 상해 도착' '단발랑의 호소'처럼 단발 여성을 가리키는 '단발랑'은 신문과 잡지의 최신 유행어였다. 1930년대 당대 무용스타였던 최승희 역시 '단발랑'이었다. "화려한 무대에 아리따운자태를 맘껏 날리며 몽땅 찍어버린 단발랑의 그야말로 소위 모—던인 (최승희) 씨에게는 아름답고도 자유스러운 연예관이 있으려니 …."(〈1930년의 조선여인은 장차 어떻게 변할 것인가〉, 《조선일보》 1930년 1월 7일)

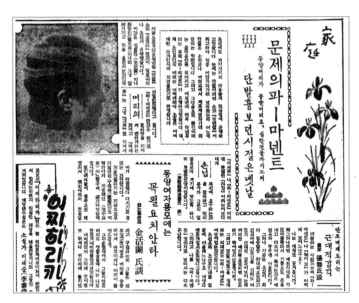

1920년대 단발랑의 시기를 거쳐 1930년대 후반 '파마'가 유행하기 시작했다. 신문에도 새 유행으로 파마를 소개하는 기사를 확인할 수 있다. 《조선일보》 1939년 5월 14일.

1930년대 후반 '파마'가 유행하기 시작했다. 신문에도 새 유행으로 파마를 소개하는 기사가 났다. "한때는 단발이라면 소위 '모던 걸'이라고 하야 일종 이단자와 같이 보아왔는데 어느새 단발은 소학교나 여학교에서 제복, 제모와 같이 취급되는 형편입니다. 쪽진 머리는 솔방울만큼 적어지고 2, 3년 내 더욱 작년부터는 부쩍 '파―마넨트'가 유행하고 있습니다."(⟨문제의 파―마넨트⟩, 《조선일보》 1939년 5월 14일). 한때 '이단자'였던 단발은 이제 거스를 수 없는 대세였다.

☞ 참고 자료

〈부인단발〉, 《조선일보》 1925년 8월 23일.

〈이야깃거리〉, 《조선일보》 1926년 7월 4일.

김병준, 〈여자 단발이 가한가 부한가〉, 《별건곤》 1929년 1월.

〈1930년의 조선여인은 장차 어떻게 변할 것인가〉, 《조선일보》 1930년 1월 7일.

김기림, 〈'미쓰·코리아'여 단발하시오〉, 《동광》(37호) 1932년 9월.

〈문제의 파―마넨트〉, 《조선일보》 1939년 5월 14일.

김미지, 《누가 하이카라 여성을 데리고 사누》, 살림, 2005년.

김수진, 《신여성, 근대의 과잉》, 소명, 2009년.

김주리, 《모던 걸, 여우 목도리를 버려라》, 살림, 2005년.

'어찌어찌하다 일이 커지고 말았다', 교수, 시인, 가수왕의 삼각스캔들

"김광진 씨는 금년 삼십 세의 독학자篤學者다. 키가 보통 키보다 조금 크고 몸이 후리후리한 것이 강하고 얼굴빛이 햇볕에 탄 것 같은 건강색을 띄고 있다."(〈교수·강사타령 7, 보성전문 편 상과교수 김광진 씨〉, 《조선일보》 1933년 5월 11일)

정규 대학 교육을 받은 연구자들이 배출되기 시작한 1930년대, 보성전문(고려대 전신) 교수들을 소개하는 연재기사가 신문에 났다. 메이지대 법학부 출신 최태영, 경성제대 법학부 출신 유진오 같은 신진 법학자들과 나란히 소개된 이는 경제학자 김광진이었다. 1928년 도쿄상과대(히토쓰바시대 전신) 상학부를 졸업한 김광진은 같은 해 경성제대 법문학부 부수副手를 거쳐 이듬해 조수助

手로 임용된 엘리트였다. 경성제대 법문학부 전체에 조선인 조수가 여섯 명밖에 없었을 때였다. 정식 관등官等까지 받은 정직원인데다, 월급도 초년 신문기자와 비슷한 수준이었다. 김광진은 인촌 김성수가 보성전문을 인수한 1932년, 보성전문 전임강사로 채용됐다.

김광진의 등장

신문은 김광진에 대해 '조선에서 제일 남자답게 생긴 남자' '호好

신사'라는 인물평과 함께 '밤이 새도록 공부를 계속하는 독학자'로 소개했다. 학생들에게 인기도 높았다고 한다. "학생들이 氏를 방문하면 과자를 권하고 차를 권하고 선생이 학담學談에 취하면 술을 권하는 친절미"까지 있다고 썼다. "후배를 사랑하고 지도하여 주려는 인간미가 흐른다 하니 선생의 순정으로 나오는 인간적 지도─이것은 빼빼 마른 조선에서는 마른 나무에 이슬"이라고 극찬했다. 상업사, 상품학, 보험론 등을 가르치는데, 금융론과 미두米豆·취인取引이 특기라고 했다.

보성전문이 1934년 낸 〈보전학술논집〉은 경성제대에 맞선 '사학파私學派'의 학술연구로 창간호부터 주목받았다. 김광진은 최태영, 오천석과 함께 편집인으로 참여했고, 〈이조 말기에 있어서 조선의 화폐 문제〉(제1호), 〈고구려 사회의 생산양식─국가의 형성과정을 중심으로〉(제3호)를 발표해 높은 평가를 받았다.

김광진은 대중강연과 신문, 잡지 기고를 통해서도 얼굴을 알렸다. 〈세계를 진감하는 금융공황의 양상: 그 원인과 및 발전을 논술함〉 1~3(1933년 4월 26일~28일), 〈자본주의 경제의 재건운동, 국제경제회의 예진豫診〉 1~4(1933년 6월 9일~11일, 13일), 〈전쟁경제와 비상생활, 예상되는 장래전쟁 그 영향을 중심으로〉 1~2(1934년 1월 1일), 〈팽창일본경제의 정체〉 1~10(1934년 10월 4일~7일, 9일~14일), 〈블록경제의 동향, 자유무역주의 해체와 국민주의의 강화〉 상, 하(1935년 1월 1일~2일), 〈조선역사학연구의 전진을 위하여〉(1937년 1월 3일, 이상《조선일보》) 등 신문과 잡지에 깊이 있는 분석 기사를 기고했다.

김광진은 대중강연에도 자주 나섰다. 평양상공협회 주최,《조선일보》평양지국 후원으로 열린 '경제문제대강연회'(1931년 3월 14일, 16일), 고려청년회 주최 '경제문제대강연회'(1933년 3월 18일), 보성전문학생회 주최,《조선일보》학예부 후원의 '초하初夏학술강연회'(1934년 5월 12일, 종로중앙기독교청년회강당),《동아일보》주최 '하계순회강좌'(1935년 7월 29일~8월 2일, 원산, 함흥, 청진) 등에서 대중을 상대로 강연을 했다.

체호프의 '벚꽃동산'으로 만난 김광진과 노천명

이 근엄한 학자도 '연애의 시대'를 피해갈 수 없었던 모양이다. 스물셋 시인 겸 기자 노천명과 사랑에 빠졌다. 두 사람이 만난 과정도 드라마틱하다. 체호프가 맺어준 인연이었다. 일본 유학파들이 만든 신극 단체 극예술연구회(극연)가 1934년 12월 7일과 8일 경성공회당에서 체호프 연극 〈앵화원櫻花園〉(벚꽃동산)을 올렸다. 극연 창립 3주년 겸 체호프 서거 30주년 기념 공연이었다. 이어령을 비롯한 몇몇 문인들은 〈앵화원〉 공연을 1938년으로 썼는데, 이는 사실과 다르다. 극연의 〈앵화원〉 공연은 1934년 12월에 있었고, 극연은 1938년 3월에 해산했다.(이어령,《한국작가전기연구》上, 143쪽, 유민영,《한국근대연극사》, 823쪽 참조)

당시는 여배우들이 부족했는데 모윤숙, 노천명 같은 엘리트 신여성이 이 연극에 가세하면서 화제를 모았다. 《조선중앙일보》기자였던 노천명은 라네프스카야의 딸 아냐로 무대에 섰다. 김광진은 이곳에서 '배우 노천명'을 보고 마음이 끌렸다. 서른한 살 김광진은 결혼한 몸이었고, 스물세 살 노천명은 미혼이었다. 둘은 사랑에 빠졌고, 결혼 약속까지 오갔다. 하지만 둘의 결혼은 김광진이 본처와 이혼을 결행하지 못해 결국 유야무야됐다.

이화여전 출신의 시인 노천명과 보성전문 교수 김광진의 연애는 알 만한 문화계 사람은 다 아는 스캔들이었다. 여기에 현민 유진오가 기름을 뿌렸다. 〈김강사와 T교수〉로 이미 유명 작가였고, 김광진과 같이 보성전문 교수였던 유진오가 1939년 2월 《문장》 창간호에 두 사람의 연애를 떠올리는 단편 〈이혼〉을 발표한 것이다. "윤희와의 관계도 말하자면 지금까지의 그런 '오입'에 조금 털돋친 것에 지나지 않았다. 그러든 것이 방귀가 잦으면 똥을 싼다는 격으로 이번에는 어찌어찌하다가 일이 커지고 만 것이다." 둘의 연애를 지저분한 관계로 묘사한 것도 모자라 노천명을 떠올리는 문장으로 세인의 입길에 올랐다.

그러자 여성 문인들이 들고 일어났다. 모윤숙, 최정희, 이선희, 세 명이 유진오를 찾아가 항의하는 소동이 일어났다. 유진오는 소설 속 주인공과 노천명은 전혀 상관없다고 부인했다. 이는 황금찬 시인의 회고 《돌아오지 않는 시간의 저편》에 실린 최정희에게 직접 들었다는 내용이다.

김광진, 이효석 연인 왕수복과 결합

김광진은 1939년 보성전문을 사직하고, 고향인 평양에 돌아가 사업가로 변신했다. 1940년 1월 평안상사 전무, 같은 해 10월 조선제정공업주식회사 감사에 취임했다. 조선제정공업주식회사는 못 만드는 회사였다. 마침 '가수왕' 왕수복도 평양에 돌아와 있었다. 평양 기생 출신 가수 왕수복은 1935년 월간 《삼천리》 가수 인기 투표에서 1위를 차지할 만큼 유명한 스타였다. 왕수복은 1936년 도쿄음악학교에 건너가 성악을 배우면서 이탈리아 유학까지 꿈꿨다. 하지만 행동에 옮기진 못했다.

그러던 왕수복이 고향에 잠깐 다니러왔다가 〈메밀꽃 필 무렵〉을 쓴 이효석을 만나 연인이 됐다. 숭실전문과 대동공전에서 학생을 가르치던 이효석은 1940년 아내와 사별하고 막내아들까지 잃으면서 방황하던 때였다. 이효석이 1942년 5월 25일 숨을 거둘 때까지 왕수복은 그의 곁을 지켰다. 그런 왕수복이 이효석 사후 열네 살 연상인 김광진을 만나 부부의 연을 맺고 1남 1녀를 낳았다.

해방 후 김광진은 김일성종합대학 창설 주역으로 변신한다. 홍종욱 서울대 교수에 따르면, 1945년 8월 17일 김광진은 조만식이 이끄는 건국준비위원회 평남지부 결성에 참여했다. 같은 달 27일 소련군 지시로 건준은 조선공산당 평남지구위원회와 합작해 평남인민정치위원회로 재편됐다. 당시 민족 계열과 공산 계열이 각

보성전문 교수이자 마르크스주의 경제학자였던 김광진(가운데)은 시인 노천명과 결혼 직전까지 간 연애 스캔들의 주인공이다. 하지만 그 당시 그에게는 부인이 있었다. 김광진은 해방 이후 왕수복과 결혼해 가정을 꾸렸다. 왼쪽은 노천명, 오른쪽은 왕수복.

16명씩 균형을 맞춰 구성했는데, 김광진은 민족 계열로 참여해 상공위원장을 맡았다. 하지만 김광진은 이미 조선공산당원이었다는 증언이 있는 것으로 보아 세력 균형을 깨기 위한 공작에 참여한 셈이다.

그 후 김광진은 김일성종합대학에서 가르칠 교원을 유치하기 위해 1946년 1월 서울에 내려와 경제학자 백남운을 만나 월북을 의논했다고 한다. 평양에 있던 그는 1947년 1월 김일성종합대학 법학부 부장을 맡았다. 김광진의 임명일은 1946년 8월 1일로 김일성대학 교원 중 가장 빠른 것으로 보아 김일성대학 설립에 중심적인 역할을 맡았음을 짐작할 수 있다.

이후 과학원 후보원사, 원사로 승진하고 고대사에서 식민지 시기에 이르기까지 다양한 시대와 분야를 다룬 논문을 발표하면서

북한 역사학계의 핵심으로 활약했다. '다산 정약용의 사회·경제 사상' 같은 정약용 연구에도 가세했다. 정치적으로는 조국평화통일위 중앙위원, 최고인민회의 대의원을 지냈고 김일성 훈장까지 받았다. 1981년 사후에는 애국열사릉에 묻혔다.

왕수복은 결혼 직후 주부로 살다가 가수로 복귀했다. 모스크바, 상트페테르부르크, 타슈켄트 등으로 해외 공연을 다니면서 공훈배우가 됐다. 여든이던 1997년에도 민요독창회를 열 정도로 정정했다. 2003년 세상을 뜬 왕수복은 이듬해 애국열사릉에 잠든 남편 김광진과 합장됐다.

☞ 참고 자료

〈교수·강사타령 7, 보성전문 편 상과교수 김광진 씨〉, 《조선일보》 1933년 5월 11일.
유진오, 〈이혼〉, 《문장》(창간호) 1939년 2월.

박봉우, 《고독과 생활한 여류시인 노천명》, 여원, 1959년.
신현규, 《평양기생 왕수복》, 경덕출판사, 2006년.
유민영, 《한국근대연극사》, 단국대출판부, 1996년.
이어령, 《한국작가전기연구》 上., 동화출판공사, 1975년.
홍종욱, 〈보성전문학교에서 김일성종합대학으로-식민지 지식인 김광진의 생애와 경제사연구〉, 《역사학보》, 2016년 12월.
황금찬, 《돌아오지 않는 시간의 저편》, 신지성, 2000년.

'발가락이 닮았다?',
김동인과 염상섭의 자존심 건 지상 논쟁

1932년 벽두 문화계는 김동인과 염상섭의 논쟁으로 시끌벅적했다. 월간지 《동광》 1932년 1월호에 실린 금동 김동인의 단편 〈발가락이 닮았다〉가 빌미가 됐다. 횡보 염상섭이 자기를 모델로 해 쓴 소설이라며 반발하고 나선 것이다.

〈발가락이 닮았다〉는 총각 시절 방탕한 생활을 하며 성병까지 걸렸다가 서른 넘어 결혼한 M이 주인공이다. 생식 기능을 잃은 줄 알았던 M은 아내가 임신했다는 소식을 듣고 번민한다. M처럼 서른 넘어 늦장가 가서 아이를 낳은 염상섭은 김동인이 자신을 욕보였다며 펄펄 뛰었다. 당장 〈모델보복전〉이란 반론을 써서 《동광》에 투고했다. 하지만 염상섭은 잡지가 나오기 직전 투고한 원고를 거두어 게재는 되지 않았다.

　그러나 염상섭이 반박문을 기고했다는 얘기는 순식간에 퍼졌다. 누군가 김동인에게 귀띔했고, 김동인은 원고를 읽었던 모양이다. 좁은 바닥이었다. "양력 정월 초승께 나는 생명이 위태롭도록 중태인 병상에 누워 있을 때에 서울 어떤 친구에게서 '네가 《동광》에 낸 '발가락'에 대하여 염상섭 군한테서 '이것은 나를 모델로 한 소설이다'는 항의 비슷한 반박문이 동광사에 왔다'는 기별을 받았다. 그러나 그때는 이 세상의 무엇보다도 귀중한 나의 생명이 어떻게 될지 알지 못할 때였으므로 그 말을 중대시하지 않았다."(〈나의 변명〉 1, 《조선일보》 1932년 2월 6일)

금동, 횡보의 실명 비판 지상 논쟁

문단 주변에서는 김동인에게 '그게 무슨 짓이냐'는 항의부터 '화해를 하라'는 권고가 이어졌다. 김동인은 일이 심상치 않게 됐다고 생각했다. 〈나의 변명-'발가락이 닮았다'에 대하여〉(《조선일보》 2월 6일~2월 13일, 총 5회)는 이렇게 해서 나왔다. 작가가 스캔들을 해명하기 위해 자신이 창작한 소설의 집필 과정을 신문 지면을 통해 공개하는, 문학사에 드문 진기한 장면이었다.

　염상섭도 맞받았다. 《조선일보》에 〈소위 모델 문제〉(2월 21일 ~2월 26일, 총 5회)를 기고했다. 김동인과 염상섭이 각각 5회씩, 총 10회 주고받은 이 논쟁을 학계에서는 '모델 소설' 논쟁이라고 부

김동인의 〈나의 변명〉 | 김동인이 자신의 소설 〈발가락이 닮았다〉가 염상섭을 모델로 쓴 글이 아님을 이야기하는 글로, 작가가 스캔들을 해명하기 위해 자신이 창작한 소설의 집필 과정을 신문 지면을 통해 공개하는, 문학사에 드문 진기한 장면이었다. 《조선일보》 1932년 2월 6일.

른다. 1930년대를 대표하는 두 명의 작가가 서로 충돌한 이 논쟁은 근대 문학 초창기 문단의 이면을 흥미롭게 들춘다. 최초 번역 시집 《오뇌의 무도》를 낸 시인 김억(필명 안서岸曙)도 이 논쟁에 얽혀 있다. 어떤 사연일까.

염상섭은 1931년 10월 파인 김동환이 내던 월간지 《삼천리》에 단편 〈질투와 밥〉을 발표했다. 돈 있는 첩을 얻어 살림을 차렸다가 본처에게 곤욕을 치르는 인텔리 S를 풍자하는 내용이었다. 그런데 김억은 염상섭이 자신을 모델로 한 소설을 발표해 망신을 줬다고 펄펄 뛰었다. 같은 이북 출신인 친구 김동인에게 복수해

달라고 매달렸다는 것이다. 이에 김동인은 "문학자가 누구의 부탁을 받아서 복수적으로 붓을 잡는다 하는 일은 문학자인 염 군의 양심에 물을 뿐 구구히 쓸 필요도 없을 것이다"고 잘랐다. "창작은 창작이지 결코 무슨 무기로 사용할 것이 아니라는 신조를 가지고 아직껏 문x에 대하여 뿐은 결벽과 자존심과 신용을 지켜온 나는 한 번도 이 신조를 범하여 본 일이 없다"는 것이 그의 변이다.

김동인도 〈발가락이 닮았다〉의 주인공 M이 염상섭과 두어 가지 비슷한 곳이 있다는 점은 인정했다. 서른이 넘도록 가난한 총각으로 있던 점, 연애도 지참금 목적도 아닌 결혼을 한 점을 들었다. 하지만 톨스토이 〈부활〉의 주인공 네플류도프가 젊었을 때 방탕했다거나 뒤돌아보지 않는 저돌적 성격이 '나(김동인)'와 닮았다고 해서 〈부활〉이 자신을 모델로 쓴 소설이라는 항의를 톨스토이에게 할 수 없는 것처럼, 두세 가지 닮은 곳이 있다고 〈발가락이 닮았다〉의 주인공이 염상섭을 모델로 했다고 할 수 없는 것 아니냐는 게 김동인의 반박이었다.(이상 〈나의 변명〉 2, 《조선일보》 1932년 2월 7일) 김동인은 이 글에서 염상섭을 모델 삼아 쓴 게 아니라고 분명히 했다.

김동인은 계속해서 "1931년 11월 23일 밤 10시부터 이튿날 새벽 4시까지 썼다"며 작품의 '출생일시'까지 밝혔다.(〈나의 변명〉 5, 《조선일보》 1932년 2월 13일) 밤사이 아내 출산을 기다리면서 썼는데, 탈고한 지 5~6시간 뒤 해산을 했다고도 썼다. 속필도 놀랍지만 아내 출산이 임박한 시점에 이런 작품을 써낸다는 것도 보통 사람은 아니다. 그러면서 한 해 전 여름 《동광》에 〈결혼식〉이라는 단편도 발표했는데, 실제 결혼식을 올리기 며칠 전 썼다고 했다. 결혼식을 앞두고 떠오른 생각을 작품으로 쓴 것처럼 출산을 앞두고 소설가로서 상상의 나래를 펼치다 〈발가락이 닮았다〉가 튀어나왔다는 해명이었다.

염상섭의 반격

염상섭의 반박도 만만찮았다. "아직 공개하지 않은 의견에 대하여 그 의견을 상대로 하고 자기 변명부터 공중에 호소한다는 것은 어떤 영문인지 나는 모른다"(〈소위 모델 문제〉 1, 《조선일보》 1932년 2월 21일)에 이어 〈모델보복전〉이란 글을 쓴 과정과 게재를 보류한 사연을 담았다. '소설 〈발가락이 닮았다〉의 주인공이 서른 넘어서 한 결혼이나 신여성과의 구식 결혼, 득남 등은 자신의 실제 생활과 부합하므로 자신을 모델로 삼았다고 추측했고, 지인들도 그렇게 생각했을 것이며, 그러면 소설 후반에 나오듯, 자식까지 불륜에서 비롯된 것으로 오해받을 수밖에 없다'는 것이 염상섭의 생각이었다. 한마디로 악의적인 글이라는 주장이었다.

염상섭은 김억과의 사이에서 일어난 '모델 문제'가 도화선이 됐을 것이라고도 썼다. 그의 글이다. "즉 전자에 내 소설의 모델이 되었다는 모우某友의 위촉을 받아서 이번에는 나를 모델로 대변자

염상섭의 〈소위 모델 문제〉 | 김동인 글에 대한 반박으로 1932년 2월 21일부터 26일까지 모두 5회 실렸다. 《조선일보》 1932년 2월 21일.

적 보복을 한 것이 아닌가 하는 생각을 하얏든 것이다."

염상섭은 《동광》 기고를 보류한 이유로 친구들의 만류와 함께 김억의 요청도 들었다. "나와 모델 문제가 되어 있던 모군某君이 나의 글을 동광사에서 보았다고 자기에 관한 부분만을 삭제하여 달라고 재삼 요구하는 일이다. … 모군에 대하야 나는 별로 감정을 가진 것이 아닌 다음에야 재삼 간탁하는 것을 무리하게 발표하는

것도 안됐다고 생각"했다고 했다.(《소위 모델 문제》 2,《조선일보》
1932년 2월 23일). 특히 자식의 장래를 생각하면 글을 발표하지 않
는 게 낫겠다는 생각이 들어 중지했다는 것이다.

이로부터 17년이 흐른 뒤 김동인은 〈발가락이 닮았다〉 사건을
회고하는 글을 남겼다. 1949년 월간《신천지》에 실은 〈문단 30년
의 발자취〉에서다. 김동인은 김억과 함께 염상섭의 아현동 신혼
집을 다녀간 얘기를 쓴 뒤, 어느 날 김억이 매우 흥분해서 부탁을
했다고 털어놓았다. "안서(김억)를 주인공으로 한 무슨 소설을 썼
는데 그것이 분하여 못 견디겠으니 원수를 갚아달라는 것이었다.
… 안서는 정거장까지 따라 나와서 꼭 복수를 부탁하는 것이었
다."

하지만 김동인은 "그것이 안서의 부탁으로 써진 것인지는 나
는 모른다. 더구나 염상섭을 모델로 한 것인지는 모르는 바이다"
라고 했다. 17년 전에 쓴 〈나의 변명〉보다는 후퇴한 듯 보인다. 김
억의 부탁이 있었던 사실과 그 부탁이 은연중에 반영됐을지도 모
른다는 여지를 남긴 게 그렇다. 이북 동향이자 문예지《창조》동
인을 함께 한 김억과 김동인은 절친이었다.

1930~40년대 소설가 겸《매일신보》학예부 기자였던 조용만
의 회고는 문단에서 이 사건을 어떻게 봤는지 설명해 준다. "횡보
(염상섭)는 한 때 안서와 가깝게 지냈는데 그때 안서는 여인 관계
로 문제가 있었다. 횡보는 장난으로 이것을 모델로 해 단편을 썼
는데 안서는 이것을 읽고 펄펄 뛰어서 동인한테 횡보에게 복수를

해달라고 졸라댔다. 동인은 그래라 하고 역시 장난으로 〈발가락이 닮았다〉는 단편을 썼다." 이 사건 때문에 염상섭이 대노해 김동인과 절교를 선언하고 만나지 않았다는 것이다. "그런 지 몇 해 뒤에 우연히 두 사람이 길에서 만나 동인이 먼저 껄걸 웃으니까 횡보도 껄걸 웃고 말았다는 후문이 있었다."(이상 조용만, 《30년대의 문화예술인들》, 161~162쪽) 문단 라이벌 간의 경쟁이 빚은 문학사의 해프닝이었다.

☞ 참고 자료

염상섭, 〈질투와 밥〉, 《삼천리》 1931년 10월.
김동인, 〈발가락이 닮았다〉, 《동광》 1932년 1월.
_____, 〈나의 변명〉 1~5, 《조선일보》 1932년 2월 6일~13일(5회).
염상섭, 〈소위 모델 문제〉 1~5, 《조선일보》 1932년 2월 21일~26일(5회).

김동인, 〈문단 30년사〉, 《김동인 전집》 6권, 삼중당, 1976년.
조용만, 《30년대의 문화예술인들》, 범양사, 1988년.

'피라미드 관광, 여왕과 만찬', 영친왕의 호화판 유럽 여행

20세기 전반 한국인 중 가장 호화로운 세계 여행을 한 인물은 영친왕일 것이다. 영친왕은 고종의 일곱 번째 아들이자 순종 동생인 이은이다. 그는 1927년 5월 23일 요코하마에서 수행원들과 함께 기선에 올랐다. 영친왕 부부와 시종무관 김응선 대좌를 제외한 수행원 여섯 명은 모두 일본인이었다. 이왕직 차관 시노다 지사쿠篠田治策(훗날 경성제대 총장)와 무관 사토佐藤 중좌, 전담 의사와 시녀까지 거느렸다.

명목은 군사 시찰이었다. 만 열 살에 이토 히로부미 손에 이끌려 일본에 유학을 간 영친왕은 일본 육군중앙유년학교와 육군사관학교를 거쳐 1923년 육군대학을 졸업한 현역 군인이었다. 일본

영친왕 이은 | 고종의 일곱 번째 아들이자 순종 동생인 영친왕 이은은 1926년 5월 23일 요코하마에서 수행원들과 함께 기선에 올랐다. 영친왕 부부와 시종 무관 김응선 대좌를 제외한 수행원 여섯 명은 모두 일본인이었다.

에 붙잡힌 볼모 신세인 데다 고종과 순종이 잇달아 세상을 뜨면서 우울한 나날을 보내던 참이었다. 한창 나이의 그로서는 해외 여행으로나마 숨통을 틔우고 싶었을 것이다. 그의 여행 출발을 신문은 이렇게 썼다.

"창덕궁 전하께서 양행洋行을 하신다 함은 여러 번 보도하였거니와 전하께서는 오는 4월 5일에 환궁하시어 24일에 거행되시는 고 순종 전하의 소상小祥에 참여하시고 대비 전하께 하직하신 후 21일경에 다시 동경으로 가시었다가 만반의 준비를 정돈하신 후 5월 10일 전후에는 어御 발정發程(출발)하실 예정인데, 약 1개년 동안의 예정으로 먼저 불란서를 순유하시고 구주 각지를 만유하시리라는 바, 왕 전하께서는 육군제도 연구와 비妃 전하께서는 부인 문제 연구차로 이번 양행을 하시는 것이라고 승문承文되더라."(〈창덕궁 양전하昌德宮兩殿下 4월 5일 환어四月五日還御〉,《조선일보》1927년 3월 12일)

244

마르세유 인·아웃

영친왕의 유럽 순방은 1년 가까운 장기 여행이었다. 기선氣船으로 오가는 데만 세 달 정도 걸렸고, 유럽 체류만 여덟 달이었다. 유럽까지 여정을 구체적으로 보면, 상해, 싱가포르, 페낭, 콜롬보, 수에즈 운하를 지나 카이로와 나폴리를 거쳐 7월 4일 마르세유에 상륙했다. 요코하마 출항 이래 선상船上 생활만 43일이었다. 유럽에서는 프랑스, 영국, 독일, 이탈리아, 덴마크, 스웨덴, 노르웨이, 오스트리아, 벨기에, 네덜란드, 폴란드 등 열세 나라를 여행했다. 세부 일정을 보면 마르세유에서 출발해 리옹, 파리, 베르사유, 루체른, 융프라우, 제네바를 거쳐 다시 파리로 돌아왔다.

8월 초에는 도버해협을 건너 영국으로 갔다. 영국에서는 런던, 뉴캐슬, 에든버러, 글래스고, 맨체스터, 리버풀을 여행했다. 10월 1일 파리로 돌아온 뒤 브뤼셀, 헤이그, 암스테르담, 로테르담, 베를린, 코펜하겐, 오슬로, 스톡홀름, 베를린, 칼리닌그라드, 바르샤바, 베를린, 드레스덴, 라이프치히, 빈, 프라하, 빈, 베니스를 거쳐 로마에서 1928년 새해를 맞았다. 그리고 나폴리, 폼페이, 피렌체, 밀라노, 니스, 몬테카를로, 칸을 거쳤다. 유럽의 정치 중심지와 역사 명소는 거의 다 들른 셈이다.

1928년 3월 3일 마르세유에서 기선에 오른 일행은 나폴리, 수에즈 운하, 콜롬보, 싱가포르, 상해 등 올 때의 역순으로 귀국길에 나서 4월 9일 고베에 도착했다. 영친왕의 유럽 여행은 간간이 신

1928년 고베항에서 이은 | 왼쪽에서 세 번째부터 이은, 이방자, 덕혜옹주다.

문에 보도됐다. '아라비아만 아덴에 도착했다', '제네바에 도착했다', '영국에서 훈장을 받았다'(〈창덕궁전하께, 대영제국훈장〉, 《조선일보》 1927년 10월 3일) '마르세유에서 귀국 배에 올랐다'(〈구주어순유 중歐洲御巡遊中 왕전하귀정王殿下歸程〉, 《조선일보》 1928년 3월 5일) 등과 같은 대부분 간략한 단신이었다.

일본 위세에 유럽 군주들 환대

1927년 시작한 영친왕의 유럽 시찰은 비공식 방문이었다. 역사 유적지는 물론 박물관, 미술관, 콘서트홀과 대학, 병원 등을 찾아다녔다. 하지만 공식 방문 못잖은 융숭한 대접을 받았다. 가는 곳마다 일본 대사를 비롯한 외교관이 나와 영접하고 안내했다. 제네 바를 방문했을 때는 군축회의 대표로 파견된 사이토 마코토齋藤實 조선 총독이 영친왕을 맞았다.

유럽 군주들도 영친왕을 깍듯이 예우했다. 제1차 세계대전 전 승국인 일본이 서구 열강과 맞먹는 대접을 받을 때였다. 게다가 영친왕은 메이지 일왕 조카인 나시모토梨本宮의 장녀와 결혼한 일 본 왕족이기도 했다. 영친왕은 영국 왕, 벨기에 황제, 네덜란드 여왕, 덴마크 황제, 노르웨이 황제와 만나 그 나라 최고훈장을 받 기도 했다. 프랑스 대통령으로부터도 레지옹 도뇌르 훈장을 받 았다.

그해 11월 오슬로에서는 남극을 정복한 탐험가 로알 아문센을 만났다. 1911년 인류 최초로 남극점을 다녀온 아문센은 1926년 5 월 비행선으로 북극을 횡단하기도 했다. 아문센을 초대한 영친왕 은 그가 북극 탐험 때 가지고 간 에스키모의 가구와 어구, 의복 등 을 구경했다. 아문센은 영친왕을 만난 이듬해인 1928년 6월, 북극 점을 탐험하러 간 이탈리아 원정대를 구하러 떠났다가 돌아오지 못했다.

'일본 왕족이 아니라 한국의 황태자라고 선언하라'

영친왕은 아문센을 만나기 전인 1927년 10월 25일 헤이그를 방 문해 1주일간 머물렀다. 일본이 외교권을 빼앗은 을사보호조약의 불법성을 폭로하기 위해 이준 열사 일행이 방문한 지 꼭 20년 만이었다. 밀사 일행과 달리, 영친왕 부부는 극진한 대접을 받았다. 네덜란드 빌헬미나 여왕이 궁중 만찬에 초대해 최고 훈장을 주면서 환영했다. 시노다는 〈수행일기〉에 이렇게 썼다. "화란 황실이 우리 황실에 대한 친밀한 감정도 엿볼 수 있어 대단히 감사하다."

영친왕 일행은 〈진주 귀고리 소녀〉로 유명한 마우리츠하위스 미술관를 둘러보고 스헤베닝언 해변 산책도 했다. 1907년 만국평화회의가 열린 평화궁Peace Palace도 참관했다. 이준 열사가 그토록 들어가고 싶었던 곳이었다. 영친왕의 감회는 어땠을까.

헤이그 체류 마지막 날 영친왕이 묵은 호텔에 어떤 조선인이 찾아와 면회를 요청했다고 한다. 이방자 여사가 훗날《세월이여 왕조여》에 남긴 회고다. 시노다 차관은 옥신각신 하다가 그를 돌려보냈다. 영친왕이 불러서 경위를 물었더니 폴란드에서 한약방을 하는 황 씨라는 조선인이 인삼이 든 약상자를 주러왔다고 해 상자만 받았다는 것이다. 시노다는 한약이 든 약상자만 보여줬는데, 실은 한약 말고도 흰 종이에 쓴 건백서가 있었다는 것이다.

"전하여! 전하께서 구라파를 순유하시면서 각국 원수들과 친교를 맺으심은 경하할 일이오나, 한국 왕실이나 한국의 실재를 표시하지 않는 것은 심히 유감된 바입니다. 전하가 만일 고종 황제께서 한일보호조약을 무효로 만들고자 밀사를 일부러 헤이그에 보내셨던 사실을 잊지 않으셨다면 …" 따끔한 쓴 소리로 시작한

이 건백서는 헤이그 밀사를 언급하면서 영친왕에게 '나는 일본 왕족이 아니고 한국의 황태자라는 것을 명확하게 선언하라'고 요청했다고 한다.

훗날 영친왕 부부는 시노다가 건백서를 감춰버려 그런 사실을 몰랐다고 변명했다. 이방자는 시노다 일기에 이런 내용이 나온다고 했는데, 시노다가 1928년 출간한 〈수행일기〉에는 그런 사실이 없다. 시노다는 그 후 이왕직 장관과 경성제대 총장까지 지낸 인물이다. 그가 일제 시기 이런 내용을 공개했을 가능성은 희박하다. 하지만 개인 메모에는 이런 기록을 남겼을 수 있다. 이방자 여사 회고는 자료 없이 기억으로만 만들어내기 어려울 만큼 구체적이기 때문이다.

영친왕의 유럽 여행은 그보다 한 달 뒤 시베리아 횡단열차를 타고 떠난 나혜석 부부의 여행과도 여러모로 비교된다. 나혜석, 김우영 부부는 그해 8월 군축회담이 진행 중이던 제네바에서 영친왕이 참석한 만찬에 연 이틀 초대 받아 자리를 함께했다.

그간 영친왕의 유럽 여행을 주목한 연구는 거의 없다. 일본은 무슨 이유로 외교 자원을 낭비하며 영친왕의 호화 여행을 지원했을까. 일본 외교관들의 세심한 안내와 유럽 군주들의 극진한 환대를 받으면서 여행을 즐긴 영친왕을 어떻게 봐야 할까. 여행 직후인 1928년 이왕직과 시노다가 약속이나 한 듯 공적, 사적 '순유巡遊' 기록을 출판한 이유는 뭘까. 국립중앙도서관 홈페이지에서 전자 문서로 열람할 수 있는 이 기록물을 찬찬히 뜯어보면 해답의 실마리가 나올지도 모른다. 무엇보다 그는 1년 가까운 유럽 여행에서 무엇을 얻었을까.

☞ 참고 자료

〈창덕궁 양전하昌德宮兩殿下 4월 5일 환어四月五日還御〉, 《조선일보》 1927년 3월 12일.
시노다 지사쿠, 《구주어유수행일기歐洲御遊隨行日記》, 大阪屋號書店, 1928년.
이왕직, 《이왕동비양전하 어도구일지李王同妃兩殿下 御渡歐日誌》, 1928년.

김을한, 《인간 영친왕》, 탐구당, 1981년.
이방자, 《지나온 세월》, 여원사, 1967년.
_____, 《세월이여 왕조여》, 정음사, 1985년.
송우혜, 《평민이 된 이은의 천하》, 푸른역사, 2012년.

"가면을 쓴 남성들에게 보냅니다", 쏟아지는 여성의 목소리

〈가면을 쓴 남성들에게 보냅니다〉라는 도발적인 제목의 글이 신문에 실렸다. 1929년 10월 30일 자《조선일보》'가정부인면', 요즘 말로 '가정면' 기사였다. "경성 이○숙"이라고 밝힌 필자는 인텔리 남성들을 향해 "왜 우리 여자들의 부르짖고 나오는 길을 그다지도 방해하고 있습니까"라고 호소했다.

"우리 조선 여자가 해방을 얻자면, 먼저 조선이란 조건 밑에서 신음하는 남자들과 약속하지 않으면 아니 되겠다 하여 남자들과 한 자리에 나아가려 하면 당신들은 한 동지로서의 교훈이나 지도를 주지 않고 의례히 첫 교제 수단으로 자기들이 가지고 있는 모─든 수단을 써가며 아직 사회적 훈련이 적은 우리 여성에게 호

기심이나 사게 하고 성적性的 XX을 얻기 위하여 감언이설로 교제하는 것이 아닙니까. 그리하여 자기의 요구에 불응하거나 하면 무슨 원수를 대하는 듯한 태도를 취하며 그렇지 않으면 무슨 좋은 장난감이나 얻은 듯이-처음 만날 때에 부르짖던 자유 평등은 자

취도 없이 사라져 버리지 않습니까?"

소위 배웠다는 인텔리 남성의 이중성을 적나라하게 고발하는 글이었다. 필자는 "물론 이러한 가면을 쓴 남자들에게 장난감 노릇을 당하는 우리 여성 자체의 잘못도 없다는 것은 아닙니다"면서도 여성들이 고분고분 따르지 않으면 "모성을 무시하느니, 처녀미를 존중치 않느니, 사회에 풍기를 문란케 하느니 하는 역선전을 하지 않습니까"라고 공박했다.

이 글은 《조선일보》가 1929년 9월부터 연말까지 진행한 '부인공개장' 기획의 일부였다. 《조선일보》 1929년 8월 23일 자에 〈부인공개장 모집〉이란 학예부學藝部(요즘의 문화부) 명의 사고社告가 실렸다. 여성 독자를 상대로 투고를 공개 모집하는 내용이었다. "아내의 남편에 대한 불평, 딸이 되어서 아버지에 대하여 간하고 싶은 말, 또는 자기 혼자만 알고 차마 발표하지 못했던 사정, 꼭 여러 사람에게 한 번 발표를 하지 않고는 견딜 수 없는 분한 일, 갑갑한 하소연이며 속상하는 사정 기타를 본란으로 적어 보내십시오."

불평등한 결혼제도에 대한 불만 많아

구시대적 차별과 억압 아래 있는 여성에게 터놓고 이야기할 기회를 주자는 취지였다. '순 조선 글로 알기 쉽게 쓸 것' '다른 사람의 명예나 인신을 공격하지 말 것' 등의 주의사항과 함께 신문에는 익명으로 나가도 주소와 성명은 신문사에는 꼭 적어 보낼 것을 요구했다. 무분별한 비난을 막고, 글의 신뢰를 높이기 위한 조치였다. 8월 31일까지 매일같이 사고가 실렸다.

하루에 수십 통씩 투고가 쏟아졌다. 첫 회인 9월 3일에는 전남 고흥읍에 사는 김봉자란 여성의 글이 실렸다. 〈아버님! 반성해주십시오〉라는 제목의 이 글은 부모로부터 원치 않는 결혼을 강요받는 미혼 여성의 고민을 담았다. 다른 사람을 사랑하고 있는데, "부모의 몰이해로 이처럼 괴로움을 받는 이가 세상에 또 있겠습니까"라고 호소했다. 〈림○갑 씨에게 울며 충고합니다〉(《조선일보》 1929년 9월 4일), 〈하와이에 계신 P오빠께 올립니다〉(《조선일보》 1929년 9월 5일), 〈나를 버리고 간 변심한 남편에게〉(《조선일보》 1929년 9월 6일)처럼 술 취한 남편의 폭력이나 외도, 빈곤에 시달린다는 하소연이 이어졌는데 불평등한 결혼제도에 대한 고발이 가장 많았다. 11월 8일 자에 실린 영흥 김○영의 〈이런 억울한 일이 어디 또 있겠습니까〉는 어린 남편에게 시집갔다가 남편이 도시로 유학가면서 시집에서 쫓겨난 열여덟 살 여성의 하소연이었다. "여자가 글을 읽을 줄 안다는 것과 웃음을 함부로 짓는다는 우스운 조건을 붙이며 두들겨 쫓아내니 약한 여자의 몸이라 할 수 없이 본가에 와 있는 중입니다." 글쓴이는 "이런 세상에 태어난 우리 여자입니다. 얼마나 불쌍하고 애달픈 억울한 사정입니까"라며 글을 끝맺었다.

〈저주하라! 조선의 가정제도를〉(9월 10일), 〈여성의 해방은 건실한 투쟁에 있습니다〉(10월 2일), 〈이러한 남자들은 하루바삐 각

성하라〉(10월 12일) 등 연일 과감한 제목의 기고가 연말까지 줄을 이었다.

여성들의 목소리가 쏟아지자 이번엔 남자들의 의견도 반영하겠다며 '여성에게 보내는 말'의 투고도 모집했다. 〈여성운동보다 먼저 사람이 돼라〉(11월 26일), 〈배웠다는 여성들 정조를 지킵시다〉(12월 6일) 같은 글이 실렸다. 요즘의 인터넷 논쟁과 다를 바 없는 날 선 공방이 오갔다.

'부인공개장' 담당 여기자 윤성상

당시 이 기획을 맡은 이는 학예부에 근무하던 윤성상이었다. 독립운동가 추계 최은희에 이어 《조선일보》에 입사한 두 번째 여기자였다. 도쿄여자고등사범학교를 중퇴한 그는 1928년 주필이던 민세 안재홍 추천으로 입사했다. 윤성상에게 신문사 편집국은 무시무시한 곳이었다. 첫 출근 때 "모든 시선이 험상궂게만 보였고, 무인고도에 닿은 불안을 느꼈다"고 했을 정도였다. 편집국의 유일한 여기자라는 사실이 더 만만치 않았을 것이다.

윤성상은 〈부인공개장을 읽고서〉(《조선일보》 1929년 10월 29일)라는 칼럼에서 "남성에게 받은 학대와 이혼의 선고가 바로 여성 자체의 전 가치가 파멸되는 것은 아닙니다"라며 "사람으로서의, 한 개 여성으로서의 살길을 찾아 새로운 생에 용감히 살아보십시오"라고 조선의 여성들을 격려했다.

훗날 그는 "내가 담당하고 있는 가정란의 초점을 아직도 봉건의 깊은 안방 속에 잠자고 있는 우리 여성들을 위한 계몽에 두어야 한다고 믿었다"고 회고했다.(〈나의 여기자생활 회고〉, 《신문평론》 1965년 4월호) 누군가 앞서간 사람의 분투가 있었기에 오늘이 가능했을 것이다.

☞ 참고 자료

윤성상, 〈부인공개장을 읽고서〉, 《조선일보》 1929년 10월 29일.
〈가면을 쓴 남성들에게 보냅니다〉, 《조선일보》 1929년 10월 30일.
〈이런 억울한 일이 어디 또 있겠습니까〉, 《조선일보》 1929년 11월 8일.

윤성상, 〈나의 여기자생활 회고〉, 《신문평론》 1965년 4월호.

'물 한 모금이 황금처럼 귀해', 일본인 거주 남촌에 수도관 집중

1938년 이태원 주민이 신문에 투고했다. "우리 동리 이태원정町은 턱 앞에는 칠백 리의 긴 물줄 한강이 보기 좋게 놓여 있고, 등 뒤 수철리水鐵里(금호동 일대) 산 등에는 경성부의 대大수원지가 있어 10년 대한大旱이 들더라도 이곳 사람들은 물 걱정은 없으리라고 추측하겠지만, 그러나 이태원의 물난리란 요만조만한 것이 아니다. 8000여 명이나 사는 곳에 우물이 단지 다섯 개밖에 아니되니 물 한 모금이란 이곳에서는 큰 황금같이 귀하다."(〈사막 같은 이태원정에 어느 때나 수도를 시설?〉, 《조선일보》 1938년 9월 21일)

이태원은 경기도 고양군에 속했으나 1936년 4월 경성부로 편입됐다. 경성부 소속이 됐지만 기반 시설은 빈약했다. 특히 식수

이태원 주민이 이태원 식수문제를 고발하는 글을 투고했다. 8000명이 사는 동네에 우물이 다섯 개 밖에 없고, 수돗물도 안 나온다며 '사막 같은 이태원'이라고 썼다. 《조선일보》 1938년 9월 21일.

문제가 심각했다. 8000명이 사는 동네에 우물이 다섯 개밖에 안 된다니 그럴 만했다. 이 주민은 "새벽부터 밤 깊도록 물싸움이 지독하다"면서 "이건 사막이래도 이런 지독한 사막지대는 별로 없을 것"이라고까지 했다. "여기도 경성부 이태원정이라 하니 수도 좀 맛볼 수 없을까요? 수도는 어떤 사람만 먹는 것인가요?"라고 하소연했다.

경성부 조선인 대부분이 식수난

식수난亂은 경성부에 새로 편입된 이태원만의 문제는 아니었다. 경성부의 조선인 주민 대부분이 식수난으로 골머리를 앓았다. 1910년대까지 조선인 대다수는 우물과 강물을 식수원으로 썼다. 1920~30년대는 도시에서 전통적 우물 대신 상수도가 급속도로 전파된 시기였다. 우물은 전염병 온상이자 불결을 상징하는 낡은 시대의 유물로 간주됐다. 수돗물은 찬란한 근대 문명의 상징이었다. 우물물을 길으러 갈 필요 없이 수도꼭지만 틀면 콸콸 깨끗한 물이 흘러나오니 반할 수밖에 없었다.

김영미 국민대 한국역사학과 교수에 따르면, 상수도 보급은 1920년 대규모 콜레라 유행이 중요한 계기가 됐다. 그해 경성부민 전염병 사망자 중 조선인은 983명이나 됐다. 일본인도 266명이 죽었다. 동네마다 자위自衛 방역단이 생겼을 정도로 위생과 방역이 우선순위로 떠올랐다.

문제는 행정을 책임진 경성부가 일본인 지역(남촌) 위주로 상수도 배관을 설치했다는 점이다. "일본인촌村인 남부는 경성부에서 가설한 수도선이 지주망蜘蛛網(거미줄)같이 얽혀 있으나, 조선인촌인 북부 경성은 전항에 말한 바와 같이 몇 개의 간선뿐이므로 대개는 우물물을 먹게 되어 여름이면 전염병을 예방할 도리가 없는데 …."(〈경성 수도는 남부 전용물, 조선인은 불과 2할〉,《조선일보》1926년 12월 28일) 기사에 따르면, 1926년 11월 수돗물을 먹는 경성의 일본인은 7만 5166명으로 전체 일본인의 85퍼센트인데 반해, 조선인은 6만 3456명으로 전체 조선인의 29퍼센트밖에 안 된다고 비판하고 있다.

5년이 지난 1931년에도 상황은 비슷했다. 경성부에서 수도를 쓰는 가구는 조선인 1만 6366호(전체 5만 1000호), 일본인 2만 1820호(전체 2만 2000호)로, 일본인은 거의 전원이 수돗물을 쓰는 반면, 조선인은 약 32퍼센트만 수돗물을 이용했다.(〈부내府內 수도 사용 조선인 4할, 일본인은 거의 전수全數〉,《조선일보》1931년 3월 13일)

경성부는 일본인 거주 지역인 남부 경성을 위주로 상수도를 설치했다. 이 기사는 일본인 대부분은 수돗물을 사용하는데 조선인은 29퍼센트만 사용하는 점을 지적하고 있다. 《조선일보》 1926년 12월 28일.

신문들은 이런 기사를 지속적으로 내보내면서 일제의 민족 차별을 비판했다.

경성부의 수도 계량제, 가난한 조선인들 우물물로 내몰아

조선인이 위생적인 수돗물에 접근할 수 있는 기회를 제한한 요인은 또 있다. 1924년 9월 1일 경성부는 사용량에 따라 수도 요금을 부과하는 미터제를 실시했다. 그러자 수돗물을 얻어먹던 조선인 빈민들은 우물물로 다시 내몰릴 수밖에 없었다.(〈경성 수도 즉매제 即賣制로 위협된 시민 위생〉, 《조선일보》 1924년 10월 3일)

"남의 행랑에 있는 사람으로 종전에 주인집의 열쇠를 빌려서 물을 다소간 얻어먹고 살던 사람들은 대타격을 만나서 '한 지게에 오 리씩' 하는 물이나마 사먹을 수가 없는 형편임으로 잡용에 사용하려고 파놓은 우물井水로 기어들게 되었는데, 경성에 있는 '우물'은 어떠한 것임을 불구하고 모두 불결할 뿐만 아니라 수질에 매우 해독이 많은 까닭으로 그 물을 먹는 사람들 중에는 병에 걸리어 신고하는 사람도 있다 하여 그의 자세한 수효는 알 수 없으나 어떻든 우물물을 먹는 사람이 많이 있게 된 것은 사실 …."(〈위험한 정수井水 사용〉, 《조선일보》 1924년 10월 3일)

경성부의 수도 계량제에 대한 비판은 거셌다. 행정 당국이 어떻게 주민을 상대로 돈벌이를 할 수 있느냐며 추궁했다. "경제학상의 소위 자유화自由貨에 속하는 물은 경성에 있어서 가장 부자유한 고가의 상품이 되고 말았다"고 시작한 한 신문 사설은 '수도 계량제 실시 후 매일 살풍경한 수도의 소동이 끊일 새 없다'고 지적했다. 영세민이 비위생적인 우물물을 먹을 수밖에 없도록 내몰았다면서 곧 닥치는 김장철에 얼마나 큰 부민의 고통이 있을지 "당국자는 아는가, 모르는가"라고 호통쳤다.(〈경성 수도 공황〉, 《조선일보》 1924년 10월 23일)

수도 계량제 탓에 깨끗하지 않은 우물물을 먹는 조선인이 늘어나자 경성부 당국자도 걱정할 정도였다. "▲경성부에서 수도를 인계하여 간 뒤로 계량제를 실시하더니 그 뒤로는 물을 얻어먹기가 어찌 어려운지 우물물을 먹는 이가 늘었다 한다. ▲그런데 음료수에 적당하지 못한 물을 먹는 곳이 있어 위생상에 큰 염려일뿐 아니라 전염병 환자가 늘어가는 원인이 거기에 있는 것 같다고 경성부 위생과장은 말하였다 한다."(〈잔소리〉,《조선일보》1924년 9월 5일)

미터제로 바꾼 경성의 수도 요금은 동양 최고라는 말이 나올만큼 비쌌다. 대구, 원산보다 10퍼센트 더 비싼 것은 물론 일본의 각 도시보다 30~40퍼센트나 비쌌다고 한다.(〈경성의 수도 요금은 동양 제일의 고가〉,《조선일보》1927년 2월 18일) 그나마 급수 제한과 단수가 연중행사처럼 발생했다. 이 때문에 요금인하운동 얘기도 심심찮게 나왔다. 하지만 당국자들은 수원지水源地 유지비가 비싸기 때문에 요금을 내릴 수 없다는 말만 되풀이했다.

공짜나 다름없는 우물물 대신 비싼 수돗물을 사먹게 된 데는 총독부의 무능한 행정 탓도 컸다. 도시 팽창에 따른 하수도 시설 정비에 재원을 투자하지 않아 우물이 오염됐기 때문이다. 인구는 급증하는데 분변糞便이나 생활하수를 제대로 처리하지 않고 개천이나 강물에 흘려보내면서 오염이 심각해졌다.

게다가 경성의 수돗물에서조차 벌레나 불순물이 나오기 일쑤였다. "경성부의 수도는 여름마다 지렁이가 나오느니, 또 무슨 이름 모를 물벌레며 모래 같은 것이 나온다고 하야 말썽을 일으키고 있는데, 더구나 그것이 전염병도시라는 별명을 듣고 있느니만치 수도에 대해서는 일반 시민의 신경이 날카로워서 적지 않은 불안과 의심을 가지고 있다고 보도할 정도였다."(〈경성 수도망에 이상〉, 《조선일보》 1936년 3월 7일) 100여 년 전 '근대의 총아' 수돗물이 일으킨 파란이었다.

☞ 참고 자료

〈잔소리〉, 《조선일보》 1924년 9월 5일.
〈위험한 정수井水 사용〉, 《조선일보》 1924년 10월 3일.
〈경성 수도 즉매제卽賣制로 위협된 시민 위생〉, 《조선일보》 1924년 10월 3일.
〈경성 수도 공황〉, 《조선일보》 1924년 10월 23일.
〈경성 수도는 남부 전용물, 조선인은 불과 2할〉, 《조선일보》 1926년 12월 28일.
〈경성의 수도 요금은 동양 제일의 고가〉, 《조선일보》 1927년 2월 18일.
〈부내府內 수도 사용 조선인 4할, 일본인은 거의 전수全數〉, 《조선일보》 1931년 3월 13일.
〈경성 수도망에 이상〉, 《조선일보》 1936년 3월 7일.
〈사막 같은 이태원정에 어느 때나 수도를 시설?〉, 《조선일보》 1938년 9월 21일.

김백영, 《지배와 공간: 식민지도시 경성과 제국 일본》, 문학과지성사, 2009년.
김영미, 〈일제 시기 도시의 상수도 문제와 공공성〉, 《식민지 공공성-실체와 은유의 거리》, 책과함께, 2010년.

'먹을 게 없는데 자식만 자꾸 낳으면', 조선을 달군 '산아제한' 논쟁

"산아제한이 가可하다 부否하다 함은 전 세계의 문제가 학자 간에 여러 가지 토론이 되는 중대문제인 바, 이에 대하야 서울청년회에서는 오는 16일 오후 8시에 종로 청년회관에서 산아제한에 대하여 남녀 연합으로 토론회를 개최할 터이라는데, 이것은 원래 문제부터 중대함으로 일반은 많이 와서 듣기를 바란다더라."(〈산아제한의 남녀연합대토론〉, 《조선일보》 1924년 9월 11일)

100년 전 경성에서 '산아제한'을 둘러싼 토론회가 열렸다. 서울청년회가 주최한 이 토론회에서 사회주의 논객 신일용이 찬성, 조봉암이 반대 입장에서 논쟁을 펼쳤다. 당시 '산아제한'이 뜨거운 이슈였다는 사실이 의아할지 모르겠다. 하지만 신문, 잡지에는 산아제한을 소개하는 기사가 수시로 실리고, 청년, 사회 단체마다 찬반 토론회가 열렸다.

산아제한론은 1920~30년대 세계적인 이슈였다. 인구 증가 속도가 식량 생산 속도를 앞질러 인류 멸망을 초래할지도 모른다는 맬서스주의, 우등한 인구를 늘리고 열등한 인구를 줄이자는 우생학의 대두, 임신과 출산에 관한 성적 자기결정권을 내세운 여성주의까지 뒤섞이면서 '산아제한'이 사회적으로 관심도가 높은 주제가 됐다.

한, 중, 일 방문한 산아제한론자 마가렛 생어

1922년 3월, 산아제한론으로 유명한 미국 사회운동가 마가렛 생어가 일본과 중국을 방문하면서 논쟁의 불씨를 키웠다. 메이지유신 이래로 부국강병을 추구하면서 출산 장려를 국책으로 추진해 온 일본은 당초 생어의 입국을 거부했으나 여론에 밀려 공개 강연 금지를 조건으로 입국을 허용했다. 그의 방문은 동아시아에 산아제한론을 널리 알리는 계기가 됐다.

마가렛 생어 | 1922년 무렵의 마가렛 생어. 간호사 출신으로 산아제한운동에 뛰어든 생어의 방문으로 조선을 비롯한 중국과 일본에서도 산아제한 찬반 논쟁이 벌어졌다.

생어는 도쿄와 교토, 요코하마에

서 의사 및 전문가를 대상으로 산아제한을 주제로 열다섯 차례 강연회를 가졌다. 그는 북경, 상해, 홍콩 등에서도 '산아제한'을 주장했다. 중국 신문화운동 기수였던 채원배蔡元培(차이위안페이)와 호적胡適(후스)의 지원으로 북경대에서 열린 강연에는 2000명 넘는 청중이 몰렸다. 생어는 북경대 교수였던 호적이 통역한 이 강연에서 "현재 시급히 과학적 산아제한법을 사용하여 우량한 인종을 양성하고, 양호한 아동을 출산해야 한다"고 주장했다.

생어는 중국 가는 길에 조선에도 들렀다. 관부연락선을 타고 현해탄을 건넌 생어는 4월 5일 밤 부산 철도호텔에 묵었다. "신문기자와 직접 면담하는 게 자유롭지 못하다"면서도 호텔로 찾아간 기자와 인터뷰까지 했다.(〈구속 많던 일본을 이離하야〉, 《동아일보》 1922년 4월 7일) 《매일신보》는 생어가 4월 7일 낮 경성식당에서 경성 주재 외국 부인들을 상대로 '산아제한강연'을 한다는 기사까지 내보냈다.

생어는 이 땅에서도 이미 유명인이었다. 1921년 6월에 그의 이름으로 〈정욕, 산아제한의 철학〉이라는 제목의 글이 실렸을 정도였다.(《조선일보》 1921년 6월 2일, 4일) '산아제한'은 신문 사설에도 등장했다. 사설은 "부유계급의 여성들이 산아의 고통과 육아의 번잡을 피키 위하야" "교육비와 생계비에 고통받는 빈민계급이 생계상 불가피의 요구"로 산아제한을 한다면서 "인문진화와 자본주의의 발달에 의한 동작계급의 생활고에 수반되는 필연적 욕구요, 필연적 결과라 하지 아니할 수 없다"고 썼다.(〈산아제한과 산아

장려),《조선일보》1927년 7월 14일)

　계속해서 산아제한과 산아장려가 아직 조선에서 중대한 문제가 되지 않는 것 같이 보이지만 "'조선봉사祖先奉祀'가 인자人者의 가장 중대한 직책이 되고 '무후無後'가 부녀의 최대 악덕이 되던 전통적 윤리관이 완전히 폐기되고 거대한 외래 재정자본의 지배하에 재래의 가족제도와 사회제도가 급격히 파괴됨에 따라 이 문제는 더욱 더욱 중대화될 것이고"라고 전망했다.

민족 역량 강화와 여성 해방 위해 필요

1935년, 당시 경성제대 의학부 병리학실에 있던 이재곤은 민족 역량 강화와 여성 해방을 위해 다산을 막는 산아제한을 주장했다. "현금 조선의 경제 상태는 극도로 쇠퇴하야 비참한 운명에 이르러 있다. 대부분의 동포들은 먹을 것이 없어서 영양불량증에 걸리어 있는 듯싶다. 내일 양식이 없는 현실에 있어서 자손만을 자꾸 산출한다 하면 그 말로는 어떻게 되나." 계속해서 "생산을 적게 하여 우수한 자손을 산출하도록 하고 사망자 수를 적게 하여 인구의 증가를 도모해야 한다"고 했다. 이어 여성 권익 향상을 위한 산아제한을 내세운다. "현대까지 사회는 남성적 독무대였다. 그러나 이후는 여성문화의 부흥 시대인 만큼 여자의 해방은 무엇보다도 필요한 선결문제이다. 이 문제를 해결하려면 여자로 하야 자손만을 많이 낳아서 모든 정력을 육아에 집중시키게 하지 말고

경성제대 의학부 병리학실의 이재곤은 1935년 산아제한론의 역사와 필요성을 주장하는 글을 네 차례 《조선일보》에 실었다. 《조선일보》 1935년 2월 23일.

자기의 수양도 하도록 부인의 지위의 향상을 사회적으로 도모하여 주어야 한다."(이상 〈산아조절사상의 과거와 현재와 장래〉 3, 《조선일보》 1935년 2월 26일)

우수한 자손을 낳아 잘 키우자는 '우생학'에 대해 당시 사회가 호의적 분위기였음을 알 수 있다. 문제는 이런 우생학적 사고가 유전병, 정신질환자, 장애인에 대한 단종斷種으로까지 이어진다는 사실이다. 일본 의회는 1939년 단종법을 통과시켰다. 조선에서도 1930년대 한센인에 대한 강제불임정책이 시행되기도 했다.

윤치호, 여운형, 이광수, 현상윤 등의 조선우생협회 창립

우생학은 1930년대 조선에서 과학이자 사회운동으로 받아들여졌다. 1933년 9월 윤치호, 여운형, 유억겸, 주요한, 김성수, 이광수, 현상윤 등 그 당시 저명한 지식인 85명이 조선우생협회를 결성하고, 잡지 《우생》을 출간했다. 전국 곳곳에서 강연회, 토론회를 열어 결혼과 임신, 출산을 우등한 유전 인자에게 유리한 쪽으로 선택하고 통제해야 한다고 주장했다. 구체적으로 정신병자, 정신박약자, 유전성 맹인, 농인을 도태시켜야 한다는 주장을 폈다. 나치의 우생학을 연상시키는 논리였다. 우생협회를 이끈 인물은 경성의전을 졸업하고 독일 베를린대에서 유학한 이갑수였는데, 우생협회 발기인 85명중 25명이 의사였다. 과학을 만능으로 여기던 시대의 아이러니였다.

☞ 참고 자료

〈정욕, 산아제한의 철학〉, 《조선일보》 1921년 6월 2일, 4일.
〈구속 많던 일본을 이(離)하야〉, 《동아일보》 1922년 4월 7일.
〈산아제한의 남녀연합대토론〉, 《조선일보》 1924년 9월 11일.
〈산아제한과 산아장려〉, 《조선일보》 1927년 7월 14일.
〈산아조절사상의 과거와 현재와 장래〉 3, 《조선일보》 1935년 2월 26일.

유연실, 〈근대 동아시아 마거릿 생어의 산아제한 담론 수용: 1922년 마거릿 생어의 중·일 방문을 중심으로〉, 《중국사연구》 109, 2017년.
이영아, 〈식민지기 여성의 몸에 대한 우생학적 시선의 중층성〉, 《사회와 역사》 제135집, 2022년 가을.

음울한 탑골공원, 무산계급의 '호텔', 1925년 경성의 밤거리를 가다

1925년 여름 경성 거리는 흉흉했다. 7월 15일부터 나흘간 500밀리미터에 가까운 폭우가 쏟아져 한강 제방둑이 무너졌다. 강물은 용산을 거쳐 남대문 앞까지 밀려올 정도였다. 충청, 영남, 호남 지방도 온통 물난리였다. 8월 초까지 그랬다.

100년 전 '경성의 밤'을 르포한 기획기사가 이때 나왔다. 사람 넘치는 종로 야시장과 쓸쓸한 탑골공원, 하룻밤 5전짜리 노동 숙박소, 하늘을 이불 삼아 잠을 청하는 광화문, 대한문, 종묘 앞의 노숙자, 자유 잃은 서대문형무소 수인囚人 등 경성 주민들의 애환의 현장을 찾아간 〈夜경성순례기〉(《조선일보》 1925년 8월 23일~9월 2일, 총 8회)였다.

신사, 기생, 할멈, 아씨… 남녀 노유의 活劇

"조그마한 가게를 가운데 두고 앞뒤로는 수많은 군중이 질서 없이 오고 가고 한다. 자유로이 걸음을 옮길 수 없을 만치 어깨가 서로 부닥치고 손과 손이 마주치곤 한다. 땀 냄새와 향내는 섞이어 코를 찌른다."(〈신사, 기생, 아씨, 할멈… 인물 진열의 야시장〉,《조선일보》1925년 8월 23일)

여름 밤 전등 불 밝힌 종로 야시장에서는 남녀학생은 물론, 아이 데리고 나온 할머니, 어멈 데리고 나온 젊은 아씨, 망건 갓에 꼬부랑 지팡이를 끄는 시골 첨지, 건달패, 기생, 신사가 뒤섞여 인파를 이뤘다. '시장'이라기보다 '사람 구경터'였다.

갑자기 풍악 소리가 천둥치듯 들린다. 극장 우미관 스피커에서 흘러나오는 소리였다. 명탐정이 악한들을 추격하는 장면이다. "싸구려, 싸구려" 하고 악쓰듯 물건 파는 상인 소리가 섞였다. 한 곳에서는 구경꾼이 서너 겹 둘러싼 가운데 합창 소리가 들린다. '창가唱歌 책'을 선전하는 거리 이벤트다.

"이렇게 장안 한복판 제일 큰 거리에서는 밤새로 한 시 두 시가 지나기까지 남녀노유의 자유등장의 활극이 연출되니 이것이 경성 밤 무대의 1막이다"라고 르포의 첫 기사는 시작했다.

음울한 탑골공원, 평화로운 장충단공원

다음은 탑골공원이다. 6년 전인 1919년, '독립만세' 함성이 넘치던 곳이다. "풀죽은 모시두루마기에 먼지 오른 갓을 쓰고 발에는 고무신을 신은 사십 가량 되어 보이는 사오 인의 노인이 무엇인지 수군수군하면서 공원 쪽으로 들어간다."(〈젊은 청춘이 모여드는 안식과 정적의 공원〉, 《조선일보》 1925년 8월 25일) '사십 가량 되어 보이는

탑골공원의 밤을 묘사한 기사로 "남산 밑 공원에서는 웃음소리, 그러나 탑골공원에서는 음울한 기분"이라는 글이 보인다. 《조선일보》 1925년 8월 25일.

노인'이라 했으니 당시에 마흔은 노인 축에 들었던 모양이다.

"어두침침한 숲 아래 벤치에 한가한 듯이 걸터앉아 부채로 손 장단을 치며 '가레스스끼' '가고노도리' 등 유행 창가를 얕은 목소리로 부르고 있는 학생 비슷한 청년들이 둘씩 셋씩 짝을 지어 구석구석 벤치를 찾아 앉는다. 육모정에는 빈틈없이 노동자 여러분이 늦지도 않은 밤에 코를 골고 맨바닥에 누워 있다"에서 탑골공원의 분위기를 느낄 수 있다.

남산 아래 일본인이 많이 오는 장충단공원은 탑골공원과 대조적이다. "우거진 숲 사이로 전등은 비친다. 연못을 둘러싼 버드나무는 지나가는 부드러운 바람에 살랑살랑 춤을 춘다. 연못 건너편 언덕에는 수박등을 난간에 보기 좋게 달아놓은 찻집이 있고 그 안에는 서늘하게도 차린 일본 젊은 남녀들이 웃고 즐긴다." 공원의 밤이 깊어 갈수록 '기쁨과 평화와 안식이 점점 무르녹아' 간다.

이렇게 "장안의 밤을 장식하는 공원도 이리하야 완연히 두 갈래"로 갈리었다. 식민 통치의 허구가 이렇게 민낯으로 완연히 드러났다.

무산 계급의 '호텔', 5전짜리 숙소

"돈 있는 사람의 밤 서울은 향락의 꿈터요, 환희의 궁전이 되겠으나 돈 없는 사람의 밤 서울은 한숨의 거친들이 되고 괴로움의 구렁이 될 것이다."

종로 북쪽 일본 정토종 산하 화광교원이 운영하는 노동자 숙박소는 하루 숙박료가 5전이었다. 설렁탕 한 그릇이 15전 하던 시절이었으니 저렴한 숙소였다. 《조선일보》 1925년 8월 28일.

기자는 하층민의 잠자리를 찾아간다. 종로 북쪽 일본 정토종 산하 화광교원和光敎園이 운영하는 노동자 숙박소였다. 르포 제목은 〈무산계급의 '호텔', 1야一夜 숙박료 오전야五錢也〉였다.(《조선일보》 1925년 8월 28일) 제목처럼 숙박료가 5전으로 설렁탕 한 그릇에 15전쯤 하던 시절이었으니 저렴한 편이었다.

"온 종일 주림을 참아가며 비지땀 흘려 벌어온 이삼십 전의 삯 전을 움켜쥐고 이곳을 찾아들어 양쌀밥 강조밥으로 겨우겨우 소 리치는 뱃속을 단속한 후 지친 몸을 방 한구석에 끼어두면 빈대, 모기, 벼룩 등의 물것들이 다시 크게 습격하야 더위와 함께 그들 의 단 꿈을 깨뜨리고 만다." '악취가 코를 찌르고 좁기는 관속과 같은 더러운 방'이었다. 근처 단성사에서 들리는 환성과 박수 소 리까지 귀를 자극했다. 기자는 물었다. "세상의 사람들아! 아는 가? 모르는가? 이리하야 날마다 달마다 설움의 밤 서울은 깊어 가고 밝아가는 것이다."

'하늘을 이불 삼아 대지 위에 잠자는' 노숙 가족

'하룻밤 숙박료 5전'이 없어 남의 처마 밑, 굴뚝 옆 신세를 지는 빈 민도 수두룩했다. 밤 9시만 되면 경성 시내에 가장 너른 광화문통 좌우, 대한문 앞, 권농동 성벽 아래, 종묘 대문 앞에 부모처자까지 거느린 가족이나 단신 노숙자들이 모여들었다. "찌는 듯한 더위 에 온종일 땀을 흘려서 땀에 절고 또 피폐한 의복은 몸에 달라붙 어서 냄새만 나고 온종일 돌아다녀도 저녁거리를 못 얻어서 조밥 한 술도 못 얻어먹고 …."

깔 것도, 덮을 것도 없이 맨 땅위에 누웠다. "습기는 파리한 몸 을 음습하고 깊은 밤 축축이 내리는 여름 이슬은 온 몸을 적시운 다." 살 길이 막연하니 죽겠다는 생각도 했을 것이다. 하지만 "그

누워 있는 늙은 부모와 어린 처자를 보고 끝없는 한 숨을 쉬며 세상의 불공평을 원망하고 그 밤을 새우고 말뿐이다.”(〈하늘로 이불을 삼고 대지 위에 잠자는 사람〉, 《조선일보》 1925년 9월 2일)

경성의 밤 르포는 서대문형무소와 윤락가 등 도시의 이면을 샅샅이 훑으며 사진까지 실었다. '인육시장人肉市場'이란 극한 표현까지 써가며 윤락가를 '문명한 도시의 암흑면暗黑面'이라고 비판했다. '모던 경성'의 그림자였다.

☞ 참고 자료

〈신사, 기생, 아씨, 할멈… 인물 진열의 야시장〉, 《조선일보》 1925년 8월 23일.
〈젊은 청춘이 모여드는 안식과 정적의 공원〉, 《조선일보》 1925년 8월 25일.
〈무산계급의 '호텔', 1야 _夜 숙박료 오전야五錢也〉, 《조선일보》 1925년 8월 28일.
〈하늘로 이불을 삼고 대지 위에 잠자는 사람〉, 《조선일보》 1925년 9월 2일.

권력층 개입한 신당리 특혜 분양, 경성을 뒤흔든 토지불하 사건

"경성부가 근대 도시로 발전되어 감을 따라 부익부 빈익빈한 현상이 얼마나 날로 심하여지는지 이삼년 전까지 수천에 불과하던 극빈민이 지금 와서는 동대문서 관내에 있는 빈민만 하여도 거의 일만 이천으로 헤아리게 된 것만 보아도 짐작할 것이다." 1929년 3월 18일 자 《조선일보》 사설 〈경성부 빈민굴〉은 급속한 도시화로 시내에서 밀려난 빈민貧民을 언급했다. 당시 이들을 토막민土幕民이라고도 했는데, 하늘만 겨우 가린 토막집에 산다고 해서 붙은 이름이었다. 사설은 경성부가 주관하는 부영府營 주택과 직업 소개소는 물론 빈민을 대상으로 한 의료 시설을 마련하자는 제안을 한 뒤, "일개인 도덕장島德藏의 토지를 위하여 10만 원을 제공하는 경성부"가 이런 의료시설을 마련치 못할 이유가 있느냐고 따졌다. 당시 총독부 고위층이 연루된 권력형 비리인 신당리(현 신당동) 토지분양 사건 주역을 겨냥한 것이다.

도로 개설까지 약속하고 신당리 15만 평 헐값 분양

시마 도쿠조 | 오사카 부호 시마 도쿠조는 1928년 신당리 토지 15만 평을 헐값(평당 3원 20전)에 분양받아 3년 뒤 평당 15~30원을 받고 팔아넘겼는데, 배후에 그를 비호한 권력이 없었다면 있을 수 없는 일이었다.

이 사설에 나오는 '도덕장'은 오사카 부호 시마 도쿠조를 가리킨다. 100년 전 경성을 떠들썩하게 한 신당리 토지분양 사건의 장본인이다. 시마는 1928년 신당리 토지 15만 평을 헐값(평당 3원 20전)에 분양받았는데 총 대금은 46만 6000원이었다. 서소문과 함께 조선 시대 상여가 나가는 광희문 밖에 자리 잡은 신당리는 공동묘지와 일본인 화장장이 있고, 무당들이 많이 모여 살던 곳이기도 했다. 그런 신당리가 경성이 과밀화되면서 1920년대 주택지 후보로 떠올랐다. 이 노른자위 땅을 일본인 사업가 시마 도쿠조가 차지한 것이다.

경성부는 시마에게 땅을 분양하면서 장충동에서 신당리로 가는 동서도로(현 동호로)와 신당리를 남북으로 가로지르는 도로

(현 다산로)를 1929년 5월 25일까지 개설하기로 약속했다. 땅을 특혜 분양하는 것도 모자라 경성부 예산으로 도로 개설까지 보장한 것이다. 이 도로 개설 예산 9만 9440원이 1929년 예산안에 포함돼 부府 협의회에 올라온 게 앞의 사설이 실린 1929년 3월이었다. 부민들이 낸 세금으로 시마가 사들인 땅에 도로를 개설한다는 소식이 전해지자 여론이 들끓었다.

그 당시 《조선일보》는 〈신당리 토지 문제〉(4월 2일), 〈자승자박의 신당리 토지 문제〉(4월 21일) 등의 사설로 권력형 특혜분양 의혹을 쏟아냈다. "40만 부민府民보다는 일개 도덕島德이 무서운 모양"이라며 경성부를 드러내놓고 조롱하는 기사(〈팔면봉〉, 3월 16일)까지 실렸다. 《조선일보》뿐 아니라 《동아일보》는 물론 일본어 신문 《조선신문》까지 들고일어나 연일 경성부, 그리고 배후의 총독부를 향해 집중 포화를 날렸다. 조선인 빈민들은 열악한 토막에서 굶주리는데, 식민지 조선의 공적 자금까지 쌈짓돈처럼 마음대로 끌어 쓰는 악덕 실업인과 그를 비호한 권력에 대한 반감이 폭발했다.

도둑 연상시키는 '도덕 도로'로 불려

경성부 협의회가 반발하고 여론이 들끓는 바람에 계약 당시 경성부윤이던 마노 세이이치馬野精一가 공개 사죄까지 하는 일이 벌어졌다. 하지만 도로 개설은 예정대로 착공됐다. 시중에서는 이 도로를 '도둑'을 떠올리는 '도덕 도로'라고 불렀다고 한다. 시마는 도로가 거의 완성되었지만 총 대금 46만여 원 중 선금 13만 원만 치르고, 나머지 23만 원(10만원은 어떻게 지불됐는지 불명확하다)을 내지 않고 시간을 끌었다. 경성부윤이 오사카까지 시마를 찾아가 대금 지급과 관련한 담판을 지었으나 성과가 없었다. 시마는 토지를 분양받은 지 2년이 지난 1930년 11월, 신당리 땅을 조선은행에 담보로 잡히고 돈을 빌려, 이듬해 1월에 나머지 대금을 치렀다. 그리고 그는 등기도 하지 않은 신당리 땅을 주택용지로 분할해 평당 15~30원을 받고 팔아넘겼다. 평당 3원 20전에 산 땅이었으니 3년 만에 열 배에 가까운 수익을 남긴 셈이었다.

결국 동양척식주식회사의 계열사인 조선도시경영주식회사가 이 땅을 매입해 주택지 개발 사업을 본격적으로 진행했다. 이후 신당리에는 당시 최고 인기였던 문화주택 단지가 대거 들어섰다.

'시마는 정무총감 정치 자금줄'

당시 《조선일보》 사회부 기자였던 김을한은 회고록 《인생잡기》에서 신당동 토지불하 사건의 내막을 이렇게 소개했다. 야마나시 한조山梨半造 총독이 1927년 12월 부임하면서 2인자 정무총감에 이케가미 시로池上四郎를 발탁했다. 이케가미는 순사 출신으로 오사카 시장까지 한 입지전적인 인물이었다. "그때 소문으로는 이케가미 총감이 오사카 시장으로 있을 때 시마 도쿠조라는 유명한 고리대급업자로부터 정치자금을 많이 얻어 쓴 일이 있었는데 시마는 이케가미가 조선총독부 정무총감이 되자 오랫동안 대어준 정치자금을 받아낼 때는 바로 지금이라고 생각하여 정무총감의 뒤를 쫓아서 서울에 왔으며 이케가미는 그의 나름대로 지금까지 신세진 것을 갚으려고 비밀히 경성부윤 마노에게 부탁해서 장충단 일대의 광대한 부유지를 시마에게 거저 주다시피 한 것이다."

경성부가 시마에게 도로 개설을 약속하거나 경성부윤이 독촉하는데 대금을 납부하지 않고 버틴 데는 그만한 연줄이 있었기 때문이라는 설명이다. 시마 도쿠조는 주식 브로커 출신으로 오사카 주식취인소 이사장(1916), 한신전철 사장(1927), 일본휘발유회장, 상해 취인소 소장, 천진·한구 취인소 이사장 등을 지낸 인물이다. 1937년 배임 횡령 사건으로 징역 5년형을 받고 항소하던 중 병사했다고 한다. 권력형 부패 스캔들 장본인다운 최후였다.

☞ 참고 자료

〈팔면봉〉, 《조선일보》 1929년 3월 16일.
〈경성부 빈민굴〉, 《조선일보》 1929년 3월 18일.
〈신당리 토지 문제〉, 《조선일보》 1929년 4월 2일.
〈자승자박의 신당리 토지 문제〉, 《조선일보》 1929년 4월 21일.

김을한, 《인생잡기》, 일조각, 1956년.
이경아, 《경성의 주택지》, 도서출판 집, 2019년.
최병택, 예지숙, 《경성리포트》, 시공사, 2009년.

5부

모던과 식민의
경계에 선 그들

'일본 육사 출신 독립운동가', 조선인 밀고에 날개 꺾인 이종혁

1935년 겨울, 〈남북 만주로 달리든 이종혁 별세〉라는 제목의 부고 기사 하나가 신문 사회면에 났다.(《조선일보》1935년 12월 19일) 이 종혁이 평북 선천의 한 여관에서 가족도 없이 임종을 맞았다는 내용이었다. "지난 12월 14일 오후 5시 반에 평북 선천읍 동일여 관 쓸쓸한 방 한구석에서 이 세상을 길이 하직하고 저 세상으로 영원히 가버린 가석可惜(몹시 아깝다는 뜻)한 인물이 하나 있으니 그 는 지금으로부터 44년 전 충남 당진에서 출생한 이종혁 씨로 어 려서 현해탄을 건너가 육군사관학교를 졸업한 후 …."

이종혁이 누구인지 기억하는 사람은 드물 것이다. 대한제국 무 관학교 출신인 그는 1909년 9월 학교가 폐교당하자 동료, 선배

이종혁 타계 기사 | 1915년 일본 육사를 졸업한 그는 일제 엘리트 군인의 길을 포기하고 1920년 만주로 망명해 독립군에 투신했다. 1929년 체포된 그는 1934년 4월 출소했으나 이듬해 12월 타계했다. 《조선일보》 1935년 12월 19일.

41명과 함께 관비로 일본 육군사관학교 유학을 떠난 인물이다. 도일 당시만 하더라도 약소국 조선의 부국강병을 꿈꾸며 골간이 되려고 작심한 터였다. 그런데 지킬 나라가 없어졌다. 육사 예비 과정인 도쿄 중앙유년학교 재학 중이던 1910년 8월 경술국치를 맞은 것이다. 집단 자퇴는 물론 집단 자결까지 거론하던 중, 이왕 군사 교육을 배우러 왔으니 배울 것은 다 배운 뒤 중위로 진급하는 날, 다 함께 군복을 벗고 조국 독립에 헌신하자고 뜻을 모았다.

중위 진급 후 만주로 망명

1915년 5월 일본 육군사관학교(제27기)를 졸업한 이종혁은 엘리트 장교로서 탄탄대로를 달릴 수 있었다. 일본군이 1918년 시베리아로 출병할 때 파견돼 상훈賞勳을 받기도 했다.

중위로 진급한 그는 나고야에서 3·1운동 소식을 들었다. 이후 신병을 내세워 예비역으로 편입한 뒤 1920년 전후 만주로 망명했다. 만주의 독립운동 단체 참의부에 들어가기까지 그의 행적은 모호하다. 군벌 마점산 부대의 교관으로 일했고, 장개석의 국민군에 가세한 풍옥상 군대의 참모로도 있었다고도 한다. 1925년 초에는 참의부에 들어간 것으로 보인다. 먼저 만주에서 독립운동을 펼치던 일본 육사 선배 유동열, 지청천 등의 도움이 있었을 것이다.

이종혁은 1927년 대한민국 임시정부 직할 육군 참의부 군사위원장에 오르면서 독립운동 일선을 지켰다. 하지만 1928년 9월 17일 조선인 밀정의 밀고로 선양에서 일본 경찰에 체포돼 국내로 압송됐다. 이종혁은 만주에서 활동하던 당시 마덕창馬德昌이라는 가명을 썼다.(〈참의부 군사장 마덕창 피착〉, 《조선일보》 1928년 11월 8일)

지청천과 독립운동 단체 통합에 관여

참의부 군사위원장(1927년 3월) 취임 이전 시기 이종혁의 활동은 명확하게 밝혀지지 않은 게 많다. 마점산 부대 교관이나 풍옥상 군대 참모로 일하게 된 계기와 구체적 활동 내용도 불확실하다. 흥미로운 건 조선총독부 경무국장이 1925년 10월 5일 일본 외무성에 보낸 비밀보고서(〈鮮匪團 正義府對 新民府 妥協進行 狀況에 關한件〉, 高警 제3543호)다. 이종혁이 만주의 독립운동 단체인 정의부와 신민부 통합에 관여했다는 사실을 보고한 내용이다. 이 보고서는 정의부 군사위원장 지청천(일본 육사 26기)이 1925년 9월 5일 신민부와의 통합 협상대표로 하얼빈에 왔을 때 이종혁(마덕창으로 기재)과 만났고 이종혁은 신민부와의 교섭을 중개한 사람으로 설명했다. 둘은 무관학교 시절부터 일본 육사 졸업까지 함께 수학한 선후배인 데다, 비슷한 시기 망명했기 때문에 가까울 수밖에 없는 사이였다.

일본 제국의 첨병인 육군사관학교 출신 독립운동가 이종혁의 재판은 신문들이 앞다투어 보도했다. 《조선일보》만 해도 〈참의부 군사장 이종혁 공판〉(1929년 2월 7일), 〈참의부 군사장 원심대로 5년 언도〉(1929년 5월 23일), 〈일본군으로 시베리아에 출전, 중국군으로 북벌에 가담〉(1929년 10월 8일), 〈통의군사장 이중위 탈위奪位〉(1929년 12월 22일) 등의 속보를 쏟아냈다. 《동아일보》, 《중외일보》는 물론 총독부 기관지 《매일신보》까지 이종혁 공판을 다룰 만큼, 당시로서는 충격적 사건이었다.

신문은 공판 보도를 통해 이종혁의 활약을 소개했다. 〈일본군으로 시베리아에 출전, 중국군으로 북벌에 가담〉 기사는 장개석 국민군에 가담한 이종혁이 군벌 장작림 군대를 토벌하기 위한 전쟁에 뛰어들었다가 장작림 군대에 포로가 돼 고문을 당한 끝에 1927년 봄 구사일생으로 탈출한 뒤 독립군에 투신했다고 적었다. 이종혁은 일본의 시베리아 출병 때 받은 상훈 덕분에 비교적 가벼운 징역 5년형을 받았다고 한다.

이종혁 공판 기사 | 출세가 보장된 일본 육사 출신 엘리트 장교가 무장 독립투쟁 지도자로 활약하다 체포되어 재판을 받는다는 소식은 당시 언론에서 크게 다룰 만큼 주목을 받았다. 《조선일보》 1929년 2월 7일.

이종혁과 일본 육사 동기인 김석원이 남긴 회고록 《노병의 한》에는 이종혁이 '잘못했다'고 한 마디만 하면 석방시켜 준다는 회유에도 불구하고 끝까지 버티고 만기출소했다고 적었다. 이종혁은 옥중에서 늑막염을 앓다가 쇠잔한 몸으로 1934년 4월 1일 평양에서 출소했다. 그의 만기 출옥을 알리는 기사는 "그는 고향에나 어디에나 일가친척 한 사람도 없고 오직 혈혈단신으로 감옥에서 얻은 중병으로 방금 몹시 신고하고 있다 한다"로 마무리됐다.(《조선일보》 1934년 4월 7일)

이종혁 돌본 독립운동가 유봉영

병약한 몸으로 출소한 이종혁을 돌본 이가 독립운동가 유봉영이었다. 이종혁은 평양 감옥에서 출감한 당일인 1934년 4월 1일 밤, 경성역에 도착했다. 유봉영은 역까지 마중 나가 이종혁을 맞았다. "저녁 후 8시 반경 역으로 나가 9시 25분 도착 기차로 온 이종혁 군을 만나 같이 이문식당으로 해서 집으로 오다. 이군은 오늘 평양 형무소로부터 출감하였다. 이군과 지난 이야기를 하노라고 오전 1시 지나 취침하였다." 유봉영은 4월 1일 일기에 이렇게 썼다.

이종혁의 석방 소식을 신문사에 알린 이도 유봉영이었다. 유봉영은 4월 6일 오후 조선일보사에 들러 홍종인, 당시 《조선일보》 사회부 기자에게 이종혁의 근황을 얘기했다. 같은 날 일기에는 "종혁군의 기사가 동아, 조선 양지兩紙에 기재되다"라고 썼다.

김석원 회고록 《노병의 한》에는 어느 날 유봉영이 집으로 찾아와 이종혁을 아느냐고 물어, 그를 따라 이종혁을 위문하러 갔다는 내용이 나온다. 김석원은 일제 말 일본군 대좌까지 진급했다.

김석원의 회고다. "생각하면 한국무관학교 시절부터 일본 육사까지 만 8년 동안이나 한 솥의 밥을 먹으며 책상을 나란히 하고 공부를 같이 한 이종혁과 나 사이가 아니던가. 하지만 한쪽은 우리나라의 해방을 위해 독립투쟁을 하는 독립군 장교요, 또 한쪽은 우리나라의 독립을 가로막는 일본군의 장교였다. 묘한 사이였다. 따져보면 극과 극의 사이랄까." "우선 이종혁을 바로 쳐다볼 면목이 없었다. 심한 늑막염으로 병색이 말이 아닌 이종혁이었지만 도리어 그가 당당한 인간처럼 보였고 나 자신은 초라하기 짝이 없는 존재로 보였다."

김석원은 문병을 마친 뒤, 지인들의 후원을 얻어 치료비로 약 500원을 지원하기도 했다고 썼다. 그 당시 웬만한 월급쟁이 연봉에 맞먹는 거액이었다. 그리고 친척 동생이 하던 종로 전동여관에 거처를 마련해 줘 이종혁은 몇 달간 이곳에 머물렀다. 광복이 한참 지난 시점에 출간된 회고록이라 기억을 미화하거나 윤색했을 가능성도 있다. 하지만 김석원이 이종혁을 도운 것만은 분명하다. 유봉영 일기에도 그해 5월 4일 김석원 주선으로 전동여관으로 거처를 옮긴다는 내용이 있다.

고향에 돌아가지 못한 유해

이종혁은 경성에서 유봉영의 도움으로 몸을 추스르다 평북 선천으로 옮겨 요양했으나 결국 출소 1년 8개월여 만에 타계했다. 쓸쓸한 죽음이었다. 이종혁은 요양 중이던 선천에 묻혔다. 이듬해 4월 신문에 이종혁 유해를 고향인 충남 당진 선영으로 옮기려 하나 가세가 빈궁해 사회의 지원을 바란다는 기사가 실렸다. 하지만 이장은 실현되지 못했다. 김석원이 몇 년 후 선천에 강연갔다가 친구 이종혁의 무덤을 찾았다는 기록이 나오기 때문이다. 김석원은 '무명순국열사'의 무덤이란 묘비만 달랑 있는 무덤에 주저앉아 한참 울었다고 한다.

이종혁은 1980년 뒤늦게 건국훈장 애족장을 받았다. 국가유공
자를 관리하는 국가보훈처 공훈전자사료관에는 이종혁이 1935년
이 아닌 1941년 병사했다고 틀리게 소개했다가 2023년 6월 바로
잡았다.

☞ 참고 자료

일본 외무성, 〈鮮匪團 正義府對 新民府 妥協進行 狀況에 關한 件〉, 高警 제3543호, 1925년.
〈참의부 군사장 마덕창 피착〉, 《조선일보》 1928년 11월 8일.
〈참의부 군사장 이종혁 공판〉, 《조선일보》 1929년 2월 7일.
〈참의부 군사장 원심대로 5년 언도〉, 《조선일보》 1929년 5월 23일.
〈일본군으로 시베리아에 출전, 중국군으로 북벌에 가담〉, 《조선일보》 1929년 10월 8일.
〈통의군사장 이중위 탈위 脫位〉, 《조선일보》 1929년 12월 22일.
유봉영 일기(미공개), 1934년, 1935년.
〈남북 만주로 달리든 이종혁 별세〉, 《조선일보》 1935년 12월 19일.

김석원, 《노병의 한》, 육법사, 1977년.
김주용, 〈제국주의 일본 육군사관학교 출신 독립운동가 李種赫의 생애와 활동: 굴종, 협력,
    저항의 인생사〉, 《동국사학》 71, 2021년
선우휘, 〈대인 마덕창〉, 《현대문학》 125, 1965년 5월, '신한국문학전집' 24 재수록, 어문각,
    1974년.
이기동, 《비극의 군인들》, 일조각, 2020년.

'변장, 밀항, 체포', 열아홉 살 백신애의 시베리아 방랑

"언젠가 꼭 레나강江에 조각배를 띄우고 강변에는 자작나무로 된 통나무집을 짓고 눈이 하얗게 덮인 설원을 걸으며 아름다운 오로라를 바라볼 거야! 그리고 초라한 방랑시인이 되어 우랄산을 넘을 땐 새빨간 보석 루비를 찾아 볼가의 뱃노래를 멀리서 들을 거야."

세계지도를 쳐다보며 시베리아 방랑을 꿈꾸던 소녀는 열아홉 살 되던 가을 밤, 작은 손가방 하나를 들고 고향 집을 빠져나왔다. 어머니에게는 병든 친구의 임종을 지키러 가는 길이라고 난생 처음 거짓말까지 했다. 원산에서 웅기까지 배를 타고 가는 동안 단발머리를 틀어 올려 시골 여자애로 변장했다. 웅기 도착 후 다시

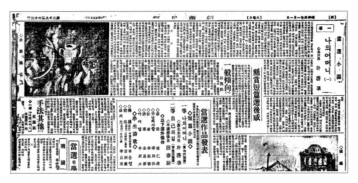

〈나의 어머니〉 | 시베리아 방랑 직후 고향인 경북 영천에 돌아온 백신애는 박계화라는 필명으로 1929년 《조선일보》 신춘문예 현상공모에 단편소설 1등을 받으면서 등단했다. 수상작은 〈나의 어머니〉로 신춘문예 사상 첫 여성 당선자였다. 《조선일보》 1929년 1월 1일.

출항할 때까지 화장실에 숨어 다섯 시간을 버텼다. 선원에게 발각됐지만 다행히 짐칸으로 옮겨 블라디보스토크 항에 도착했다.

갑판에서 몰래 뛰어내린 그를 맞은 건 소련 헌병의 총검이었다. 한 달여 유치장에 갇혔다가 소만蘇滿 국경으로 추방됐다. 조선인 농가에 한 달여 머물면서 도움을 받아 '쿠세레야 김'이란 이름의 여권을 만들어 블라디보스토크 입성에 성공한다. 첩보영화 같은 이야기의 주인공은 소설가 백신애다. 1927년 가을에 벌어진 그의 '시베리아 방랑' 출발기다.

방랑은 1930년대의 키워드

"방랑은 실제로 1930년대의 키워드였다." 러시아 문학 전공자 김진영 연세대 교수는 2017년 출판한 《시베리아의 향수》에 이렇게 썼다. 자작나무가 끝없이 펼쳐진 설원, 오로라, 통나무집 등이 연상되는 시베리아는 십대 백순애를 포함하여 조선 청년을 사로잡은 낭만의 상징이었다. 미국과 유럽, 일본, 중국 여행은 유학이나 사업, 개척을 위한 구체적 목표를 가졌지만, 시베리아는 유독 정처 없이 이곳저곳을 떠돌아다니는 '방랑'의 공간이었다.

영화 〈아리랑〉의 주연 나운규의 〈나의 로서아 방랑기〉(1927)부터 홍양명(1931), 김동진(1932), 한용운(1933), 이규갑(1934), 현경준(1935), 김서삼(1936), 이극로(1936), 여운형(1936), 이광수(1936) 등은 시베리아 방랑 체험을 소재로 한 여행기를 신문, 잡지에 남겼다.

시베리아 방랑 직후 고향인 경북 영천에 돌아온 백신애는 박계화라는 필명으로 1929년 《조선일보》 신춘문예 현상공모에 단편소설 1등을 받으면서 등단했다. 수상작은 〈나의 어머니〉로 신춘문예 사상 첫 여성 당선자였다. 상금으로 중견 기자 한 달치 월급인 60원을 받았다. 심사위원 중 하나는 당시 《조선일보》에 소설 〈향원염사香園艶史〉를 연재하던 최독견이었다. 최독견은 "문장이나 기교는 결코 묘하고 능란한 것은 아니다"면서도 "억지가 없고 순진한 정서의 유로流露가 보인 것도 좋지만 후미에 이르러 그 필봉이 한층 날카로워지고 침착해진 것이 무엇보다도 좋다"고 호평했다.(〈수법기타手法其他〉1, 《조선일보》 1929년 1월 1일)

〈나의 어머니〉는 자전自傳 소설이다. 감옥에 들어간 오빠 뒷바라지에 수심 가득한 어머니는 동네 청년들과 어울려 연극한답시고 늦게 들어오는 딸에게 꾸지람만 쏟아낸다. 이 어머니와 딸의 갈등과 화해를 담았다.

소설 속 오빠는 1926년 6월 제2차 조선공산당 사건 때 검거된 백기호다. 어릴 때부터 집에서 독학하던 동생에게 책을 권하고 사회운동에 관심을 갖게 한 '마르크스 보이'였다. 사업가 외동딸로 태어나 부유하게 자란 백신애는 오빠 덕분에 일찍 여성운동과 사상운동에 눈떴다.

경북공립사범학교를 졸업한 1924년 모교인 영천공립보통학교에서 교사를 하면서 사회주의 계열 '여자청년동맹'과 '조선여성동우회'에 가입했다. 1926년 1월 5일 문화소년회가 주최하고 조선여성동우회가 후원하는 강좌가 경성 청진동 회중교회에서 열렸다. 백신애는 여성동우회 대표로 '어머니가 꼭 지켜야 할 일'이란 강연을 했다.(〈어린이와 소년회 5일 오후에〉, 《조선일보》 1926년 1월 2일)

백신애는 이런 활동 때문에 1926년 1월 학교에서 권고사직을 당했다. 그러자 서울에 올라와 본격적으로 사회운동에 뛰어들었다. 주세죽과 함께 여성동우회 집행위원에 뽑히는가 하면(〈여성동우회 2회 정기총회〉, 《조선일보》 1926년 3월 6일) '정사情死는 자본주의의 산물이다'란 제목으로 강연을 하기도 했다.(〈정사비판강연 연사演士와 연제演題〉, 《조선일보》 1926년 8월 15일)

일본 유학 시절 체호프 연극 주연

1927년 가을까지 여성운동에 바빴던 백신애는 돌연 시베리아 방랑에 나선다. 러시아 혁명에 대한 동경이나 사회주의 조직과 관련된 것 아니냐는 추측이 나돌지만 정확한 이유는 밝혀지지 않았다. 1939년 발표한 〈나의 시베리아 방랑기〉에는 소련 병사와의 만남, 자작나무, 설원처럼 낭만으로 가득한 십대의 모험심만 돋보인다.

시베리아에서 돌아오다 두만豆滿 국경에서 일경日警에 체포된 백신애는 심한 고문을 당했다. 소련 스파이 또는 비밀 임무를 띠고 잠입한 조직원으로 의심받았기 때문이다. 이때 당한 고문 때문에 아이를 낳을 수 없게 됐다. 부자였던 아버지가 손 쓴 덕분에 백신애는 만신창이가 된 몸이지만 고향에 돌아올 수 있었다. 그의 시베리아 방랑은 몇 달에 그쳤던 것으로 보인다.

그 후 영천에서 신간회와 근우회, 청년동맹 활동으로 바빴던 백신애는 1929년 《조선일보》 신춘문예 당선으로 사회운동과 거리를 뒀다고 한다. 1930년 5월 일본에 건너가 니혼대학 예술과에서 문학과 연극을 공부했다. 체호프 단편 〈개〉를 무대에 올린 연극에서 주인공으로 출연하기도 했다. 과년한 딸의 유학이 맘에 들지 않았던 백신애의 아버지는 경제적 지원을 끊어버렸다. 바에서 여급생활도 하고, 식모, 세탁부를 해가면서 버티다 1932년 가을 귀국했다. 이듬해 봄 은행원 출신으로 아버지 사업을 돕고 있던 이근채와 결혼했다. 결혼 5년을 넘기면서 1937년 별거에 들어가기까지 비교적 평탄한 생활을 하며 창작에 몰두했다.

백신애가 1934년 1월과 2월 잡지《신여성》에 연재한 〈꺼래이〉는 시베리아 방랑 체험을 담은 대표작이다. 살길을 찾아 고향을 떠나 시베리아를 떠도는 조선인의 수난을 그린 소설로 1937년《현대조선여류문학선집》에 수록되면서 대표적인 여성문학 작품으로 떠올랐다. 〈복선이〉, 〈채색교〉, 〈적빈赤貧〉 등 단편 소설을 잇달아 발표한 백신애는《조선일보》에 〈광인수기〉(1938년 6월 25일

〈곡백신애〉 | 후배 작가 이선희가 백신애의 생전 모습을 떠올리며 쓴 글이다. 1938년 하반기부터 건강이 악화된 백신애는 이듬해 5월 말 경성제대 병원에 입원했다가 한 달 만인 6월 28일 오후 5시에 세상을 떠났다.《조선일보》1939년 6월 29일.

~7월 7일)를, 월간지 《조광》 1938년 7월호에 〈소독부〉를, 1939년 5월호에 〈혼명에서〉를 발표했다.

백신애의 마지막은 느닷없이 찾아왔다. 1938년 하반기부터 건강이 악화된 백신애는 이듬해 5월 말 경성제대 병원에 입원했다가 한 달 만인 6월 28일 오후 5시에 세상을 떠났다. 만 서른한 살이었다. 후배 작가 이선희는 미장원에서 파마를 하고 나타난 그의 마지막 모습을 떠올리며 이렇게 썼다. "신애―그는 무엇인가 늘 찾았다. 무엇인가 부족한 것을 찾아 헤매노라고 그의 정열은 필요 이상으로 그 생명을 불태우는 것 같았다."(〈곡백신애哭白信愛〉, 《조선일보》 1939년 6월 29일)

병실 한 편에 원고뭉치로 쌓여 있던 유작 〈아름다운 노을〉은 월간지 《여성》에 연재됐다(1939년 11월~1940년 2월). "방랑은 청춘의 생명이며 인생행로의 첫 출발"(현경준, 〈시베리아西伯利亞 방랑기〉)이라는 구절대로, 백신애는 1920~30년대를 방랑하며 뜨겁게 살다 갔다.

☞ 참고 자료

백신애, 〈나의 어머니〉, 《조선일보》 1929년 1월 1일.
최독견, 〈수법기타手法其他〉 1, 《조선일보》 1929년 1월 1일.
이선희, 〈곡백신애哭白信愛〉, 《조선일보》 1939년 6월 29일.
현경준, 〈시베리아西伯利亞 방랑기〉, 《신인문학新人文學》(2권 2호), 1935년 3월.

김진영, 《시베리아의 향수》, 이숲, 2017년.
백신애, 〈나의 시베리아 방랑기〉, 《백신애선집》, 현대문학, 2009년.
이중기, 〈백신애, 그 미로를 따라가다〉, 《백신애선집》, 현대문학, 2009년.

'나라는 존재가 너무 보잘것없다', 세계 일주 나선 나혜석

"여류 화가 나혜석(32) 씨는 예술의 왕국 불란서를 중심으로 동서양 각국의 그림을 시찰코자 오는 22일 밤 10시 50분 차로 경성역을 떠나 1년 반 동안 세계를 일주할 예정으로 금일 오전 7시 45분 경부선 열차로 동래 자택에서 입경하야 방금 조선 호텔에 체제 중인 바 …."(〈나혜석 여사 세계만유世界漫遊〉, 《조선일보》1927년 6월 21일)

100년 전 세계 일주 여행을 떠난 여성이 있었다. 서양화가 나혜석과 남편인 변호사 김우영이 함께 떠난 길이었다. 김우영은 중국 안동현縣 부영사로 근무한 공로로 일본 외무성으로부터 구미 시찰 기회를 얻었다. 나혜석은 호텔을 방문한 기자에게 "1년 반이

나혜석, 김우영 부부 ｜ 100년 전 서영화가 나혜석은 남편 김우영과 함께 1년 반이라는 시간 동안 세계 일주를 다녀왔다.

라는 짧은 세월에 무슨 공부가 되겠습니까만 남편이 구미 시찰을 떠나는 길인고로 이 좋은 기회를 이용하여 잠깐잠깐 각국의 예술품을 구경만 하는 것이라도 적지 않은 소득이 있을 줄 믿고 가는 것이올시다"라고 했다. 2년 가까운 세계 여행이지만 성에 차지 않은 듯했다. "이왕 먼 길을 가는 길에 여러 해 동안 있어 착실한 공부를 하여가지고 돌아오고 싶지만 어린 아이를 셋씩이나 두고 가는 터임으로 모든 것이 뜻과 같이 되지 못합니다."

나혜석은 지구를 한 바퀴 도는 일정을 짰다. 시베리아 횡단 열차로 '적색 로서아'를 거쳐, 영길리英吉利(영국), 독일, 불란서, 화란, 서반아, 백이의白耳義(벨기에), 오지리墺地利(오스트리아), 서서瑞西(스위스), 서전瑞典(스웨덴), 정말丁抹(덴마크), 낙위諾威(노르웨이), 토이기土耳其(터키), 파사波斯(페르시아), 첵크(체코), 섬라暹羅(스리랑카), 희랍希臘

(그리스), 미국 등을 방문하는 계획이었다.

나혜석은 여행 중 지인들에게 편지를 자주 보냈다.《조선일보》기자로 일하던 후배 최은희에게도 엽서를 보냈다. "나는 지금 유명한 '빠루가이'(바이칼) 호반을 통과하는 중이다. 듣던 바 이상의 절승지絶勝地다. 이곳은 경성 9, 10월의 기후다. 오전 2시에 일출日出하고, 오후 10시에 일모日暮한다. 낮에 잠을 자는 것 같아서 좀 이상한 감이 있다. 지평선이 창천과 합한 듯한 황무지에는 영란鈴蘭꽃이 반짝이고 양떼와 소떼가 한가히 거닐고 있다."(〈나혜석 씨 여중旅中 소식〉,《조선일보》1927년 7월 28일)

파리는 화가를 부른다

나혜석 부부는 1927년 7월 19일 오전 파리 북역에 도착했다. 며칠 머물다 스위스로 넘어갔다. 마침 제네바를 방문한 영친왕과 이틀이나 만찬을 함께했다. 그때를 "식후 사담을 나누는 중에 전하께서 나에게 특별히 그림을 그려 달라고 하셔서 매우 황송스러웠다"고 회고했다. 인터라켄에 들러 융프라우를 올랐다. 요즘 여행자들처럼 등산열차를 타고 터널을 통과해 눈 덮인 봉우리를 맞닥뜨렸다. 융프라우를 본 나혜석은 "강원도 일대를 세계적 피서지로 만들 필요가 절실히 있다"고 떠올린다.

나혜석을 사로잡은 곳은 예술의 도시 파리였다. "시내에 있는 무수한 극장, 활동사진관은 화려하고 노골적이요, 배경, 색채, 인물, 의상 모두 예술적으로 세계에 자랑하는 바이다. 저명한 극장은 오페라, 오페라 코믹(희극장), 콤메 드 프랑세즈, 오데옹, 카지노 드 파리, 물랭루즈요, 활동사진관으로는 고몽파르나스가 제일 크다."

루브르 박물관에 대한 묘사는 요즘 여행 에세이를 읽듯 생생하다. "거울과 같이 비치는 대리석 바닥 위를 걸어가노라니 좌우에 조각을 나열해 놓았다. 그중 저명한 것은 '밀로의 비너스', '옥타비아누스 흉상', '칼리굴라 황제 흉상'이 있다. 계단 위 정면에서 첫 인사를 받는 동체胴體 모습의 그리스 여신은 미적 자태의 절정을 보여준다. … 따뜻한 봄날 아지랑이가 피어오를 때, 루브르 궁전 정원 주위의 화단을 돌아 여신상 분수에 발을 멈추고, 역대 인물 조각을 쳐다보며 좌우 우거진 삼림 사이를 거닐면, 이야말로 인간 세계가 아닌 별천지다."

노트르담 성당, 뤽상부르 미술관, 개선문, 콩코르드 광장, 판테온, 에펠탑 등 파리를 대표하는 볼거리들도 하나하나 소개한다. 여행기를 읽으면서 낯선 이국 풍경을 떠올렸을 독자들에게 나혜석은 선망의 대상이었을 것이다.

방대한 예술 작품을 맞닥뜨린 나혜석도 기가 눌렸던 것 같다. "처음 파리에 와서 미술관이나 갤러리에 가 그림을 보고 나면, 너무 엄청나고 자기라는 존재는 너무 보잘것없어서 일시적으로는 낙망하게 된다." 하지만 "미술계의 사정과 흐름을 깨달아 연구에 매진하려면 여간 방황하고 고심하지 않으면 안 된다"고 각오를

〈나혜석 여사 세계만유〉 | 나혜석의 세계 일주는 그 자체도 대단한 일이었고, 그가 남긴 여행기 역시 지금 읽어도 전혀 낡지 않은 글이다. 《조선일보》 1927년 6월 21일.

다졌다.

'베를린에서는 과학 냄새가 난다'

그해 12월 21일 남편이 세 달 앞서 가 있던 베를린 역에 도착했다. 나혜석에게 베를린은 과학과 음악, 문학과 예술의 도시였다. "과학과 음악뿐만 아니라 문학도 프랑스와 앞을 다투며, 독일 사람들은 검소하고 참을성이 많다고 한다. 베를린은 전차, 버스, 택시, 지하철이 쉼 없이 왕래해 대도시의 기운이 농후했다." 계속해서 "매우 합리적이고 바라보기에도 경쾌하였다. 모든 것이 과학 냄새가 난다"고 했다. 바이마르 공화국 시절의 베를린은 자유와 낭만이 넘치는 도시였다. 히틀러 집권 직전, 마지막 만찬을 즐기는 중이었을 터다.

베를린을 거쳐 1928년 3월 23일, 이탈리아로 향했다. 나혜석에게 이탈리아는 "미술의 나라다. 그 미술은 고대 로마 시대로부터 17세기에 이르도록 세계적 명성을 가지고 있는 곳"이었다. 밀라노에서는 두오모 성당, 산타마리아 델레 그라치에 대성당의 벽화 〈최후의 만찬〉을 감상했다. "과분한 기대와 긴장에 가슴이 심하게 뛰었다. 과연 그림을 대할 때 나도 모르게 머리가 숙여졌다." 이어서 "실내에 꽉 찬 각국 관광객들은 작품의 참맛을 알려고 망원경으로 혹은 종이를 말아대고 보느라고 야단들이다"고 썼다. 라 스칼라 극장에 대해선 "외관은 평범하지만 무대 배경이며 출연하는 수백 명 배우의 의상, 연기, 노래, 음악이 빈틈이 없었다. 나로서는 파리에서나 베를린에서 보지 못하던 것을 보았다. 거기 앉아 관람하는 나는 무한히 행복스러웠다"고 떠올렸다.

베네치아에서는 틴토레토와 티치아노, 베로네세의 그림이 걸린 두칼레 궁, 산마르코 성당, 베네치아 화가들의 작품을 대거 소장한 아카데미아 미술관을 소개했다. 단테, 미켈란젤로, 보티첼리 등의 천재들을 만난 피렌체는 나혜석 최고의 순간이었을 것이다. "피렌체는 예술의 도시라서 시가지를 걷는 것이 마치 미술관을 걷는 것 같다. 어느 건물, 어느 사원, 어느 문, 어느 창, 어느 조각이 예술품 아닌 것이 없다. 물론 우리는 이 맛을 보러 왔겠지만, 저 아르노 강물이 키워낸 단테, 미켈란젤로, 조토, 마사초, 보티첼리, 도나텔로 등 천재들의 자취를 보러온 것이다. 그들이 지금 내가 밟고 있는 땅을 밟았겠지 하는 생각이 드니, 나도 모르는 사이에 이상한 환희를 느끼게 되었다."

뉴욕서 로스앤젤레스까지 미 대륙 횡단

파리를 떠나 미국 뉴욕에서는 김마리아, 서재필 등을 만났고, 워싱턴에서는 주미 한국공사관, 스미스소니언 미술관, 백악관 등도 둘러보았다. 나혜석은 워싱턴 주미 한국공사관에 대해 이렇게 썼다. "조그마한 양옥 정문 위에는 태극 국표國標가 희미하게 남아 있다. 이상히 반갑기도 하고 슬프기도 하였다."

미국 대륙을 횡단해 나이아가라 폭포, 시카고, 그랜드캐니언, 로스앤젤레스, 요세미티 공원을 여행했다. 1927년 6월 19일 부산을 출발한 나혜석의 세계 일주는 1929년 3월 12일 부산 도착으로 마무리됐다.

나혜석의 세계 일주는 그 자체가 대단한 일이었지만, 그가 남긴 여행기는 지금 읽어도 전혀 낡지 않다. 하지만 나혜석의 세계 여행은 돌이킬 수 없는 상처를 남겼다. 당시 파리에 체류하던 최린과 염문에 빠진 것이다. 귀국 후 남편 김우영과의 관계도 틀어졌다. 최린과의 스캔들 때문이었다. 나혜석은 1930년 11월 김우영과 이혼하고 네 아이를 남겨둔 채 쫓겨나다시피 나왔다. 김우영은 곧 재혼했다. 나혜석은 얼마 후 〈이혼공개장〉(《삼천리》, 1934년 8월호)을 발표하면서 1930년대 최고의 스캔들 주역이 됐다.

세계 일주를 마친 나혜석은 어느 정도 자신의 상황에 대한 불안의 기미를 느꼈던 것 같다. 여행기는 이런 문장으로 끝난다. "아, 아, 동경하던 구미 만유漫遊도 지나간 과거가 되고, 그리워하던 고향에도 돌아왔다. 이로부터 우리의 앞길은 어떻게 전개되려는고."

☞ 참고 자료

〈나혜석 여사 세계만유世界漫遊〉, 《조선일보》 1927년 6월 21일.
〈나혜석 씨 여중旅中 소식〉, 《조선일보》 1927년 7월 28일.
나혜석, 〈이혼공개장〉, 《삼천리》 1934년 8월호.

나혜석, 《조선여성 첫 세계일주기》, 가갸날, 2017년.
이철, 《경성을 뒤흔든 11가지 연애사건》, 다산초당, 2008년.
조용만, 《30년대의 문화예술인들》, 범양사, 1988년.

'과연 유럽에서 통할까 의심했지만', 피카소도 반한 최승희

"만리 이역 양인洋人 사이에 앉아 축음기로나마 우리 명창의 소리와 장고에 맞춰 최씨의 '기생춤'을 보고, 무용화한 '춘향전'(옥에서 신음하는 대목)을 보는 취미란 형언할 수 없는 바이다. 검무劒舞도 좋고, '서울의 무녀'도 흥미 있었으나 이날 그중에서 제일 갈채받은 것은 '보살의 춤'과 '초립동이춤'이라 할까."(〈구주에서의 최승희, 백이의白耳義 공연의 성공을 보고〉, 《조선일보》 1939년 3월 14일)

1939년 2월 6일 벨기에 수도 브뤼셀에서 최승희의 무용 리사이틀이 열렸다. 엿새 전 파리에 이은 유럽 두 번째 공연이었다. 공연장은 브뤼셀의 대표적 복합문화공간 '팔레 데 보자르'(1928년 개관)의 앙리 르 뵈프 홀The Henry Le Boeuf Hall로 2000석이 넘는 무대

피카소도 반한 최승희 | 1939년 6월 15일, 프랑스 파리의 샤요 극장의 공연은 피카소와 마티스 등 파리의 쟁쟁한 예술가도 관람할 만큼 주목을 받았다. 《조선일보》 1939년 7월 28일.

였다. 이날 객석에는 훗날 국립중앙박물관장을 지낸 김재원이 있었다. 독일 뮌헨대에서 교육학 박사학위를 받은 그는 1934년 9월부터 벨기에의 국립 헨트대학 칼 헨체 교수의 조수로 일하며 중국 고고학과 미술사를 공부하고 있었다.

'과연 유럽에서 통할까, 의심했지만…'

김재원은 1937년 2월 독일에서 잠시 귀국한 당일, 경성 부민관에서 열린 최승희의 공연을 봤다. 그는 "솔직히 고백하면 과연 이것으로 구미에서 성공할 수 있을까" 하는 의문을 품었다고 한다. 하지만 유럽에서 최승희 공연의 평가는 김재원이 경성에서 했던 생각과는 달랐다. 브뤼셀 공연 전부터 파리와 브뤼셀 신문에서는 '동양 제일의 여무용가', '조선 제일의 여인' 등의 제목 아래 최승희 인터뷰와 이력, 공연 리뷰 등이 실렸다. '동양 사람으로 공전空前의 인기를 집중'했던 것이다.

김재원은 "조선 민속 무용을 이곳 구주인에게 이해시키도록 연출하는 것은 심히 어려운 일이다. 따라서 이에 성공한 최 씨의 천분天分이란 비상한 것이다"라고 썼다. 하지만 아쉬운 점도 있었다. 반주자나 보조 출연자 없이 최승희 혼자 축음기 연주에 맞춰 모든 프로그램을 꾸리니 단조로울 수밖에 없었다. 경비 문제로 악사나 제자들을 데리고 올 수 없었기 때문이다.

최승희는 1937년부터 1940년까지 3년간 미국과 유럽, 중남미를 순회하며 주요 극장에서 무용 리사이틀을 연 원조元祖 한류스타였다. 유럽에서만 프랑스, 네덜란드, 벨기에, 이탈리아를 다녔고, 미국과 멕시코, 브라질, 콜롬비아, 페루, 우루과이 등을 돌았다.

월간지 《조광》 1941년 1월호에 실린 〈춤의 구미순례 마치고 돌아온 최승희의 회견기〉에 따르면, '모두 열아홉 나라에, 대략 150회의 공연'을 가졌다. 최승희는 1940년 12월 8일 도쿄 제국 호텔 로비에서 박노경과 가진 이 인터뷰에서 '9만 54마일의 공연 여행'이라고 밝혔다. 한국 예술가의 첫 구미 순회 공연이자 조선 춤을 바탕으로 서양 댄스를 접목, 우리 무용의 존재감을 세계에 알린 일대 사건이었다. '월드 투어'란 말이 어색하지 않을 만큼 현지 언론과 평단 반응도 뜨거웠다.

월드 투어 성공의 기폭제가 된 것은 유럽의 첫 무대였던 1939년 1월 31일 파리 살 플레옐Salle Pleyel 극장 공연이었다. 1927년 10월 개관한 이 극장은 2000석 규모로 당시 파리의 대표적인 콘서트홀이었다. 지금도 파리의 주요 공연장으로 쓰이는 유서 깊은 극장에서 데뷔한 것이다. 〈한량무〉, 〈천하대장군〉, 〈검무〉, 〈감옥에 갇힌 춘향〉 등을 올린 이 공연은 매진될 정도로 인기를 누렸다. 여세를 몰아 브뤼셀, 칸, 마르세유, 밀라노, 피렌체, 로마, 헤이그를 거쳐 다시 샤요 극장에서 두 번째 파리 공연을 올렸다.

샤요 극장의 공연(1939년 6월 15일)은 피카소와 마티스 등 파리의 쟁쟁한 예술가도 관람할 만큼 주목을 받았다. 《조선일보》를 비롯한 국내 신문에도 보도될 정도였다. "삼천 명이나 들어가는 극장의 객석을 전부 만원시켰을 뿐 아니라 불란서의 극단, 영화계, 화단의 명사들을 일당에 모아놓고 최 여사 독특의 세련된 예술로써 끝까지 미혹시켜 이 불란서예원에 대화제를 제공하고 있다 한다. 그날 밤에 모인 명사들 중에는 피카소, 마티스, 로댕상을 필두로 미셸 시몽(영화배우) 등이 있었다 한다."(〈구주의 인기를 독점한 파리의 최승희 씨〉, 《조선일보》 1939년 7월 28일)

최승희는 잡지 《삼천리》(1941년 4월호) 인터뷰에서 "파리에서는 세계적 미술가 피카소, 그밖에 콕트(장 콕토), 마티스, 데고부라

장고푸드 등 제씨諸氏였는데 그분들이 제 무용을 열심히 관람해주었습니다"라고 밝혔다.

최승희의 샤요 극장 공연은 몇 년 전 공개된 당시 팸플릿을 통해 공연 전모를 알 수 있게 됐다. 팸플릿에 따르면 최승희는 〈승무〉, 〈천하대장군〉, 〈옥적곡〉, 〈장고춤〉, 〈신로심불로身老心不老〉, 〈보살춤〉, 〈한량무〉, 〈낙랑의 벽화〉, 〈유랑예인〉, 〈초립동〉, 〈옥중 춘향의 고통(춘향전)〉, 〈검무〉, 〈서울의 무녀〉 등 창작 한국 춤 열세 편을 3부에 걸쳐 올렸다.

안나 파블로바가 공연한 헤이그 무대 올라

"이번 헤이그 공연은 초만원의 성황을 이뤄 만족스럽게 생각합니다. (안나)파블로바와 (라)아르헨티나가 자주 춤을 췄던 같은 무대에서 춤춘 나로서는 돌아가신 대선배들의 모습이 생각나 감개무량했습니다." 최승희가 1939년 7월 1일 자로 네덜란드 헤이그에서 《아사히신문》에 보낸 기고 〈무용통신〉이다(신문에 실리진 않았다). 파블로바는 댜길레프가 창단한 발레단 '발레 뤼스'의 여제女帝로 전설적 발레리나였다. 라 아르헨티나는 아르헨티나 출신으로 스페인 현대무용의 개척자로 꼽힌다. 최승희는 샤요 공연을 마치고 헤이그로 건너와 스헤베닝언 쿠르하우스Kurhaus 극장 무대에 올랐다.

그해 6~8월 세계음악무용축제가 열린 이 극장에서는 피아니

〈백의의 발레리나, 양키팬을 풍미〉 | 최승희는 1939년 유럽 공연을 성공적으로 마친 뒤, 미국으로 건너가 두 번째 공연 여행을 했다. 유럽에서의 성공으로 1938년 처음 미국에서 공연했을 때보다 많은 관심을 받았다. 《조선일보》 1940년 4월 2일.

스트 아르투르 루빈스타인, 바이올리니스트 프리츠 크라이슬러 등의 연주가 이어졌다. 무용은 이본 게오르기, 하랄트 크로이츠베르크 등 세계적 무용가 다섯 명의 공연이 펼쳐졌는데, 최승희가 여기에 이름을 올린 것이다. 최승희는 이미 그해 4월 17일부터 20일까지 헤이그에서 나흘간 공연한 적 있다. 그런데 두 달 만에 다시 초대돼 이틀간(6월 말~7월 1일) 무대에 섰다.

최승희의 명성은 높아졌다. 1939년 4월 말 브뤼셀에서 열린 제 2회 국제무용대회 심사위원으로 위촉된 것이다. 무용가로서 실력과 명성을 인정받은 셈이다. 잡지《삼천리》(1941년 4월호) 인터뷰에 따르면, 1939년 가을 시즌에는 "발칸 제국과 이태리, 영국 등 여러 나라에서 60회 공연과 또 북北독일에서 40회 공연을 하기로 계약까지 했었으나" 그해 9월 전쟁이 터졌다. 제2차 세계대전이었다. 최승희는 "동란의 파리를 탈출해서 서너 달 동안 피난민 속에 끼어 쫓겨 다니다가 소화 14년(1939년) 12월에 미국으로 다시 건너가서" 공연을 계속했다.

유럽에서 성공을 거둔 뒤라서 그랬는지, 두 번째 도미渡美 공연은 전보다 더 수월했던 모양이다. 세 달간의 투어를 성공적으로 마쳤다. 최승희는 1940년 5월부터 "중미의 멕시코와 남미의 아르헨티나, 브라질, 칠레, 페루, 코스타리카, 콜롬비아, 에콰도르 등 제국에서 공연해서 분에 넘치는 격찬을 받았습니다"라고 답했다. 최승희는 멕시코를 마지막으로 중남미 순회 공연을 마치고, 1940년 10월 5일 도쿄로 돌아왔다. 3년 6개월 만의 귀환이었다.

'에로틱하면서도 우아한 매력 발산'

최승희가 해외에서 환영받은 이유는 뭘까. 2009년 〈최승희 무용활동에 관한 역사적 연구〉로 박사학위를 받은 윤혜미 씨는 최승희의 작품은 "대체로 기교면에서 뛰어나지는 않지만 독특한 매력과 흡입력으로 인해 작품에 몰입하도록 하는 카리스마적인 면을 가지고 있었으며 그러한 면이 최승희의 인기의 비결이기도 하였다. 즉 에로틱한 매력과 동시에 우아한 매력을 무대에 발산하여 많은 관중들의 시선을 사로잡았던 것이다"라고 썼다.

최승희는 키가 170센티미터로 알려졌는데, 커트 머리의 서구적 체형은 동아시아는 물론 서양 관객이 보기에도 매력적이었던 모양이다. 윤혜미 씨는 "최승희의 춤은 테크닉적인 면에서도 현대무용 기법과 한국무용 기법을 적절히 사용하였으며, 그녀의 큰 키를 살리는 긴 선과 아름다운 곡선을 강조하여 저돌적이면서 도전적인 현대적 여성미를 표현하면서 또한 에로틱한 환상을 부여한 것이 특징"이라고 했다.

최승희의 월드투어는 전체적으로 성공이었다. 하지만 그의 해외 공연 첫 목적지였던 미국에서는 예기치 못한 사건도 있었다. 중일전쟁으로 첨예해진 미국 사회의 친일親日과 배일排日의 전선戰線에 휘말린 것이다. 미국 공연을 책임진 현지 기획사가 계약을 파기해 1년 약정한 투어를 도중에 포기할 수밖에 없었다. 귀국까지 고민했을 정도였다.

뉴욕 공연장 앞에서 '최승희 배격' 삐라

1937년 12월 19일 요코하마를 출발한 최승희는 1938년 1월 샌프란시스코 도착, 1월 22일 샌프란시스코 카란Curran Theater 극장에서 첫 공연을 가졌다. 최승희가 오빠 최승일에게 보낸 편지에 따르면, 공연은 성공적이었다. "폭발적 인기 속에 대갈채를 받아 조선 정취를 섞은 꽃다운 예술로 저네들을 완전히 도취시키고 말았다고 한다. 이같이 상항桑港(샌프란시스코)의 첫 공연에 대 성공을 본 뉴욕 메트로폴리탄 뮤직컴퍼니에서는 즉시로 전 미국을 통하야 6개월 동안 공연을 하기로 계약을 체결하였다고 한다."(〈최승희 여사 첫 공연 상항서 폭발적 대환영〉, 《조선일보》 1938년 2월 6일)

메트로폴리탄 뮤직컴퍼니는 그 당시 미국의 대표적 공연 기획사였다. 최승희는 2월 2일 로스앤젤레스 이벨 극장 공연에 이어 2월 20일 뉴욕 길드 극장 무대에 섰다. 공연 리뷰는 대부분 호의적이었지만, 친일 논란에 휩싸였다. 최승희가 일본 문화를 선전하러 왔다고 생각한 일부 교포들과 중국인의 반감을 샀기 때문이다. 경찰관이 신변 보호까지 할 정도였다.

최승희는 그때 상황을 "뉴욕 공연 시에는 그들로 하여금 '최승희 배격'의 삐라를 입구와 길바닥에 뿌린 일이 생겼습니다. 그것은 최승희가 일본 문화 선전하러 왔다는 이유에서 그랬다는 것입니다. 이와 같이 여러 가지 사정이 위험하게 됨으로 뉴욕 영사관에서는 여러 가지로 염려하여 특히 아메리카 경찰에 나의 보호를 청하여 주시어서 공연할 때 경관이 화장실을 경계하고 있는 형편이었습니다"라고 밝혔다.(《삼천리》, 1938년 10월호)

해외 공연에 나선 최승희는 '사이 쇼키Sai Shoki'라는 이름을 썼다. 최승희의 일본식 발음이었다. 미국은 물론 유럽 공연 팸플릿이나 관련 기사에서도 마찬가지였다. 1926년 도쿄의 이시이 바쿠石井 漢 무용연구소에 들어가 무용에 입문하면서부터 썼던 이름이었다. 일본 무용계에 데뷔한 최승희로서는 자연스러운 선택일 수 있다. 하지만 미국에 건너온 교포들 입장에서는 조선인이 일본 이름으로 소개되는 걸 곱게 보지 않았을 것이다.

최승희의 해외 공연이 일본 정부와 일본인 교민들의 지원 아래 이뤄졌다는 사실도 빠뜨릴 수 없다. 최승희가 인터뷰에서 언급한 뉴욕 영사관은 당연히 일본 외무성 산하였다. 1939년 2월 6일 최승희의 브뤼셀 공연을 본 후 《조선일보》에 기고했던 고고학자 김재원은 회고록,《박물관과 한평생》에서 흥미로운 증언을 남겼다. "그녀의 해외 공연은 일본 외무성이 특별한 호의를 가지고 지원해 주었다. 예를 들어 파리 공연 때는 일본 대사관에서 400개의 좌석을 사서 친일적인 프랑스 사람에게 주었으며 마르세유 공연 때도 마찬가지였다. 이것은 내가 안막(최승희 남편)에게서 직접 들은 이야기이니 틀림없을 것이다."

김재원은 최승희의 첫 번째 미국 공연이 성공하지 못한 이유도 "소문에 의하면 최승희가 미국 로스앤젤레스에서 크게 망신을 당했다 한다. 공연 도중 우리 교포가 위층에서 꽹과리를 두들겨 대는 통에 공연장은 수라장이 되었다는 것이다. 그녀는 일본을 떠날 때 '사이 쇼키'라는 일본식 이름으로 갔고, 미국에서도 완전히 일본 앞잡이로 행동하여 그것이 우리 교포들의 비위에 거슬렸던 것이다"라고 밝혔다.

김재원이 밝힌 것처럼, 1938년 2월 로스앤젤레스 공연 때는 민족주의 성향이 강한 재미 교포들이 시위까지 벌였던 것 같다. 최승희는 1938년 8월 《삼천리》에 보낸 글에서 "로스앤젤레스에서 공연할 때 극장 입구 부근에서 조선 동포 몇 사람이 배일 마크를 팔았다고 하는데. 그것을 내가 시켰느니, 또는 알고도 묵인했다느니 하는 오해"라고 썼다.

뉴욕에서도 비슷한 일이 있었다. "그들은 나더러 라디오 방송으로 배일연설을 하라고 전화로 협박을 하기도 하고 공연회가 있을 때마다 회장 앞에서 일화日貨 배척의 '마크'를 파는 등 … 드디어 '메트로폴리탄'에서는 정치적 이유에 의하야 부득이 귀하와의 계약을 파기한다는 통지가 왔다."(〈무용 15년〉, 《조광》 1940년 1월)

그런데 최승희는 미국에서 반일적인 행동을 했다는 소문에도 시달렸던 모양이다. 최승희는 《삼천리》(1938년 10월호)에 이런 소문을 해명하는 글을 썼다. "동경 있는 내 연구소로부터 온 편지에 의하면 내가 아메리카에서 배일운동을 한다는 소문이 떠들고 또 여러 잡지에도 꼬싶이 났다는 것을 듣고 사실무근인 그런 소문에 놀라고 있습니다. 가령 그 소문이 허튼 거짓말이라 치드래도 그 소문의 성질이 나에게는 중대한 것이고 또 소문만이라도 그렇게 났다면 나를 길러준 동경 여러분께 미안하여 그냥 가만있을 수가 없어서 여기 대사관과 로산젤쓰의 영사관으로부터 사실무근인 것을 외무성에 보고하였습니다."

〈아메리카의 봄 무대에, 현란 춤추는 조선〉 | 유럽 투어의 성공에 힘입어 최승희의 두 번째 미국 공연은 성공적으로 마무리됐다. 《조선일보》 1940년 1월 27일.

광복 전 일본군 위문 공연에 동원

최승희는 친일과 반일의 틈바구니에 끼어 옴짝달싹할 수 없는 신세였다. 조선 춤을 세계에 알린 공로를 인정받기는커녕 친일, 또는 반일 인사로 몰릴까봐 전전긍긍했다. 일본 외무성과 재미 일본인 사회의 지원을 받은 데다 어린 딸과 연구소를 도쿄에 두고 온 최승희는 반일 캠페인에 동조할 처지가 아니었다. 배일排日 정서에 놀란 메트로폴리탄 뮤직컴퍼니는 계약을 파기했고, 최승희는 또 다른 미국의 유수 기획사인 NRC 아티스트 서비스와 추계秋季 공연을 계약했으나 이마저 제대로 성사되지 못했다. 최승희는 일류 호텔에서 삼류 호텔로, 다시 흑인들이 사는 아파트로 옮겨 다녔다. 화가 모델 노릇으로 돈을 벌어야할 만큼 궁지에 몰렸다.

　유럽 투어 성공은 사면초가에 몰린 최승희의 역전타였다. 이

성공에 힘입어 두 번째 미국 공연은 별다른 시비 없이 성공적으로 마무리됐다. 〈아메리카의 봄 무대에, 현란 춤추는 조선朝鮮〉(1940년 1월 27일), 〈백의白衣의 발레리나, 양키팬을 풍미〉(1940년 4월 2일, 이상 《조선일보》) 등 미국 공연의 성공을 알린 기사들이 이어졌다. 최승희는 중남미 공연까지 마친 뒤 1940년 12월 도쿄로 돌아왔다.

해외 공연을 마치고 돌아온 최승희를 맞은 건 전쟁이었다. 중일전쟁과 태평양전쟁으로 치달은 일본이 해외에서 인정받고 돌아온 최승희를 그냥 둘 리 없었다. 최승희는 일본군 위문 공연에 불려 다녔고, 광복 후 예술계 친일인사로 몰렸다.

1946년 7월 월북한 최승희는 한때 북한을 대표하는 무용가로 대접받았으나 1967년 숙청당해 1969년 8월 8일 사망했다. '중국으로 도망가려다 피살됐다', '국제 스파이로 몰려 처형됐다', '수용소에서 자살했다' 등 최승희의 죽음에 대해 이런 저런 증언이 쏟아졌으나 정확한 경위는 알 수 없다.

☞ 참고 자료

〈최승희 여사 첫 공연 상항서 폭발적 대환영〉,《조선일보》1938년 2월 6일.

최승희, 〈미국통신〉,《삼천리》(제10권 10호), 1938년 10월.

김재원, 〈구주에서의 최승희, 백이의白耳義(벨기에) 공연의 성공을 보고〉,《조선일보》
        1939년 3월 14일.

〈구주의 인기를 독점한 파리의 최승희 씨〉,《조선일보》1939년 7월 28일.

〈아메리카의 봄 무대에, 현란 춤추는 조선朝鮮〉,《조선일보》1940년 1월 27일.

최승희, 〈무용 15년〉,《조광》(제6권 1호) 1940년 1월.

〈백의白衣의 발레리나, 양키팬을 풍미〉,《조선일보》1940년 4월 2일,

박노경, 〈춤의 구미순례 마치고 돌아온 최승희와의 회견기〉,《조광》(제7권 1호) 1941년 1월.

〈최승희, 귀향감상록〉,《삼천리》(제13권 제4호) 1941년 4월.

《최승희 자서전》, 이문당, 1936년.

김재원,《박물관과 한평생》, 탐구당, 1992년.

김호연, 〈글로컬리즘의 시각에서 바라본 최승희〉,《무용역사기록학》제44호, 2017년 3월.

성현경, 〈1930년대 해외 기행문 연구-삼천리 소재 해외 기행문을 중심으로〉, 성균관대 석
        사학위논문, 2009년.

성현경 엮음,《경성 에리뜨의 만국유람기》, 현실문화연구, 2015년.

윤혜미, 〈최승희 무용 활동에 관한 역사적 연구〉, 중앙대 박사학위논문, 2009년.

정병호,《춤추는 최승희-세계를 휘어잡은 조선 여자》, 뿌리깊은나무, 1994년.

최성옥, 〈해외공연이 최승희의 예술세계에 미친 영향〉,《한국무용기록학회》제20호, 2010년.

'日 폭격하려고 배운 비행술', 조선 첫 여성 비행사 권기옥

"조선에 처음인 여류비행가 권기옥 양은 금년에 중국 운남雲南 육군항공학교를 졸업하고 방금 그 학교에서 비행기를 연습하는 중이다. 그의 고향은 평양이니 기질이 튼튼하고 담대하고 여성적 기분이 적으며 한번 정한 일은 기어이 하고야 마는 것은 그의 천성이라 할 수 있다."(〈외국에 노는 신여성, 권기옥 양〉, 《조선일보》 1925년 5월 21일)

　조선의 첫 여성 비행사의 탄생을 알리는 기사가 신문에 났다. 스물넷 권기옥이 주인공이었다. 권기옥은 1923년 12월 동포 청년 세 명과 함께 운남 육군항공학교 1기생으로 입교했다. 상해 임시정부가 운남 군벌 당계요의 협조를 얻어 비행사를 양성하기 위해 마련한 자리였다. 상해 임시정부는 항공대 창설을 구상하던 중이었다. 1925년 2월 항공학교를 졸업한 권기옥은 그렇게 조선 여성 최초의 비행사가 됐다.

평양 숭의여학교서 3·1운동 주도, 군자금 모집

권기옥의 고향은 평양이었다. 숭의여학교 졸업반 때 3·1운동이 일어났다. 만세시위를 하다 유치장에 갇히기도 했다. 그는 임시정부 연락원과 접촉하면서 군자금을 모집하고 임시정부 공채를 팔아 송금하다 일본 경찰에 체포돼 6개월간 옥고를 치렀다. 이듬해인 1920년 10월 뒤를 밟던 형사의 추적을 피해 두 길이나 넘는 담을 뛰어넘어 그 길로 대동강 하구 진남포로 달아나서 목선을 타고 상해로 탈출했다. 권기옥은 1921년 항주의 홍도여학교에 들어가 중국어와 영어를 배우고 1923년 6월 졸업했다. 그리곤 숭의여학교 시절이던 1917년 경성 여의도를 방문해 곡예 비행을 선보인 미국인 스미스 기사를 보면서 키웠던 비행사의 꿈을 실현하기 위해 운남 육군항공학교에 들어간 것이다.

신문은 "적수공권으로 뛰어들어 간 여자의 몸으로써 한 푼의 학자學資를 도와주는 사람 없이 벌써 6년 동안이나 학업을 계속하는 그의 열성과 인내력은 과연 감탄치 않을 수 없다"고 썼다. 권기옥이 당시 친구에게 쓴 편지가 그의 곤궁한 형편을 말해준다. "사랑하는 벗아, 나는 오늘 오십 리 밖에 비행기를 연습하러 나갔다

〈외국에 노는 신여성, 권기옥 양〉
| 여성 비행사 권기옥은 1925년 당시 벌써 유명인사였다. 운남 육군항공학교 졸업 후 상해에서 비행 훈련을 계속하던 권귀옥의 근황을 보도한 기사다. 《조선일보》 1925년 5월 21일.

가 배가 고파서 돌아올 수가 없었다. 비행기 타고 돌아올 수 없었고 걸어서 돌아올 수 없었다. 누가 나의 이런 답답한 사정을 알아주랴? 체험하여 보지 못한 너로서는 연구할 수도 상상할 수도 없으리랴만은 성공을 기대하고 밟는 길이니 모든 것을 오히려 기쁨으로 생각한다."(〈외국에 노는 신여성, 권기옥 양〉)

"중국혁명전선의 조선인 비행가"

당시 중국은 손문과 장개석이 이끄는 국민정부가 광동에서 출발, 각 지역에 할거하는 군벌을 제압하는 '국민혁명'을 벌이던 중이었다. 권기옥의 활약은 1926년 신문에 또 소개됐다. '국민군 제1비행대에 고빙되어 활약'하다 그해 4월 갑자기 종적을 감췄다는 내용의 보도였다.(〈풍진 어지러운 중국 공중空中에 이채異彩찬연한 조선 여장부〉,《조선일보》1926년 5월 21일)

권기옥은 1926년 초 독립운동가 이상정과 결혼하고, 북경으로 거처를 옮겼다. 이상정은 저항시인 이상화의 맏형으로 오산학교 교사를 지내다 망명해, 장개석 편에 선 풍옥상 부대에서 준장급 참모로 있었다. 권기옥은 이듬해 상해로 가서 장제스의 국민혁명군 소속 비행사로 활약했다. 그즈음 조선의 첫 비행사 안창남을 비롯해 서왈보, 최용덕, 민성기 등이 중국군에 들어가 창공을 누비고 있었다. '중국혁명전선의 조선인 비행가'로 불리던 시절이었다.(〈중국혁명전선의 조선인 비행가〉,《중외일보》1927년 8월 28일)

일제는 상해 임시정부의 주선으로 비행사가 된 권기옥의 감시를 늦추지 않았다. 1928년 5월에는 남경에서 일본 영사관에 체포돼 조선에 송환될 뻔했으나 중국 당국의 협조로 3주일 만에 풀려나기도 했다. 비행학교 졸업 후 10여 년 동안 중국 국민정부의 비행사로 활동하던 권기옥은 1936년 남편 이상정과 함께 일본 밀정이라는 모함을 받아 8개월간 옥고를 치렀다. 풀려난 권기옥은 더

는 비행을 하지 않았다.

1937년 중일전쟁이 시작되자 권기옥은 이상정과 함께 장개석
정부 전시수도인 중경으로 근거를 옮겼다. 육군참모학교 교관으
로 활동하면서 1943년 한국애국부인회를 재건했고 중국 공군에
몸담고 있던 최용덕(해방 후 공군참모총장과 국방장관)과 광복군 비
행대 편성을 의논하기도 했다.

권기옥은 1949년 귀국했다. 남편 이상정은 1947년 10월 모친
상으로 먼저 귀국했는데 한 달 만에 뇌일혈로 급사했다. 권기옥은
1950년부터 5년간 국회 국방위원회 전문위원을 지냈고 정계에
잠깐 입문하기도 했다. 그리고 한참 뒤 다시 신문에 등장했다.
1975년부터 장학기금 1000만 원을 만들어 고교생과 대학생에게
장학금을 몰래 주고 있다는 보도였다.(〈남몰래 준 '할머니 장학금'〉,
《조선일보》 1977년 2월 11일) 권기옥은 당시 인터뷰에서 "'나 대신 조

국에 유익한 일을 해달라'는 남편의 간곡한 당부를 한시도 잊은 적이 없다"고 했다. 당시 기사는 "추운 겨울에도 방에 불을 지피지 않으면서 푼푼이 저축, 1000만 원이 모인 1975년 이 돈을 은행에 장학기금으로 예치했다"고 소개했다. 1977년 건국훈장 독립장을 받은 권기옥은 1988년 노환으로 별세했다.

☞ 참고 자료

〈외국에 노는 신여성, 권기옥 양〉, 《조선일보》 1925년 5월 21일.
〈풍진 어지러운 중국 공중空中에 이채異彩 찬연한 조선 여장부〉, 《조선일보》 1926년 5월 21일.
〈중국혁명전선의 조선인 비행가〉, 《중외일보》 1927년 8월 28일.
〈남몰래 준 '할머니 장학금'〉, 《조선일보》 1977년 2월 11일.

〈독립유공자 공훈록 권기옥 편〉, 국가보훈부.

'구두닦이도 백만장자만큼 자유 누린다', 미국을 본 개성 청년 김동성

"뉴욕의 마천루들이 우리의 맨눈에는 길게 늘어선 산맥처럼 보였다. 부지불식간에 우리는 고국에서 우리의 신들 앞에서 그랬던 것처럼 자유의 여신상을 향해 모자를 벗어 경의를 표했다."(《미주의 인상》, 56쪽)

1909년 11월 20일 열아홉 살 개성 부잣집 3대 독자 김동성이 뉴욕 항에 내렸다. 영국 남부 사우샘프턴에서 출항한 미국 기선 필라델피아호號 2등실 승객이었다. 자유의 여신상을 마주한 김동성은 앨리스섬에 상륙했다. 여권도 제대로 없었기에 사실상 밀입국자 신세였으나 용의주도했다. 출입국 관리소의 서류 심사를 통과하기 위해 일부러 비싼 2등실을 끊었다. 상해에서 사우샘프턴까지는 3등실을 탔던 그였다. 아마 2등실 승객의 심사는 조금 느슨했나 보다. 이민국 관리에게는 중국 유학 때 준비한 한문 여행 증명서를 내고 입국했다.

그는 1908년 소주蘇州 동오東吳대학에 적을 두고 공부했다. 미국 유학을 위해 잠시 귀국해 어머니 허락을 받은 그는 상해에서 독일 상선 '프레드릭 친왕'호를 타고 영국으로 향했다. 홍콩, 싱가포르와 인도양, 수에즈운하를 거쳐 이탈리아, 알제리를 경유해 영국 사우샘프턴에 도착했다. 런던에서 나흘 머문 뒤 필라델피아호를 타고 1주일 만에 뉴욕에 도착한 것이다. 김동성의 1차 목적지는 아칸소주 콘웨이였다. 그가 개성에서 다녔던 한영서원 영어교사였던 알프레드 왓슨 소개로 왓슨의 고향인 이곳의 핸드릭스 칼리지에서 1912년까지 중등과정을 마쳤다.

이어 콜럼버스에 있는 오하이오주립대 교육대학에 입학(1912년 9월 17일)한 뒤 1년 만에 자퇴하고, 다시 농학으로 전공을 바꿔 1915년 12월 8일까지 다녔다. 또 1915년 신시내티 미술학교에 입학해 만화와 만평을 공부했다. 김동성은 귀국 후 1918년부터 《매일신보》와 《동아일보》에 만화와 만평을 게재했다.

'동양 정신의 다재다능을 드러내는 기발한 유머'

10년 가까운 김동성의 미국 유학생활에서 눈길을 끄는 사건이 있다. 1916년 미국에 대한 관찰과 비평을 담은 영문 기행서《동양인

김동성의 미국에 대한 관찰과 비평을 담아 1916년에 출간된 《동양인의 미국 인상기》에 실린 삽화다. 《동양인의 미국 인상기》는 1912년 나온 이승만의 프린스턴대 박사논문을 제외하면, 미국에서 출간된 한국인의 첫 영문 대중서였다.

의 미국 인상기Oriental Impressions In America》를 출간한 것이다. 신시내티시 애빙던출판사Abingdon Press에서 나온 36쪽짜리 책은 출간과 함께 주목을 받았다. 《보스턴 저널》, 《캔자스시티 스타》, 《아이다호 스테이츠먼》 같은 지역 일간지가 앞다투어 소개한 것이다. 1912년 이승만의 프린스턴대 박사논문을 제외하면, 미국에서 출간된 한국인의 첫 영문 대중서였다.

현지 유력 신문사 《신시내티 인콰이어러》 편집장 W.F. 윌리가

서문에 쓴 글이다. "'동양인의 미국 인상기'는 서구 문명의 사유와 활동과 약점을 포착하고, 이해하고, 그에 적응하는 동양 정신의 다재다능함과 민첩함을 드러내는 작품이다. 저자의 천재성은 본문과 삽화 모두에서 보이는 기발하고 건전한 유머를 통해 한층 더 강조된다." 김동성은 이 책에 실린 삽화를 직접 그렸다. 미술학교에서 배운 그림 실력을 발휘한 셈이다. 김동성의 《동양인의 미국 인상기》는 24편의 에피소드와 삽화 15점으로 편집됐다. 이 중 다섯 편(도미, 시가지, 도서관, 의복, 음식)을 추려 《매일신보》에 〈미주의 인상〉(1918년 2월 23일, 26일~28일)이라는 제목으로 연재했다.

진실 같아서 믿기 어려운 미국

청년 김동성은 정치에 관심이 많았다. 특히 미국의 대통령제를 예찬했다. "미국이 공화국이라는 것은 알았지만, 나라의 최고 책임자를 4년마다 선출하는 일이 가능하다고는 믿을 수 없었다." 그는 "완전히 사심 없는 동기를 지닌 국민의 심부름꾼"에 불과한 대통령, 특히 "동등한 능력을 가진 다른 이에게 자리를 물려주고 떠나"는 제도에 감탄하며 "너무나 진실 같아서 믿기가 어려웠다"고 했다.

전제 군주 국가에서 태어나 식민지 청년이었던 김동성에게 미국은 '천상의 공화국'으로 느낄 만큼 선망의 대상이었다. '자유의 나라' 미국에 대해서도 에피소드 한 편을 할애해 "구두닦이에게도 상류층 사람이나 백만장자만큼의 자유가 있다"고 했다. 난민,

망명자에 관대한 미국과 미국의 민주주의에 대해서도 "폴란드인, 아르메니아인, 힌두교도, 그리고 우리 동포들까지, 성조기 아래서 개인적 권리를 존중받는다"라며 감탄했다.

그는 자격을 갖춘 여성들의 참정권 부여를 주장하기도 했다. "몇몇 여성은 소위 자격이 충분한 정치가들보다 공직에 더 적합하다"며 "왜 남성들이 투표권처럼 사소한 것을 여성들에게 내주기를 주저하는지 도무지 모를 일이다"고 썼다. 개인 의지와 상관없이, 집안 어른의 뜻에 따라 혼인이 이뤄지던 조선과 달리, 자유연애가 보편화된 미국 사회에 호의적이었던 그는 "우리 고국에서는 부모가 젊은이들의 배우자감을 골라주므로 젊은이들은 사랑하는 법을 배워야 하는데, 미국은 정반대의 상황이다. 젊은이들은 대단한 자유를 누리고 있어서, 그러고 싶다면 스스로가 선택한 이와 사랑의 도피를 할 정도다"고 이야기했다. 그가 느낀 미국이었다.

물론 김동성은 무조건 미국을 숭앙하지는 않는다. 자유연애에 호의적이지만 돈에 물든 미국식 사랑을 "이웃보다 조금 더 재산이 많은 이가 있다면, 동네에서 제일가는 미녀가 그를 먼저 선택한다"라며 비꼬기도 했다.

'중국인은 쥐를 먹는다'는 편견과 인종차별을 고발하고, 조선인이 먹는 개구리 다리(요리)도 마찬가지 아니냐는 반론도 제기한다. 김동성의 미국 사회 분석은 '기발하고도 건전'하며 '정확한 판단과 안목'을 가진 것으로 평가받았다.

《신문학》, 《라디오》 출간, 국내 언론학 선구자

김동성은 1920년 《동아일보》 창간에 참여하면서 첫 해외 특파원으로 북경에 파견되는가 하면, 1924년 10월에는 《조선일보》로 옮겨와 발행인과 편집인을 맡았다. 1931년 《조선중앙일보》로 옮겨 1936년 폐간 때까지 편집국장을 지냈다. 광복 후 김동성은 국내 첫 통신사인 합동통신을 설립하고, 초대 사장을 맡았다. 1948년 정부 수립 후 초대 공보처장, 제2대 의원을 지냈다.

김동성은 최초 기록을 많이 갖고 있다. 한국인이 쓴 첫 언론학 저서인 《신문학新聞學》(1924)을 집필했다. 경성방송국 정식 방송(1927년 2월 16일)을 앞두고 《조선일보》에 연재한 〈라디오〉(1926년 12월 6일~27일, 총14회)를 이듬해 책으로 냈다. 당시 첨단 미디어였던 라디오를 소개한 국내 첫 연구였다. 이 때문에 학계에서는 김동성을 신문학과 신문만화, 방송학의 선구자로 평가한다. 한국인이 쓴 첫 한영사전인 《최신선영鮮英사전》(1928)을 냈고, 채소 재배 기술을 정리한 〈실제소채원예〉를 연재(《조선일보》 1929년 10월 31일~1930년 2월 15일, 총63회)한 뒤, 1930년 같은 이름의 책으로도 출간했다. 문과, 이과 지식과 예술을 한 몸에 체현한 전방위 지식인이었던 셈이다.

☞ 참고 자료

Dong Sung Kim, *Oriental Impressions in America*, Cincinnati, The Abingdon Press, 1916.

김동성, 〈나의 회상기〉, 《사상계》 120~129, 1963년 4월~12월.

김동성 글, 그림, 김희진, 황호덕 옮김, 《미주의 인상-조선 청년, 100년 전 뉴욕을 거닐다》, 현실문화연구, 2015년.

김을한, 《천리구 김동성》, 을유문화사, 1975년.

박진영, 〈천리구 김동성과 셜록 홈스 번역의 역사-《동아일보》 연재소설 '붉은 실'〉, 《상허학보》 27, 2009년.

차배근 등, 《한국 언론학 선구자: 김동성과 김현준》, 서울대출판문화원, 2019년.

'5개 국어를 한 조선의 첫 여성 경제학사', 귀국 직후 요절한 최영숙

"인도는 중국과 애급과 마찬가지로 상고上古문명국이다. 그러나 그 찬란한 역사와 문명은 오늘날에는 다 어디가고 지금은 일개 섬나라인 영국의 지배 밑에 있다. 산천에 흐르는 젖과 꿀은 어이해 인도의 딸과 아들의 살과 뼈를 기르는 데 아무런 인연이 없어졌는가."(〈인도유람〉 1, 《조선일보》 1932년 2월 3일)

1932년 초 신문에 인도유람기가 실렸다. 여행기 형식이지만 인도 독립운동가 마하트마 간디와 시인 사로지니 나이두를 소개하는 기획이었다. 글을 쓴 사람은 스웨덴 유학을 마치고 귀국길에 오른 최영숙이었다. 이집트를 거쳐 인도에서 4개월가량 머물면서 현지 사정을 관찰한 그는 이렇게 썼다.

"스와데시(물산장려회) 상점은 거리마다 흥왕하고 있다. 인도인들은 극소수의 사람들을 제하고는 모두 물건 값을 더 주거나 외국 물품을 사용하면 자기에게는 경제적 리㊀가 될지라도 결코 외국 상점에 가서 사 쓰지 않고 꼭 스와데시 상점에 가서 자기들의 쓸 것을 사 쓰기로 위주한다."(〈인도유람〉 1) 인도를 빗대 조선의 '물산장려운동'을 지지하고 민족의식을 자극하는 내용이었다.

쇠약한 간디 연설에 '부모 유언 듣듯 감격의 눈물'

최영숙은 "내가 인도를 찾아간 일이나 인도에서 오래 머물게 된 이유는 '깐듸' '나이두' 두 분을 만나고 싶은 까닭이었다"고 썼다. 마침내 1931년 7월 초 봄베이에 도착한 간디를 만났다. 이집트에서 인도로 향하는 배 안에서 만난 나이두의 생질 "로 氏"의 소개 덕분이었다.

"반㊀ 나체인 그의 끝없이 수척한 팔과 다리! 코끝에 반쯤 걸린 안경, 쾌활한 웃음을 웃을 때마다 드러나는 몇 개 안 남은 윗니! 크고 둥근 머리 꼭대기에 서너 오라기 뒤로 늘어진 긴 머리끝. 이같이 그의 외모는 보잘것없지만 그의 인격! 그의 정신! 그의 행동은 세계 인류에게 막대한 영향을 주고 있는 것이다."(〈인도유람〉 3, 《조선일보》 1932년 2월 5일)

두 번째 만남은 8월 29일 아침이었다. 수십만 남녀가 모인 넓은 운동장에서 마이크 앞에 선 간디가 연설을 시작했다. "놀라지

최영숙 부고 기사 | 한국 최초의 스웨덴 유학생인 최영숙은 1931년 2월 스톡홀름대 경제학과를 졸업한 뒤, 그해 11월 귀국했으나 뜻을 펼치지 못하고 귀국 다섯 달 만에 세상을 떠났다. 《조선일보》 1932년 4월 25일.

말라! 그렇게도 수척하고 쇠약하여 보이는 간디 씨의 음성은 산곡을 울릴 듯 말귀마다 힘 있게 울려 나왔다. 청중은 마치 부모의 유언이나 듣는 듯이 고요하고 정숙하게 서서 감격의 눈물을 흘리는 것을 보았다."

간디의 육성과 인도 실상을 '르포'한 최영숙의 이름은 불과 두 달 뒤 부고_{訃告}로 날아왔다. "여자의 몸으로 외국의 최고 학부를 마치고 경제학사의 학위를 얻어가진 후 작년 11월에 금의환향하였던 시내 홍파동(2의 10) 최영숙 여사는 … 지난 23일 오전 11시에 이 세상을 영별하고 말았다."(〈구십춘광을 등지고 애석! 여인의 요절〉, 《조선일보》 1932년 4월 25일)

한국 최초의 스웨덴 유학생인 최영숙은 1931년 2월 스톡홀름 대 경제학과를 졸업한 뒤 덴마크, 러시아, 독일, 프랑스, 스위스, 이탈리아, 그리스, 터키, 이집트, 인도를 여행했다. 1931년 11월 귀국한 최영숙을 신문들은 대서특필했다.(〈조선 초유의 여류 경제학사 최영숙 양〉, 《조선일보》 1931년 12월 22일) 이런 인재가 제대로 뜻을 펼치지도 못하고 귀국 다섯 달 만에 세상을 떴다. 애석한 죽음이었다.

배추, 미역, 미나리, 콩나물 장사까지

최영숙은 '첫 여성 경제학사'란 타이틀이 무색하게 '취업난'에 시달렸다. 최영숙이 유학을 떠났을 때 사람들은 "불쌍한 조선 사회를 위하여 한 조각 붉은 마음을 가지고 발버둥이 치는 여성이니 그가 고국에 돌아오는 날은 반드시 한줄기 희망의 불이 비칠 것"(〈엘렌 케이 찾아가 서전 있는 최영숙 양〉, 《조선일보》 1928년 4월 10

여성운동가 엘렌 케이를 찾아 스웨덴에 유학한 최영숙의 사연을 소개한 기사. 최영숙은 엘렌 케이를 흠 모해 유학했으나 그가 스웨덴에 도착하기 직전 엘렌 케이는 세상을 떠났다. 《조선일보》 1928년 4월 10일.

일)이라고 했지만, 귀국한 조선에는 그가 일할 만한 곳은 없었다. 신문 기자, 교사 자리를 얻으려 했으나 여의치 않았다. 포목상을 하면서 여유 있던 집안 살림이 기울어지면서 노부모 생계까지 책임져야 했다.

최영숙은 귀국 직후 "처음 조선을 다시 찾을 때에 현하의 급무인 경제운동과 노동운동에 몸을 던져 산 과학인 경제사회학을 더욱 살려보려고 하였으며 공장 직공이 되어 그들과 같이 실제 운동을 하려 하였으나 집 사정이라든지 여러 가지 형편에 많은 변

동이 있어 당장에 취직이 문제"라고 호소했다.(《조선 초유의 여류 경제학사 최영숙 양》)

결국 최영숙은 서대문 밖 교남동에서 채소가게를 열었는데, 운영난을 겪던 '여자소비조합'을 인수해 벌인 일이었다. 8년 유학 끝에 스웨덴 경제학사 학위를 받은 최영숙이 "배추 포기, 감자, 마른 미역 줄기, 미나리 단, 콩나물 단을 만지는 것"(《삼천리》 제4권 제5호, 1932년 5월)이 일과가 됐다. 유학파 신여성이 이런 구멍가게를 꾸리는 게 쉬울 리 없었다.

게다가 최영숙은 홑몸이 아니었다. 인도 체류 때 얻은 사랑의 열매였다. "어린애를 가진 몸에 영양 부족, 소화 불량, 그는 각기병까지 걸려서 두 다리는 차차 부어올라오기 시작했다."(《동광》 제34호, 1932년 6월) 최영숙은 1932년 4월 11일 동대문부인병원에서 산모 상태가 위험하다는 진단을 받고 태아를 꺼내는 수술을 받았다. 그 후로도 호전되지 않아 4월 23일 세상을 떴다.

최영숙이 인도인의 피가 흐르는 혼혈아를 출산했다는 뉴스는 세간의 호기심을 자극했다. 미혼으로 알던 조선의 첫 여성 경제학사가 혼혈아를 낳고 죽었으니 스캔들이 될 만했다. 〈스톡홀름대에서 만난 인도 유학생〉(《삼천리》), 〈인도 여행 중에 만난 한국계 혼혈〉(《동광》) 등 잡지들은 아버지의 정체를 둘러싸고 갑론을박을 벌였다. 최영숙의 죽음은 무성한 가십에 휩싸였다.

엘렌 케이 흠모해 스웨덴 유학

최영숙의 이력은 독특했다. 이화여고보를 졸업한 1923년 중국으로 유학을 간 것부터 그랬다. 최영숙은 "나는 남달리 일본 유학을 싫어하였으며 까닭도 없이 중국 유학을 즐겨함에 따라서"(《삼천리》제4권 제1호, 1932년 1월)라고 공개 선언할 만큼 항일抗日 의식이 강했다.

남경 명덕明德여학교를 거쳐 회문滙文 여자중학을 마친 1926년 스웨덴으로 향했다. 당대의 저명한 스웨덴 여성운동가 엘렌 케이에게 감화를 받았기 때문이다. 엘렌 케이는 당시 신문, 잡지에 자주 소개된 유명 인사였다. 최영숙은 중국 유학 시절 엘렌 케이의 사상에 호응해 편지를 주고받을 만큼 그를 흠모했다. 하지만 그가 1926년 9월 스웨덴에 도착하기 직전 엘렌 케이는 세상을 떠났다.

유학생 최영숙은 고학생이었다. "낮에는 노동을 하고 밤에는 어학을 공부하였다"고 일기에 썼다. 여기서 노동은 '자수'를 가리킨다. 베개 하나의 수를 놓으면 5, 6원의 수입이 생겼다. 이 돈으로 먹고 자고 저금까지 했다. 스톡홀름 대학을 다닐 때는 스웨덴 황태자 도서관에서 구스타프 황태자의 역사고전 연구를 도왔다. 1926년 10월 조선을 방문해 '서봉총瑞鳳塚' 발굴 현장을 찾은 구스타프 아돌프 황태자가 바로 그 사람이었다. '서봉총'의 첫 글자 '서'는 스웨덴의 한자명인 '서전'에서 따왔다. 최영숙은 이 구스타프 황태자가 조선에서 가져온 역사고전 서적의 목록을 만들고 내용을 번역하는 일을 맡아서 했다. 구스타프 황태자는 1950년 즉위해 23년간 재위했다.

스키 타고 설원 누빈 조선 여인

최영숙의 스웨덴 초반 생활은 고달팠던 모양이다. "서전의 풍경은 내가 어릴 때에 지리를 배우면서 상상하던 풍경은 아니었으며 또한 언어 풍속 등이 전혀 다르고 아는 사람조차 없으니 어찌 외롭고 쓸쓸하지 않았으리까? 그래서 나는 한 달 동안은 밤이나 낮이나 울기만 했답니다." 최영숙은 《삼천리》(제4권 제1호, 1932년 1월)에서 스웨덴 시절을 이렇게 회고했다.

대학에 들어가서도 "조선이라는 땅의 존재도 모르는" 동료 틈에서 부대끼느라 스트레스를 받았다. 하지만 차츰 적응한 최영숙은 "다른 동무들과 똑같이 여름이면 수영으로, 겨울이면 스키로, 이렇게 세월이 어떻게 가는 줄도 모를 만하게 재미있는 생활을 계속하던 일이 지금 와서는 끝없이 그리워집니다"라고 이야기했다.

스키를 타고 스웨덴 설원을 누비던 최영숙은 그토록 고대하던 고국 땅에서 스물여섯 아까운 나이에 세상을 떠났다. 해외에서 닦은 실력을 펼쳐보지도 못했다. 식민지 조선에서 여성 경제학도로 살아갈 길은 매우 협소했을 것이다. 도쿄 유학 출신 모던 걸, 모던 보이들이 하릴없이 방황하던 시절이었다. 마흔 넘어 해방 이후까지 살아남았다면 다섯 개 국어에 능통한 최영숙에게 기회가 생겼을지 모르겠다. 일찍 스러진, 안타까운 청춘이었다.

☞ 참고 자료

〈엘렌 케이 찾아가 서전 있는 최영숙 양〉, 《조선일보》 1928년 4월 10일.

〈조선 초유의 여류 경제학사 최영숙 양〉, 《조선일보》 1931년 12월 22일.

최영숙, 〈인도유람〉 1~5, 《조선일보》 1932년 2월 3일~7일.

〈구십춘광을 등지고 애석! 여인의 요절〉, 《조선일보》 1932년 4월 25일.

〈경제학사 최영숙 여사와 인도청년과의 연애 관계의 진상〉, 《동광》(제34호) 1932년 6월.

〈인도 청년과 가약 맺은 채 세상 떠난 최 양의 비련〉, 《삼천리》(제4권 제5호) 1932년 5월.

최영숙, 〈간디와 나이두 회견기, 인도에 4개월 체류하면서〉, 《삼천리》(제4권 제1호) 1932년 1월.

_____, 〈서전대학생 생활〉, 《삼천리》(제4권 제1호) 1932년 1월.

성현경, 《경성 에리뜨의 만국 유람기》, 현실문화연구, 2015년.

이승원, 《세계로 떠난 조선의 지식인들》, 휴머니스트, 2009년.

전봉관, 〈조선 최초 스웨덴 경제학사 최영숙 애사〉, 《신동아》 2006년 5월호.

최영숙, 《네 사랑 받기를 허락치 않는다》, 가갸날, 2018년.

백석이 사모한 '란'의 연인,
경성제대 반제反帝 동맹 주동자 신현중

1931년 11월 4일 경성 시내에 호외가 뿌려졌다. 〈초유의 반제反帝
비밀결사와 학생중심의 조선공산당〉이란 큼직한 제목이 긴박감
을 더했다. 경성제대를 중심으로 일제의 만주침략을 반대하는 반
제동맹이 적발됐다는 내용이었다.(〈초유의 반제反帝 비밀결사와 학생
중심의 조선공산당〉,《조선일보》1931년 11월 4일)

최고 수재들이 모인 경성제대에 전투적 반일反日 비밀조직이
있다는 건 보통 일이 아니었다. 게다가 일본인 학생 세 명이 조선
인 학생들과 함께 반제동맹에 참여했다는 사실이 총독부를 경악
시켰다. "경성제대 개교 이래 가장 규모가 크고 조직이 갖춰진 현
실 참여"였다.(《다시 보는 경성제국대학》, 2013)

당시 경성제대에 다니던 조용만은 "조선 통치의 중추인물을 양
성할 목적으로 설립된 제국대학 안에서 일본인 학생이 조선인 학
생에게 포섭되어 조선 독립을 부르짖는 공동 투쟁에 나섰다는 점
에서 일본 전국에 큰 충격을 준 획기적인 사건"이라고 썼다.(《30년
대의 문화예술인들》, 1988)이라고 썼다.

"저 피로 물든 만주 광야를 보라"

발단은 만주사변이었다. 일본 군부는 1931년 9월 17일 만주사변
을 일으켜 중국 침략을 본격화했다. 경성제대 반제동맹은 만주침
략을 중단하라는 격문을 뿌리며 일제의 침략에 제동을 걸었다.
"저 피로 물든 만주 광야를 보라. 우리 동포들이 제국주의 총칼에
도륙이 되고 있는데"로 시작하는 성명 〈반전격反戰檄〉을 쓴 이는 경
성제대 법학과 1학년에 다니던 스물한 살 신현중이었다. 신현중
은 예과 신입생 때인 1929년 광주학생운동 당시 반제동맹 주역인
조규찬과 함께 예과의 조선 학생들 책상 서랍에 격문을 투입한
열혈청년이었다. 경찰은 예과생들이 교문 밖으로 뛰쳐나오는 것
만 막았을 뿐 격문 작성자가 누군지는 밝혀내지 못했다.
　신현중은 일제 식민지배에 저항하기 위해 사회주의에 관심을
갖고 독서회를 조직하면서 학생들을 포섭했다. 일본인 학생 이치
카와市川朝彦, 히라노平野而吉, 사쿠라이櫻井三良도 끌어들였다. 경성치
과전문학교, 경성제2고보(경복고 전신)에도 독서회 삐라를 배포하

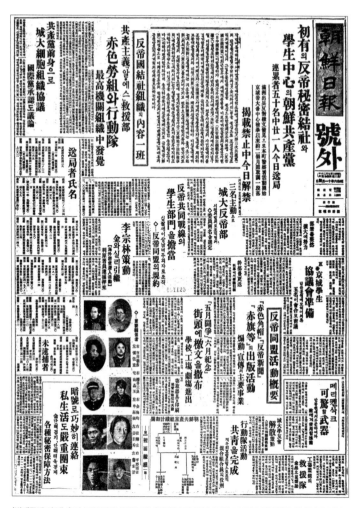

'반제동맹 사건' 호외 | 경성제대 반제동맹 사건으로 공판에 넘겨진 19명 중 징역형을 산 학생은 신현중 혼자였다. 이 사건은 일제 경찰이 보도금지 조치를 내려 대규모 체포 두 달 후에야 보도할 수 있었다. 《조선일보》 1931년 11월 4일.

면서 조직원을 늘려나갔다. 당시 조선공산당은 세 차례나 일제 검거에 걸려 와해된 상태였다. 반제동맹은 제3차공산당 사건 때 검거되지 않은 ML계(ML은 마르크스와 레닌) 강진과 줄이 닿았다.

신현중이 쓴 만주사변 격문은 일본인이어서 상대적으로 감시가 느슨한 사쿠라이의 하숙방에서 등사판으로 밀었다. 이틀 밤을 새며 4800장을 찍은 뒤 9월 28일 조선극장에서 영화를 보던 관객들에게 비밀리에 나눠줬다. 하지만 또 다른 배포책이던 강약수가 격문을 보따리에 넣고 옮기다 경찰 불심검문에 걸렸다. 경찰은 독서회를 함께한 경성제대 학생들을 모조리 잡아들였다. 경성제대에서만 일본인 학생 일곱 명을 포함 20명이 끌려갔고, 치의전과 제2고보학생, 총독부·은행 급사까지 50명이 체포됐다.

신현중은 주동자가 먼저 체포되면 안 된다는 의견에 따라 미리 함경남도 흥남으로 몸을 피했다. 저고리 바람에 낡은 맥고모자를 쓰고 괴나리봇짐을 진 시골뜨기 장꾼처럼 차렸다. 여차하면 중국이나 소련으로 넘어갈 작정이었다. 격문을 뿌린 지 한 달 넘게 신문에는 이렇다 할 기사가 없었다. 일제의 보도금지 조치 때문이었다. 경성으로 몰래 되돌아온 신현중은 아지트인 이성학의 집으로 갔다가 체포됐다. 신현중은 체포 당시 상황을 이렇게 회고했다. "나는 메리켄사쿠(손에 끼는 호신무기)를 생각했으나 형량이 많아질 것 같아 쓰지 않고 그 순사에게 서로 갈 테니 결박하지 말라고 제의했다. … 그러겠다던 순사는 내가 반항하지 않을 것 같자, 달려들어 포승줄로 힘껏 묶었다. 나는 몸은 묶였지만 구경꾼들 앞에서 독립운동을 하다 비겁하지 않게 잡혀가노라고 일장 연설을 했다."

반제동맹 사건으로 공판에 넘겨진 19명 중 징역형을 산 학생은 신현중(징역 3년) 혼자였다. 신현중 외에 《조선일보》 급사였던 안복산과 조선총독부 급사였던 이형원 등 소년범 두 명이 징역 2년을 살았다. 나머지는 모두 집행유예였다. 항일운동 사건으로는 유례없이 가벼운 처분이었다. 경성제대 총장 야마다 사부로山田三良가 '학생들을 관대히 처분해 달라'며 호소한 것의 영향이 컸다고 한다.

언론계 투신한 신현중

형기를 꼬박 채우고 출소한 신현중은 언론계에 투신했다. 1934년 봄 《조선일보》 기자로 첫발을 내딛은 것이다. 입사 첫해 연말 신현중은 신문에 〈젊은 의기意氣 가지고〉란 제목의 송년사를 썼다. "이 무기력하고 침체한 금일의 조선이므로 일층 더 우리들 청년의 존재가 중요하고 고귀함을 자부하여야 될 것이다. … 정열에 불타는 청년이 되자! 동시에 실무에 착실한 젊은이가 되자!" 혹독한 시련을 겪은 스물네 살 청년은 여전히 패기가 넘쳤다. 교정부를 거쳐 1935년 1월부터 사회부에서 일한 신현중은 '편집국원 상벌규정 실시 후 첫 공로상 수상자'로 선정될 만큼 유능한 기자였다. 1939년 8월 31일 신문사를 관두고 통영으로 귀향할 때까지 그는 신나게 기자 생활을 했다.

"과거 반평생 내 직업이 일개 기자였기 때문에 기림(김기림), 만식(채만식), 원조(이원조), 석영(안석주), 일보(함대훈), 소천(이헌구), 정희(최정희), 천명(노천명), 선희(이선희), 허준, 백석 등등 한 직장에서 비비대고 일하고 낄낄거리고 놀았더니 만큼 이 쟁쟁한 문단의 별들이 내 머릿속 한 구석에 남겨준 그림자를 더듬어 회상할 수가 있다."

신현중은 같은 해 입사한 백석, 허준과 자주 어울렸다. 허준은 월간지 《조광》 1936년 2월호에 소설 〈탁류〉를 발표하면서 문단의 주목을 받던 소설가이자 교정부 기자였다. 신현중은 장난기 넘치는 쾌활한 성격이었다. 신현중은 여동생을 허준에게 소개해

신현중, 박경련 부부 | 통영 출신으로 이화고녀를 나온 박경련은 시인 백석이 연정을 품었던 '란'이다. 백석은 시 〈통영〉과 〈내가 생각하는 것은〉에서 란을 향한 마음을 드러냈다.

결혼을 성사시켰다. 그리고 이 결혼을 기념하는 회식자리에 참석한 통영 출신 이화고녀생 박경련을 백석에게 소개했다. 신현중의 누나가 통영에서 교사로 있을 때 가르친 제자였다.

백석은 첫눈에 반했던 모양이다. 박경련을 '란蘭'이라는 애칭으로 불렀다. 하지만 고백다운 고백도 못 하고 〈통영〉이란 시로 애틋한 마음을 드러냈을 뿐이다. "蘭이라는 이는 명정明井골에 산다 든데 / 명정골은 산을 넘어 동백나무 푸르른 감로 같은 물이 솟는 명정샘이 있는 마을인데 / 샘터엔 오구작작 물을 긷는 처녀며 새악시들 가운데 내가 좋아하는 그이가 있을 것만 같고 / 내가 좋아하는 그이는 푸른 가지 붉게붉게 동백꽃 피는 철엔 타관 시집을 갈 것만 같은데 …."(《조선일보》 1936년 1월 23일)

하지만 박경련의 마음을 사로잡은 것은 백석이 아닌 신현중이었다. 신현중과 박경련은 1937년 4월 통영에서 결혼식을 올렸다. 백석은 마음에 커다란 상처를 입은 모양이다. 이듬해 월간지 《여성》 4월호에 발표한 시 〈내가 생각하는 것은〉에서 "내가 오래 그려오든 처녀가 시집을 간 것과 / 그렇게도 살틀하던 동무가 나를 버린 일을 생각한다"라고 썼을 정도다.

신현중은 1939년 8월 31일 신문사를 그만두고 통영에 내려가 농사를 지었다. 일꾼을 사서 밭을 일궜지만 '모던 부부'에게는 버거운 일이었다. 해방 후 잠시 언론사에 몸담았지만 이내 교육계로 방향을 바꿨다. 진주여중, 통영중, 부산남중, 부산여중 교장을 지내며 제자들을 길렀다. 1954년 자전적 수필집 《두멧집》을 냈고,

국역 《논어》, 《도덕경》을 썼다. 젊은 날의 '혁명가' 신현중은 "조선 독립과 광복을 찾기 위한 수단 방법으로 공산주의 이론을 접했고 그들을 이용했을 뿐"이라고 회고했다. 신현중은 사후 10년이 지난 1990년, 건국훈장 애족장을 추서받았다.

☞ 참고 자료

〈초유의 반제反帝 비밀결사와 학생중심의 조선공산당〉, 《조선일보》 1931년 11월 4일.

신현중, 《두멧집》, 청우출판사, 1954년.
이충우, 최종고, 《다시 보는 경성제국대학》, 푸른사상, 2013년
조선일보사 사료연구실, 《조선일보 사람들》, 랜덤하우스코리아, 2004년.
조용만, 《30년대의 문화예술인들》, 범양사, 1988년.

'군복을 벗고 조국광복을 위해 궐기하다', 어린이운동 나선 조철호

'어린이날' 하면 소파 방정환을 떠올릴 만큼, 소파는 어린이운동의 대부다. 하지만 1923년 소파와 함께 '어린이날'을 만드는 데 앞장섰고, 한국 보이스카우트 창설을 주도한 관산 조철호의 이름을 기억하는 이들은 드물다. 더구나 그가 정규 일본 육사(제26기) 출신으로 탄탄한 미래가 보장된 엘리트 군인의 길을 내던지고 민족운동에 뛰어들었다는 사실을 아는 사람은 거의 없다.

조철호의 일본 육사 동기로는 훗날 광복군 총사령관이 된 지청천, 일본군 대좌 출신으로 대한민국 첫 육군참모총장을 지낸 이응준, 조선인으로는 일본군 최고위 계급인 중장까지 진급해 필리핀 포로수용소장을 지냈다가 일본 패전과 함께 전범재판에 회부돼

처형당한 홍사익이 있다.

대한제국 무관학교에서 일본 육군사관학교로

조철호는 대한제국 육군무관학교에 들어갔다가 2학년 때인 1909
년 7월 학교가 문을 닫자 국비유학생으로 일본에 파견됐다. 무관
학교 2학년생 중 18명, 1학년생 26명이 유학 시험을 통과했다. 조
철호는 그해 9월 3일 경성을 출발, 동기생들과 함께 도쿄 중앙유
년학교 예과 3년생으로 입학했다. 육사 예비과정이었다.

　이듬해인 1910년 8월 청천벽력 같은 소식이 전해졌다. 당시 용
어로 합방合邦, 실은 망국亡國이었다. 조국이 아니라 일본 제국을 위
한 간성干城이 될 판이었다. 이기동 전 한국학중앙연구원장의 책
《비극의 군인들》(79쪽)에는 비분강개한 유학생들이 집단 자퇴, 나
아가 집단 자결까지 논의했다는
내용이 나온다. 하지만 연장자
인 지청천의 제안에 따라 이왕
군사 교육을 배우러 왔으니 끝

조철호 | 일본 육사 26기인 그는 3·1운동 직전 출세가
보장된 현역 장교 자리를 내던지고 민족운동에 투신했
다. 이후 1922년 10월에 보이스카우트 전신인 조선소
년군을 창설했고 방정환과 함께 어린이날을 제정을 주
도했다.

까지 배우고 중위가 되는 날 일제히 군복을 벗어던지고 조국 광복을 위해 총궐기하기로 맹세했다.

이 맹세를 정확히 지킨 사람이 조철호였다. 조철호는 1914년 5월 임관 후 센다이 제2사단 예하 제29연대 3중대에서 근무했다. 1918년 중위로 진급하자 전역해 귀국했다. 남강 이승훈이 세우고 고당 조만식이 교장으로 있던 평북 정주의 오산학교에서 교편을 잡은 그는 이듬해 3·1운동이 일어나자 만세 시위를 주도하다 체포돼 옥고를 치렀다.

참고로 강제병합 당시의 맹세를 지킨 이로는 3·1운동 직후 망명한 지청천(26기), 이종혁(27기) 등이 있다. 이들보다 선배인 기병 장교 김경천(23기)도 3·1운동 직후 중국에 망명했다.

100년 전 첫 어린이날 제정 주도

감옥에서 나온 조철호는 1919년 중앙고보 체육교사가 됐다. 보이 스카우트 전신인 '조선소년군'을 창설한 것은 1922년 10월 5일 중앙고보 뒤뜰에서다. 청소년들의 몸과 마음을 강건하게 훈련시켜 미래의 역군을 길러내자는 취지였다. 조선소년군 창설과 함께 소년운동에 본격적으로 뛰어든 조철호는 이듬해 4월 소파 방정환과 '소년운동협회'를 조직했다. 이들은 5월 1일을 '어린이날'로 제정하고 어린이 보호를 위해 시위와 행사 개최 등 대대적 선전운동을 펼치기로 했다. 소년협회운동 창립과 어린이날 제정은 신문

에 대대적으로 보도됐다.

"… 몇몇 유지가 지난 18일에 천도교당에 모여 회의한 결과 소년운동협회를 조직하고 동시에 5월 1일을 '어린이날'로 정하야 당일은 전 조선 각 소년 단체에서 오후 3시에 선전운동을 일제히 하고 밤에는 강연을 하리라는데 당일에 의결할 것은 아래와 같다더라."(〈소년운동협회의 창기刱起〉, 《조선일보》 1923년 4월 21일)

이어 〈전 조선에 대선전, 5월 1일은 어린이날이다〉(《조선일보》 1923년 4월 29일)라는 후속 기사가 나가고 소년운동협회 활동을 기대하는 사설까지 실렸다. "우리 소년의 구일누습舊日陋習을 혁제革除하게 하고 우리도 국민의 일분자—分子요 사회의 일개인—個人이라는 각오를 주입하는 그 점이 절대로 추허推許할 바이라. 그럼으로 아我는 이 협회協會를 간주看做하기를 소년少年에게 대하여 무상無上한 교육방침敎育方針으로 인認하노라."(〈소년운동협회 창립에 대하야〉, 《조선일보》 1923년 4월 30일)

첫 어린이날 행사는 대대적으로 열렸다. 경성을 비롯해, 전국 각지에서 가두 행진을 하고 선전지를 나눠주려 했지만, 경찰이 제지했다. 경찰의 제지로 참가자들은 가두 행진은 생략하고 삼삼오오 짝을 지어 사람들에게 선전지를 나눠주는 것으로 행사를 진행했다.

6·10만세운동 참가로 체포

조철호는 1926년 6·10만세운동을 배후에서 지도하다 또다시 교단에서 추방됐다. 1927년 북간도로 망명해 간도 용정의 동흥중학교에서 교편을 잡은 그는 이곳에서도 독립운동을 쉬지 않아 일제 경찰에 검거됐다.

1930년 8월 귀향한 그는 이듬해 조선소년군 총사령에 다시 추대돼 소년운동을 재정비한다. 항일 전력 때문에 학교로는 쉽게 돌아갈 수 없었던 모양이다. 1931년 10월 《동아일보》 수위로 입사한 그는 발송부장을 거쳐 1939년 10월 퇴사했다. 그는 1937년

파고다공원에서 열린 시국강연회 때 조선소년군이 태극마크와 무궁화가 도안된 복장을 착용했다는 이유로 구속됐다. 일제는 조선소년군을 어용 단체로 만들려고 했으나 그는 단체의 해산을 택했다.

1939년부터 보성전문에서 교련을 담당하다가 오십을 갓 넘긴 1941년 3월 22일 별세했다. 냉수마찰을 즐기고 앓은 적 한번 없을 만큼 건강했던 그였는데, 입원 9일 만에 갑자기 세상을 떠났다. 그는 "나는 일을 다 하지 못했는데 …"라며 아쉬워하는 말을 유언처럼 남겼다고 한다.

육군 대장 출신이 조선 총독으로 오던 시절, 엘리트 장교로 얼마든지 영화를 누릴 수 있었던 그였다. 그가 신문사의 '문지기'로 일할 때, 고급 장교로 위세를 떨치던 동기, 선후배들이 수두룩했을 것이다. 하지만 그는 꺾이지 않는 마음으로 소년운동, 민족운동의 길을 걸었다. 그리고 해방의 날을 보지 못하고 눈을 감았다.

정부는 1990년 건국훈장 애국장을 추서했다. 문화관광부는 1998년 7월의 문화인물로 그를 기렸다.(〈한국 보이스카우트 창설자 조철호 선생〉, 《조선일보》 1998년 6월 27일)

조철호의 생애, 부정확한 기록 많아

아쉬운 것은 소년운동, 독립운동에 굵직한 자취를 남긴 관산 조철호의 생애를 다룬 기록과 논문에 기본적 사실 관계가 엇갈리는 내용이 많다는 점이다. 일본군 예편 과정, 망명 등을 둘러싼 배경은 그렇다 치더라도 육사 졸업연도를 틀리게 쓴 것은 납득하기 어렵다. 한국학중앙연구원이 '네이버'에 제공하는 '한국민족문화대백과사전'의 '조철호' 항목은 그가 1913년 졸업했다고 썼고, '네이버' 두산백과는 1910년 중위로 임관했다고 했다. 이 때문인지 최근까지 졸업연도를 1913년으로 쓴 논문들이 나온다. 문화관광부가 1998년 7월 '이달의 문화인물'로 발표할 때도 1913년에 졸업한 것으로 썼으니, 그럴 만도 하다. 문화관광부 산하 한국공예, 디자인문화진흥원이 관리하는 '전통문화포털'에는 여전히 잘못된 졸업연도를 싣고 있다. 일본 방위성(우리 국방부) 산하 방위연구소 웹사이트에 따르면, 조철호가 포함된 육사 26기는 1913년이 아닌 1914년 5월(28일)에 졸업했다.

☞ 참고 자료

〈소년운동협회의 창기創起〉, 《조선일보》 1923년 4월 21일.
〈전 조선에 대선전, 5월 1일은 어린이날이다〉, 《조선일보》 1923년 4월 29일.
〈소년운동협회 창립에 대하야〉, 《조선일보》 1923년 4월 30일.

이기동, 《비극의 군인들》, 일조각, 2020년.
이병구, 〈관산 조철호 선생의 민족교육과 체육 활동〉, 《한국체육학회지》 제60권 제6호, 2021년 11월.
조찬석, 《관산 조철호에 관한 연구》, 경인교대초등교육연구원, 1981년.

상급학교(대학) 진학은 한 세기 전에도 뜨거운 관심사였다. 월간
지《동광》이 '학교선택체험담'(1931년 2월호)을 주제로 각계 인사
20명에게 '그 학교를 선택한 이유' '선택에 대한 만족 또는 후회 여
부와 이유'를 설문조사했다. 시인 주요한이 1926년 5월 창간한
《동광》은 흥사단 계열 단체 수양동우회의 기관지 성격을 띤 시사
잡지다. 유길준 둘째 아들인 유억겸 연희전문 교수, 양주동 평양
숭실전문 교수, 이극로 조선어사전편찬위원 등 기라성 같은 지식
인들이 설문에 응했다.

서른셋 신의경은 도쿄여자의전을 나온 의사 이덕요와 함께 여
성으로는 단둘만 이름을 올렸다. 신의경은 조선 최초로 제국대학

도호쿠제국대학 | 신의경은 1927년 3월 도호쿠대학 법문학부에 입학해 서양사를 공부했다. 신입생 350명 중 유일한 여학생이었다고 한다.

을 졸업한 조선인 여자 유학생이자 광복 후 첫 여성 의원(남조선과
도입법의원)을 지낸 선구자였다. 1927년 센다이의 도호쿠제대에
입학해 서양사를 공부한 그는 1930년 졸업과 함께 이화여전 교수
로 부임했다.

조선인 최초의 제국대학 여성 졸업생

신의경은 도호쿠대를 선택한 이유를 이렇게 답했다. "누구보다도
더욱 참상에서 살아나가는 조선 여성은 그 자체의 장래를 위하야
배우지 아니하면 안 될 이 현상에 있습니다. 뿐만 아니라 국가와

사회의 근본인 가정을 맡을 여성으로서는 될 수 있는 대로 보다 높은 교육이 필요하외다. … 나는 여성의 고등교육을 어디까지 필요로 하는 동기에서 센다이로 갔습니다."

도호쿠대는 도쿄대, 교토대에 이어 1907년 일본에서 세 번째로 개교한 제국대학이다. 1945년까지 여학생을 받지 않은 도쿄대, 교토대와 달리 설립 초창기인 1913년 여학생 세 명을 받아들여 금녀禁女의 문을 깼다. 신의경이 도호쿠대를 선택한 이유도 이런 학교 내력과 연관이 있을 것이다.

1927년 3월 20일 경부선 열차에 오른 그는 2박 3일 동안 시모노세키를 거쳐 센다이에 도착했다. 도착한 다음 날인 23일에 전공과목을, 24일에 영어와 구두시험을 치르고 합격했다. 그가 입학하던 해, 신입생 350명 중 여학생은 단 한 명이었다고 한다. 조선인 유학생은 그를 포함, 모두 여덟 명이었다. 신의경은 집안에서 유학비를 대주는 '금수저' 출신이 아니었다. 부모 모두 일찌감치 작고했고, 유학을 떠난 1927년은 이미 서른 목전이었다. 선교사 도움으로 근근이 학비를 낼 뿐, 생활비는 아르바이트로 벌어야 했다.

"학비는 꼭 오늘 와야만 할 터인데 오지 않는다. 아침 일찍부터 기다리다 못해 나오는 것은 눈물뿐이다." "오늘 마루젠丸善으로 책을 찾으러 갈 날인데 돈이 20전뿐이다. 10전이 부족하다." 돈 걱정으로 가득한 그 시절 메모다. 이국땅에서 어렵게 공부한 그는 '미국의 종교개혁'을 주제로 논문을 쓰고 1930년 3월 문학사 학위를 받았다. 그의 졸업은 신문에 날 만큼 세인의 관심을 끄는 뉴스였다.

"시내 관수동에 거주하는 신의경 양은 금춘에 동북제대 법문학부 문과를 우수한 성적으로 졸업하야 문학사의 학위를 얻었는데 '조선 최초의 여女문학사'로서 서양 역사를 전공하였으며 그의 모교인 이화여전의 교편을 잡으리라더라."(〈조선 최초의 여문학사〉, 《조선일보》 1930년 3월 25일)

캠퍼스 커플, 엘리트 지식인의 결합

"아, 이곳이 어찌 이리 적적한가. 여기도 사람 사는 곳일 테지만 내게는 아무 인적이 없는 광야이다." 신의경은 유학 초기 힘들어했다. 하지만 달콤한 로맨스가 기다렸다. 입학 이듬해인 1928년 12월 유학생 망년회에서 입학 동기 박동길을 만난 것이다. 한 살 위인 박동길은 스무 살 때인 1917년 오사카 동양방적회사에서 일당 30전을 받는 견습공으로 출발, 오사카고등공업학교를 거쳐 오사카 광영제약회사 기사로 일하다 서른 살에 도호쿠대에 진학한 만학도였다.

서른 넘어 만난 두 사람은 결혼을 약속했다. 둘은 귀국 후인 1931년 6월 연지동에 있는 선교사 집에서 결혼식을 올렸다. 서른 넷 관립 경성고등공업학교 교수와 서른셋 이화여전 교수의 결혼은 당시로선 이례적인 만혼晩婚 엘리트 지식인의 결합이었다.

신의경은 개신교 가정에서 자란 신여성이었다. 어머니 신마리

'애국부인회' 사건 공판 기사 | 신의경은 1919년 3·1운동 직후 정신여학교 선배인 김마리아와 함께 대한민국 임시정부에 후원금을 지원하는 하기 위해 결성된 대한민국애국부인회 사건으로 일제에 검거돼 2년 가까이 옥고를 치렀다. 《조선일보》 1920년 12월 18일.

아는 정동여학교 교감, 연동교회 초대 여전도회장을 지냈고, 큰이모는 한국 최초의 여의사인 박에스더(김점동), 작은 이모는 세브란스병원 부속 간호학교 1회 졸업생인 김배세였다. 신의경은 1918년 어머니가 교사로 있는 정신여학교를 졸업하면서 모교 교사로 남았다. 20대의 신의경은 열혈 투사였다. 3·1운동 당시 교사로 있으면서 경성애국부인회를 만들어 회장으로 활동한 것을 시작으로 그해 9월 정신여학교 선배인 김마리아와 함께 대한민국 임시정부에 후원금을 지원하는 대한민국애국부인회를 결성했으나 일제에 검거돼 2년 가까이 옥고를 치렀다.(〈비밀결사 애국부인회 김마리아사건 공판〉, 《조선일보》 1920년 12월 18일)

감옥에 있는 동안 어머니와 동생에게 쓴 편지에 다음과 같은 내용이 전한다. "빈대, 벼룩이 많지만, 빈대약 주는 고로 관계치 않사옵고, 또 잠도 잘 자나이다." "안경다리가 부러져서 실로 매서 쓰고 있다. 여기 있는 동안은 견딜는지 모르겠다."

대구 감옥에 갇혀 있던 1921년 6월 정신적 지주였던 어머니 신마리아가 별세했다. 신의경은 3개월 뒤 출옥한 후에야 별세 소식을 듣고 혼절했다고 한다. 감옥에서 나온 그에게 월남 이상재는 '작은 감옥에서 큰 감옥으로 나왔구나'라고 위로했다. 신의경은 1924년 아펜젤러가 교장으로 있던 이화여전에 진학해 영문학과 사학을 배운 뒤 도호쿠대에 유학했다. 조선의 첫 제국대학 여성 졸업자인 신의경에게 거는 기대는 컸다. 그는 신문, 잡지에 단골로 등장하는 유명 인사였다.

언론이 주목한 차세대 지도자

파인 김동환이 낸 월간 《삼천리》(1932년 2월)는 경성의 5대 학교 졸업자들의 근황을 소개하면서 이화여전 출신 중 신의경의 인물평을 자세히 실었다. "氏는 서울 태생이다. 키가 후리후리하고 얼굴 길쑥하게 생긴 氏는 몹시 활발해서 동무들 사이에 있어서 '말괄량이'라는 말까지 들었다고 한다. 그러면서도 몹시 좋아 보이기 때문에 누구에게나 호의를 사게 된다." 다음 달 《삼천리》는 차세대 지도자 기획 기사를 내면서 박인덕, 김필례, 김신실, 유각경, 홍애시덕과 함께 신의경을 기독교계 여성 지도자로 손꼽았다.

신의경의 이화여전 교수 생활은 2년 만에 끝났다. 신의경은 이후 학계보다 종교계에 주력했다. 1935년부터 피어선성경학원 교사 및 부원장으로 일했고, 연동교회 여전도회장, 경기노회 여전도회장으로 일했다. 광복을 맞을 때까지 두 남매를 키우면서 교회 활동에 전념한 그는 1946년 12월 미군정청 산하 남조선과도입법 의원(총 90명)에 여성 의원으로 참여, 1948년 5월까지 활동했다. 김규식과 정치 활동을 함께 하면서 그가 총재를 맡은 대한적십자사 창립위원과 집행위원, 그가 주석으로 있던 민족자주연맹의 부녀국장을 맡았다. 정부 수립 이후엔 피어선성경학원, 정신학원(정신여중고), 정의학원(서울여대) 등의 교육 활동과 교회 활동에 전념하다 1988년 타계했다. 정부는 대한민국 애국부인회 활동을 한 공로를 높이 사 1990년 건국훈장 애족장을 추서했다.

☞ 참고 자료

〈비밀결사 애국부인회 김마리아사건 공판〉, 《조선일보》 1920년 12월 18일.
〈조선 최초의 여문학사〉, 《조선일보》 1930년 3월 25일.
〈학교 선택 체험기〉, 《동광》(제18호) 1931년 2월.
〈5대 학부(伍)의 인재 언,파렛드〉, 《삼천리》(제4권 제2호) 1932년 2월.
〈차대의 지도자 총관〉, 《삼천리》(제4권 제3호) 1932년 3월.

고춘섭, 《하늘과 땅 사이에서: 순원 신의경 권사 전기》, 금영문화사, 2001년.
정종현, 《제국대학의 조센징》, 휴머니스트, 2019년.

라이더, 경성을 누비다

초판 1쇄 인쇄일 2023년 9월 18일
초판 1쇄 발행일 2023년 10월 13일

지은이 김기철

발행인 윤호권
사업총괄 정유한

편집 김남철 **디자인** 김효정 **마케팅** 명인수
발행처 ㈜시공사 **주소** 서울시 성동구 상원1길 22, 6-8층(우편번호 04779)
대표전화 02-3486-6877 **팩스(주문)** 02-585-1755
홈페이지 www.sigongsa.com / www.sigongjunior.com

글 ⓒ 김기철, 2023

ISBN 979-11-7125-060-8 03910

*시공사는 시공간을 넘는 무한한 콘텐츠 세상을 만듭니다.
*시공사는 더 나은 내일을 함께 만들 여러분의 소중한 의견을 기다립니다.
*잘못 만들어진 책은 구입하신 곳에서 바꾸어 드립니다.